圖書在版編目(CIP)數據

草書燕山外史 /(清)陳球著;薛季憲書.—揚州:廣陵書社,2008.12
ISBN 978-7-80694-274-1

Ⅰ.草… Ⅱ.①陳… ②薛… Ⅲ.草書—書法—作品集—中國—現代 Ⅳ.J292.28

中國版本圖書館 CIP 數據核字(2008)第 186769 號

ISBN 978-7-80694-274-1

9 787806 942741 >

草書燕山外史

作　者　陳　球著　薛季憲書
責任編輯　邱數文　殷　偉
出版發行　廣陵書社
社　址　揚州市文昌西路雙博館附三樓
電　話　(〇五一四)八五二二八〇八八　八五二二八〇八九
郵　編　二二五〇一二
印　刷　揚州文津閣古籍印務有限公司
版　次　二〇〇八年十二月第一版第一次印刷
標準書號　ISBN 978-7-80694-274-1/J·43
定　價　叁佰陸拾圓整

草書燕山外史

清·陳球　著

薛季憲　書

廣陵書社
中國·揚州

壹

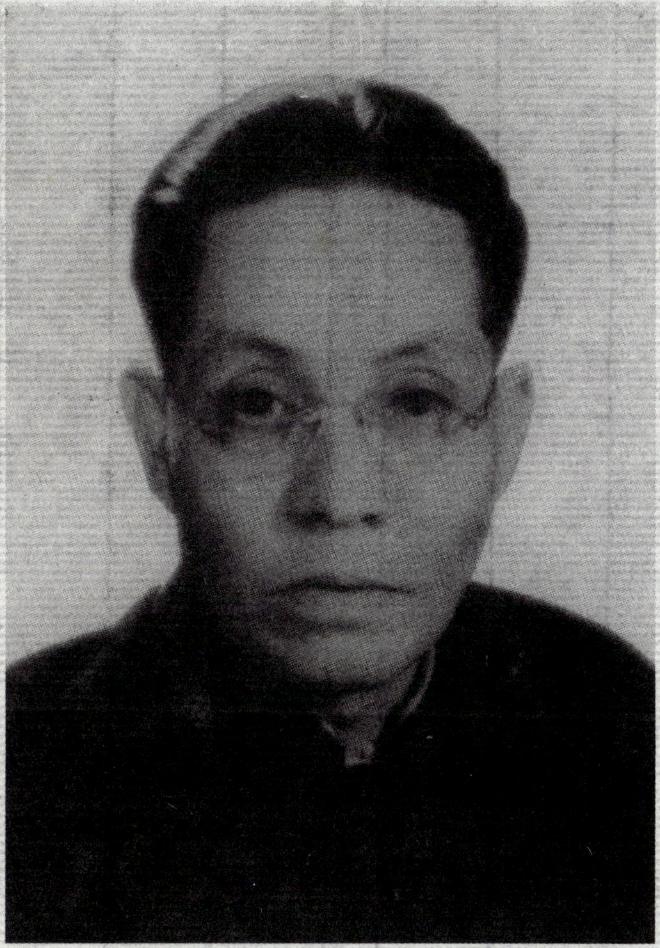

薛季宪先生像

1902—1952

《草書燕山外史》前言

先父薛季憲（一九〇二年——一九五二年），名廷章，字存厚，祖籍廣東南海。出身廣州儒醫世家，家學淵源，幼承庭訓，稚年已熟讀經史子集，稍長即隨先祖父研習中醫經典；國學基礎深厚，幼時受書法訓練，臨摹諸家碑帖，童年時，『好字』之名已聞于市，九歲即受邀爲商家書寫店招。先祖父（杏墀公）是清末秀才、家傳儒醫。爲謀發展，先祖父約于一九一二年受好友約聘赴越南西貢行醫；後來與當時籌備革命而暫居西貢的孫逸仙先生（當時易名爲『杜家洛』）相處經年并成好友。先祖父支持革命并調理孫先生的生活起居，其國學及中醫學水平深得中山先生贊許。

先父少年時也隨先祖父、母赴西貢，繼續接受先祖父家學薪傳，并就讀及畢業于西貢的法文 Chasselop Laubas 學校（以法語爲教育語言的法國學校），遂而精通法語并接受法國的科學、文化思潮。二十歲時，先父已學兼中西，集國醫、國學和法國文化于一身。法文學校畢業後即在法國人辦的銀行和大洋行任職襄理。

草書燕山外史

前言

一九二五年，基于先祖父、母已辭世以及國內大革命浪潮的影響，先父離西貢返廣州。回國後，先父立志行醫濟世；通過南京政府考試院獲得了中醫師開業證書，從此扎根并服務于廣州東城百姓，先後逾二十六年。抗日時期，爲保護百姓生命財産而慘遭侵華日軍毆至吐血而染痼疾。因當時民生艱難，物質匱乏，使積疾久難痊愈，體質羸弱却一直帶病行醫，埋下早逝的隱患。

廣州解放後，經廣州市人民政府衛生局注册，繼續在廣州東區行醫，爲當地居民治病。先父勤奮，他當時每天行醫、學習、寫作的工作量在今天的社會條件下難以想象——上午應診四個小時；下午略事休息，便一邊讀書，一邊給兒女教授國學及文史基礎；夜間從事醫學理論研究、總結經驗和寫作醫案，有時也從事文學創作（寫以自己的經歷和時代爲題材的小説及古詩、詞）和書法創作，常至午夜，無日中斷，寒暑不間。一九五二年秋，先父因積疾、過勞并染中風（腦溢血）病逝，終年僅五十一歲。先父留下的醫著近二百萬字，均用毛筆小楷寫成，計有《古經今義》、《金匱要略》、《花柳顯微》、《震發録——兒科折衷妙諦》、《醫學勾源録》、《四時病論》、《跌打正鵠》、《醫理一得録》、《醫藥集成》等等；這些著作的主要部分經整理成《薛季憲醫生診療指要》一書，于二〇〇八年四月由廣東科技出版社分二册（共約六十萬字）以影印方式出版發行。

先父醫德高尚，以『濟世爲懷，爲人除病』爲本。親筆書寫正楷的『危重優先，貧者減免』横幅掛在診室的醒目之處。在他眼中，患者不管貧賤富貴一律平等。舉一例説明：二十世紀三十年代，國民黨軍閥陳濟棠統治廣東時期，其妻葉氏患有頑疾而廣治不愈，聞先父醫術，隨從簇擁至先父醫館要求立即就診，面對領號排候的患者，先父認爲，葉氏并非危疾，應堅持『危重優先』的規矩，請其領號候診；雖然得罪了權貴，但被百姓傳爲佳話。

先父醫術高明，脉診準確、藥性藥方嫻熟于胸，常用廉價的藥材代替貴重的藥材處方，能在保持療效的同時減輕病人的負擔，深受當地百姓的愛戴，事迹廣爲傳頌。解放前，在省港澳很多人都知道，有一個醫術高超、居于廣州横街窄巷（三角市）的『瓠隱醫廬』的薛季憲醫生。在先父逝世五十六年後，二〇〇七年十一月九日，南方都市報用D28/D29二版篇幅，以『瓠隱醫廬』已不見街坊記憶有儒醫』爲主標題、『薛季憲家族』爲副標題報道了先父的行醫事迹。

燕山外史

前言

在整理先父醫學遺作的同時，先父的書法、文學和古詩詞遺作亦擺放在眼前，有以行楷寫成的自作詩集《紅豆吟草集外詩存——意外漫成百咏》、行書寫就的詩集《分咏梅花二十一律》、楷書書寫先祖父的詩作《遺老詩存》，以及自傳題材的小説《禪心泪影》、《三指禪事略》等，還有用行楷和楷書寫就的法國童話翻譯著作。這一系列數十萬字的文學、書法作品，水平之高和心血之積重爲我輩驚嘆和激動。更令我們感動的是，先父在病逝前數月，帶着多病的身軀，除每天上午爲病人就診，竟在每天晚上暗燈之下，以如此流暢、優美的章草技法，一氣呵成將三萬九千餘字的駢文體小説《燕山外史》寫成草書書法作品。被行家認爲是現當代草書書法的精品。因此，我們決心尋找一個有水平的專業出版社，以高質量影印出版這部草書作品，爲現當代書法寶庫提供一份珍藏。

《燕山外史》是清嘉慶中（約一八一〇年前後），秀水（今屬浙江省嘉興市）秀才陳球（字蘊齋，號一簣山樵）據明馮夢楨《竇生傳》故事以駢四儷六文體寫成的一部小説。它在小説史與駢文史上均屬罕見，在中國小説史上占有一席之地。此書鮮爲近世國人所知曉，但在日本、韓國的中國文學研究領域却有一定的地位而被收藏。先父選擇《燕山外史》作爲書法作品保存，可見先父對中國文學涉獵之廣。先父或愛其文體的獨特、文詞的秀美、典故的繁深，或惜作者的寂寂無名，而抄寫出這部作品以表同情和欽佩。這也反映出先父的正義正直、尊重人才、尊重學問的儒醫的思想和品格。

在我們子女的記憶中，先父常説『字無百日功』，又謂其書『出于蘇、王之間』；先父既認爲趙子昂之媚而少風骨，又曰柳公權書嶙峋骨架；遍覽群書，獨愛蘇軾的天然活潑、結構嚴謹以及王羲之的恬淡、和暢、灑脱、不凝滯于物的神韵。晚年，先父仍臨帖不輟，碑帖并重，我們記憶所及，常見有『十七帖』、『書譜』等草書，『蘭亭序』、『寒食帖』、『洞庭春色賦』等行書以及『華山碑』、『西狹頌』、『乙瑛碑』等隸書碑帖。

自古以來，草書的書法大家都有堅實的楷、隸功底。據記憶，先父行醫逾二十六年，每天爲病人所開的處方都是用毛筆寫于處方箋上。據一些有文化的病人説，『花幾塊錢診金來看病，光買薛醫生的字就已經值得！』可見先父的書法深得大衆的喜愛。先父經四十多年的楷書、行書方面的積累，其功力可見一斑。先父的《草書燕山外史》是建立在其堅實的楷、隸書基礎之上的。

草書燕山外史

前言

先父的《草書燕山外史》的草書屬于『小草』（又稱今草），作品中可見孫過庭草書筆法和形格的影響，也有王、蘇用筆的體勢，然而没有生搬硬套的痕迹，更没有牽强臆造，而是領略了草書傳統的規律和技巧後自成一體。比如作品中的草書『日』字——單獨使用時與『日』字作爲偏旁書寫完全不同，完全符合傳統技法，但又與傳統有一定區别。又比如作品中的『鼠』字、『竄』字，完全是熟練應用草書中的『蕭鼠頭先辨』的傳統書法，但又瀟灑流暢。此外，作品中很多結構較難的草寫字，如『獲』字、『載』字等，都可以看出點綫轉動流暢、結構合理而優美的特點。

先父的草書中的一個特點是字字都顯露其有筋、骨、肉、神，作品中有些字單獨看似乎有些許傾斜、重心似乎不穩，但從上下連貫看則均衡、穩定而有生氣，展現出一種動態美。宋米芾《海岳名言》中提到：『字要骨骼，肉須裹筋，筋須藏肉，秀潤生。布置穩，不俗。險不怪，老不枯，潤不肥。』在《草書燕山外史》中，對每一個字或幾個字連起來看，你都會體會到米芾所提到的那種字形和勢態。

先父的草書另一個特點是筆畫連綿迴繞，文字之間以氣聯綴，書寫簡約，筆斷意連；

整篇書法行氣連貫，留白有度；用筆清爽圓熟，字形大小變化都在規矩之中，内藏軌法。正合乎唐孫過庭《書譜》中所言：『泯規矩于方圓，遁鈎繩之曲直，乍顯乍晦，若行若藏，窮變態于毫端，合情調于紙上。』打開《草書燕山外史》每一頁，都如一小幅清淡秀美的水墨畫，真可以達到明婁堅在《學古緒言》中所説的『草書不難于放縱，而難于簡淡』，這部作品的確已達到簡淡、秀美的境界。從作品中可見，每個字雖然獨立，但字與字、行與行之間，都有着内在的聯繫，都有着明顯的承上啓下的無形的牽絲引帶，行與行之間的迎讓顧盼，協調自然。甚至從整幅看，彰顯出一種瀟灑、俏然活動于紙上的動態美。

孫過庭《書譜》中説：『草以點劃爲性情，使轉爲形質。』所謂使轉，其實就是筆法，結構决定了筆法，筆法反過來影響結構。《草書燕山外史》中的運筆，中側鋒兼用，以中鋒爲主。中鋒運筆，字見骨力，又不失有肉，側鋒運筆，則圓潤秀麗。無論中鋒還是側鋒運筆，都可以看出字間凝聚而不團縮，伸展而不張揚，點綫連貫自然而有質感。作爲小草草書，其筆法運用也較爲豐富，中鋒、側鋒（偏鋒）、方、圓、藏、露、收、提、挫、轉等筆法，在此作品中得到恰如其分的運用。

草書的用墨是一個重要的表現因素。草書豐富的筆法就决定了與用墨的質量如何，其關係甚大，好的墨則層次豐富，墨彩紛呈；如果不講究用墨，草書的豐富筆法則很難得以表現。用墨的技巧也要與相適應的宣紙配合。與書法家用筆、用墨相適應的宣紙能寫出濃淡、乾濕、潤燥、枯澀、淋漓等各種不同效果。由于受當時的物質、經濟條件的限制，原作未能用宣紙而是用京文紙書寫，加上印刷的製版方式，本《草書燕山外史》只能顯現先父用筆和用墨的一部分功力，造成整部作品在用墨的變化及襯托用筆的流暢方面存在遺憾。但無論如何，這部草書書法作品都是我國二十世紀五十年代初的一部書法代表作品。經歷『文化大革命』後能保留先父這部草書作品，實爲艱辛而又幸運。

感謝廣陵書社慧眼獨具，鼎力支持，以高質量的影印方式出版這部作品。此書出版，不論從現當代書法作品還是文學作品推介方面都做了一件有益于文化傳承的事情，爲弘揚中華傳統文化作出了貢獻。

薛華日　薛安日

二〇〇八年九月于廣州

草書
燕山外史

陳蘊齋 著
薛季憲 書

卷一

兩儀既定，即肇陰陽；萬物推原，咸歸奇偶。人非懷葛，疇安無欲之天；世異羲農，孰得

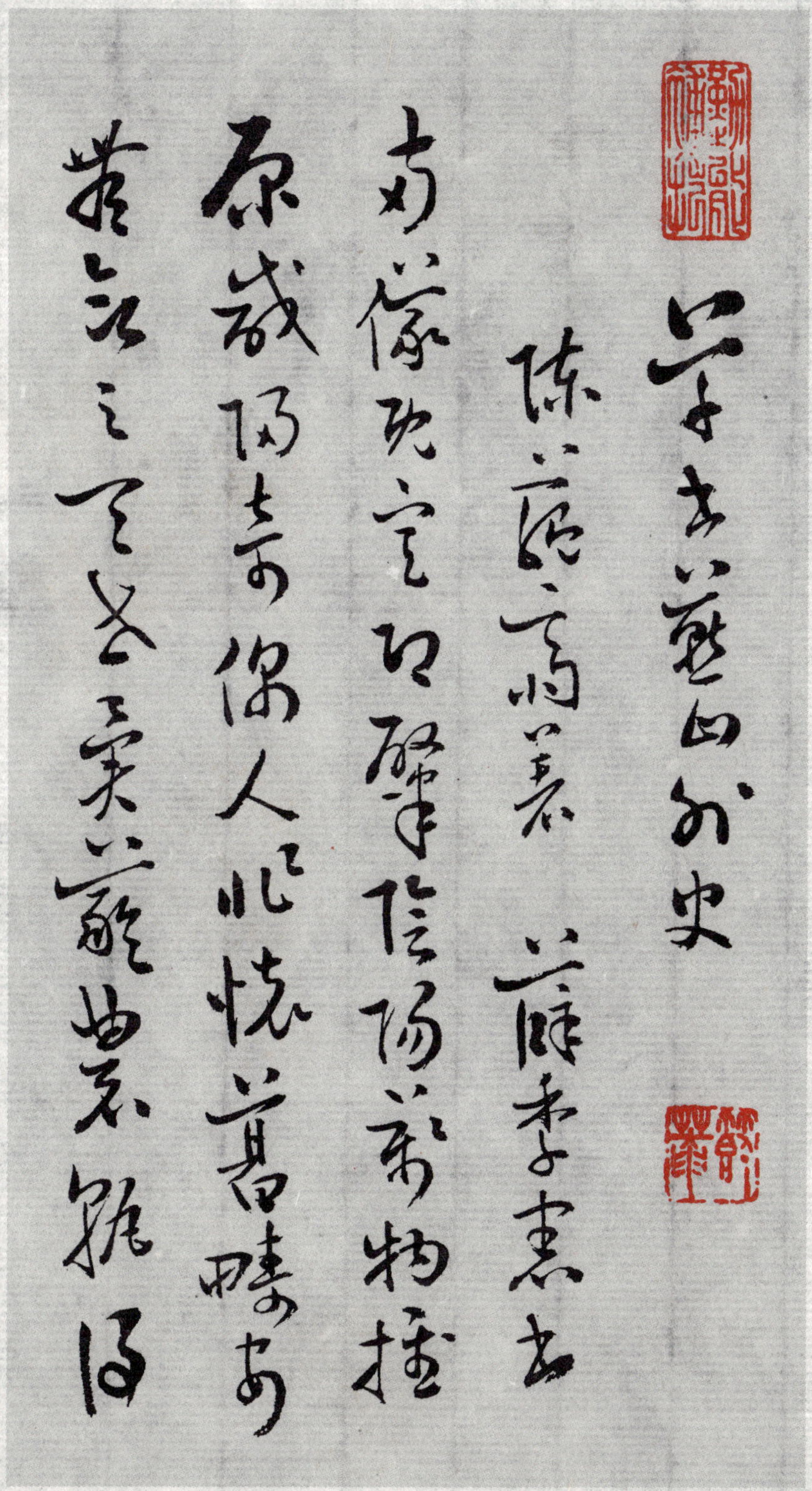

卷一

忘情之地。稽夫辭傳黃絹，譜寫烏絲；探北部之胭脂；燕姬似玉；數南都之粉黛，越女如花。自有佳人，堪稱絕世；從無名士，不悅傾城。求巧合之緣，

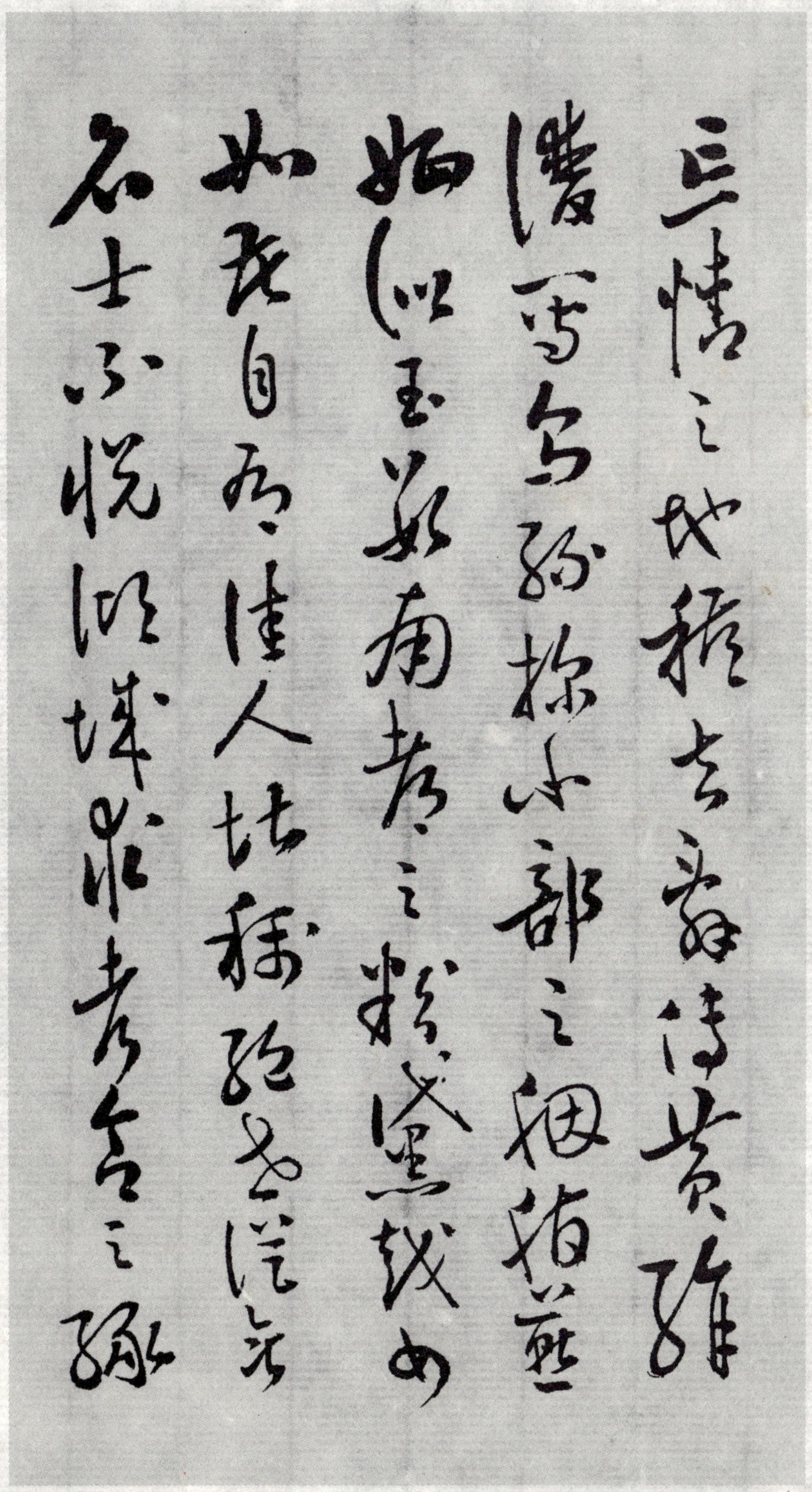

應煩月老；作良緣之主，必待天公。假使鍾家新婦，得配參軍；趙地才人，不歸走卒。斯爲美矣，豈不善哉。無如蒼昊嫉才，紅顏命薄。或悵紫釵易斷，

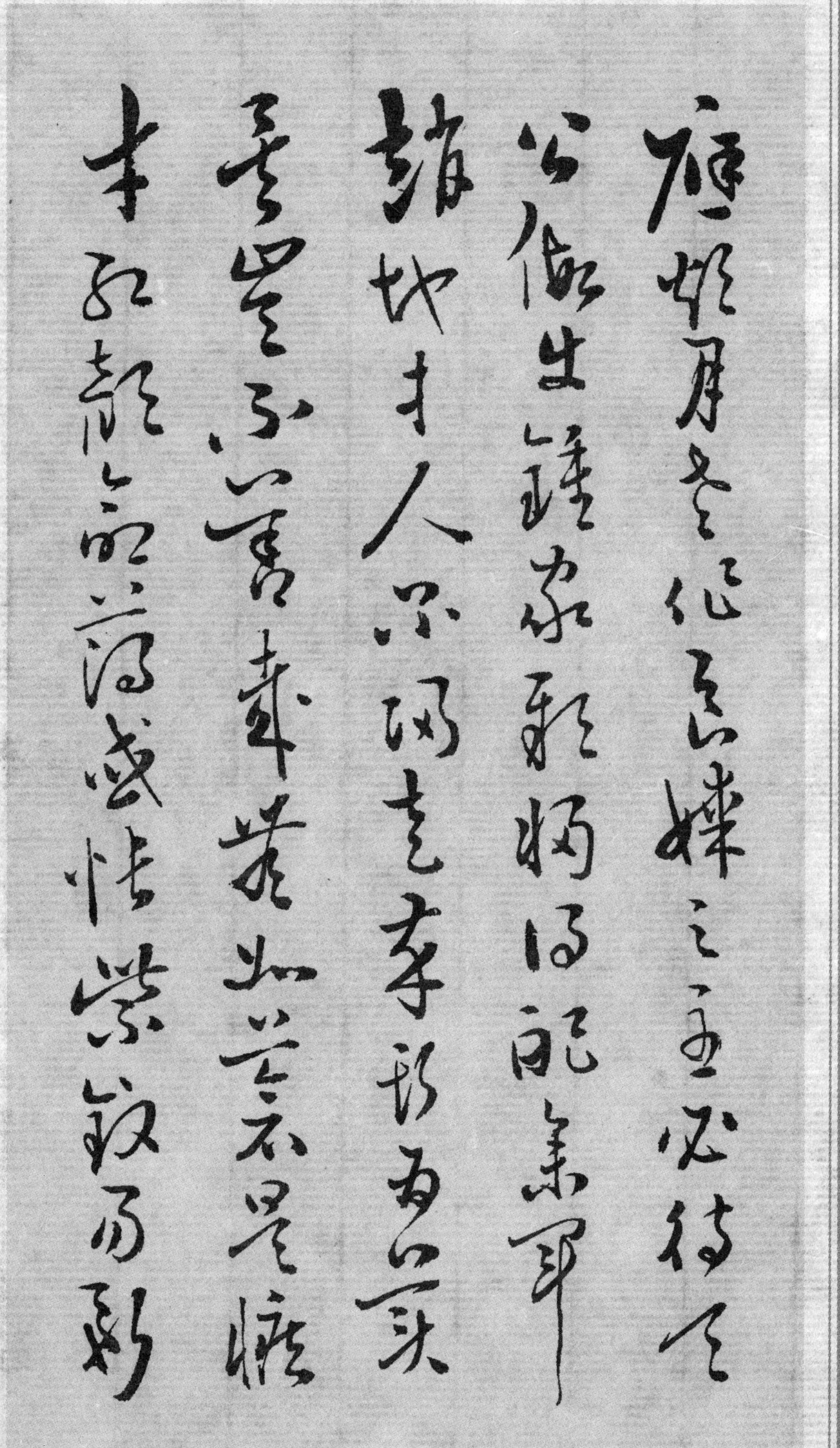

或傷碧玉難逢。或鸞侶終孤，琴亡鏡破；或鶼庚莫療，桃斫蘭鋤。或絕塞不還，常向冰弦悲夜月；或深宮未老，早隨紈扇泣秋風。暮暮朝朝，色界誰

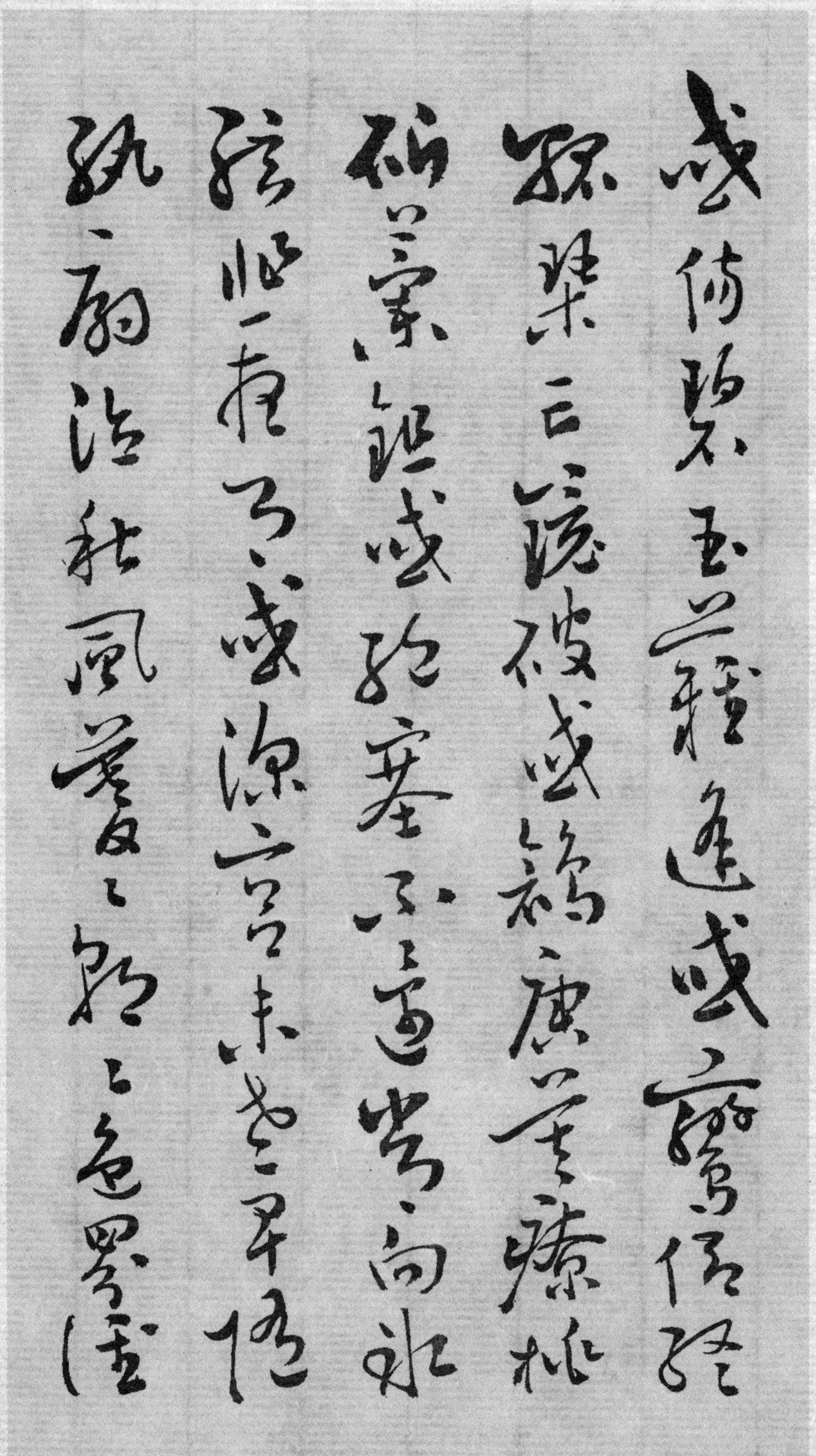

知是夢；顛顛倒倒，塵緣孰道爲魔。球只替古人，擔憂不淺；非干己事，抱恨偏深。嘆潘郎擲果雖多，朱顏改色；嗟杜牧尋春已晚，緑葉成陰。册守兔

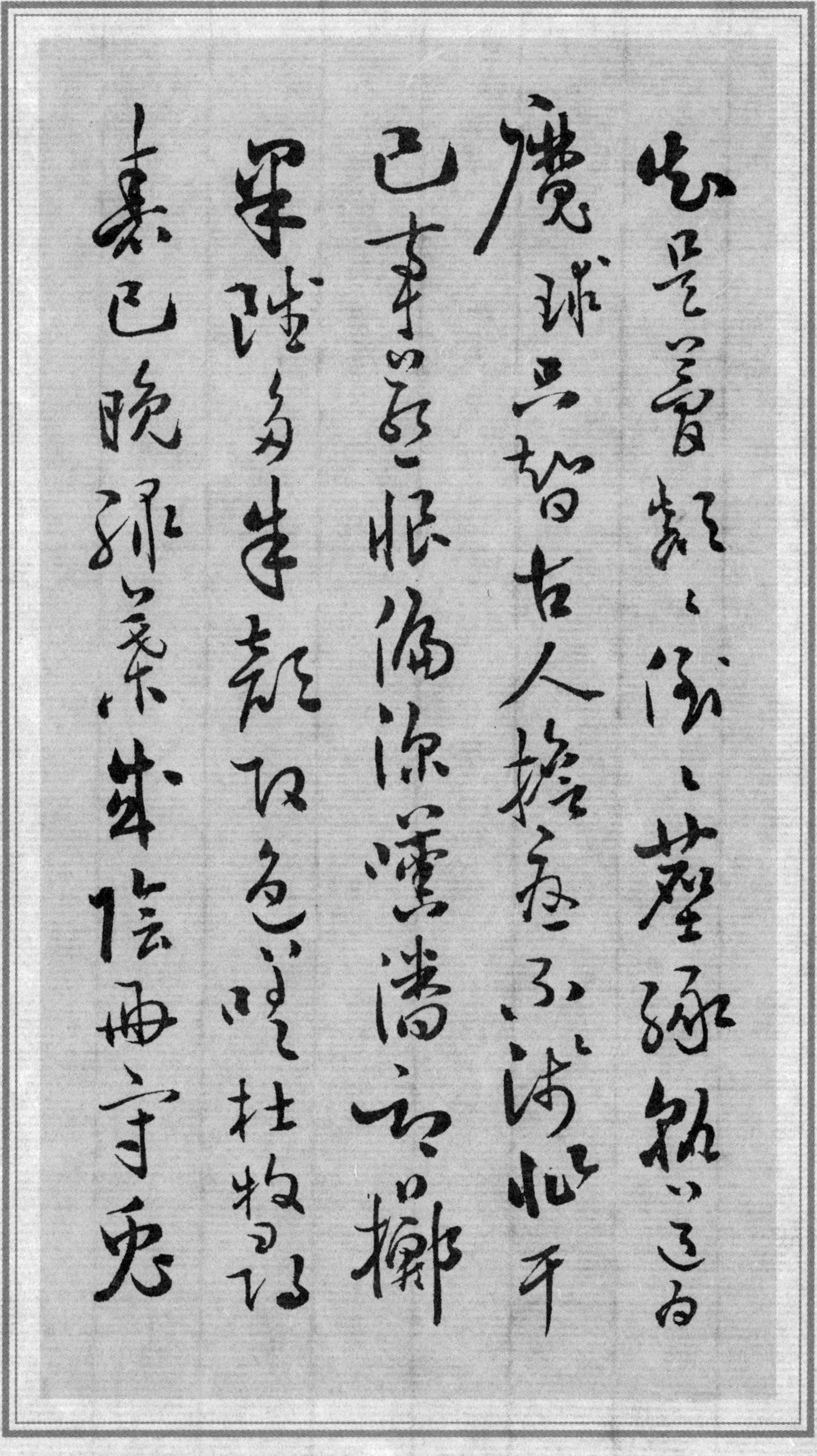

園，詎識《玉臺新咏》；帙披螢案，奚知金屋嬌容。然而，舊院宮人，能談前事；隔江商女，解唱《後庭》。地老天荒，畢竟悲多歡少；海枯石爛，大都別易

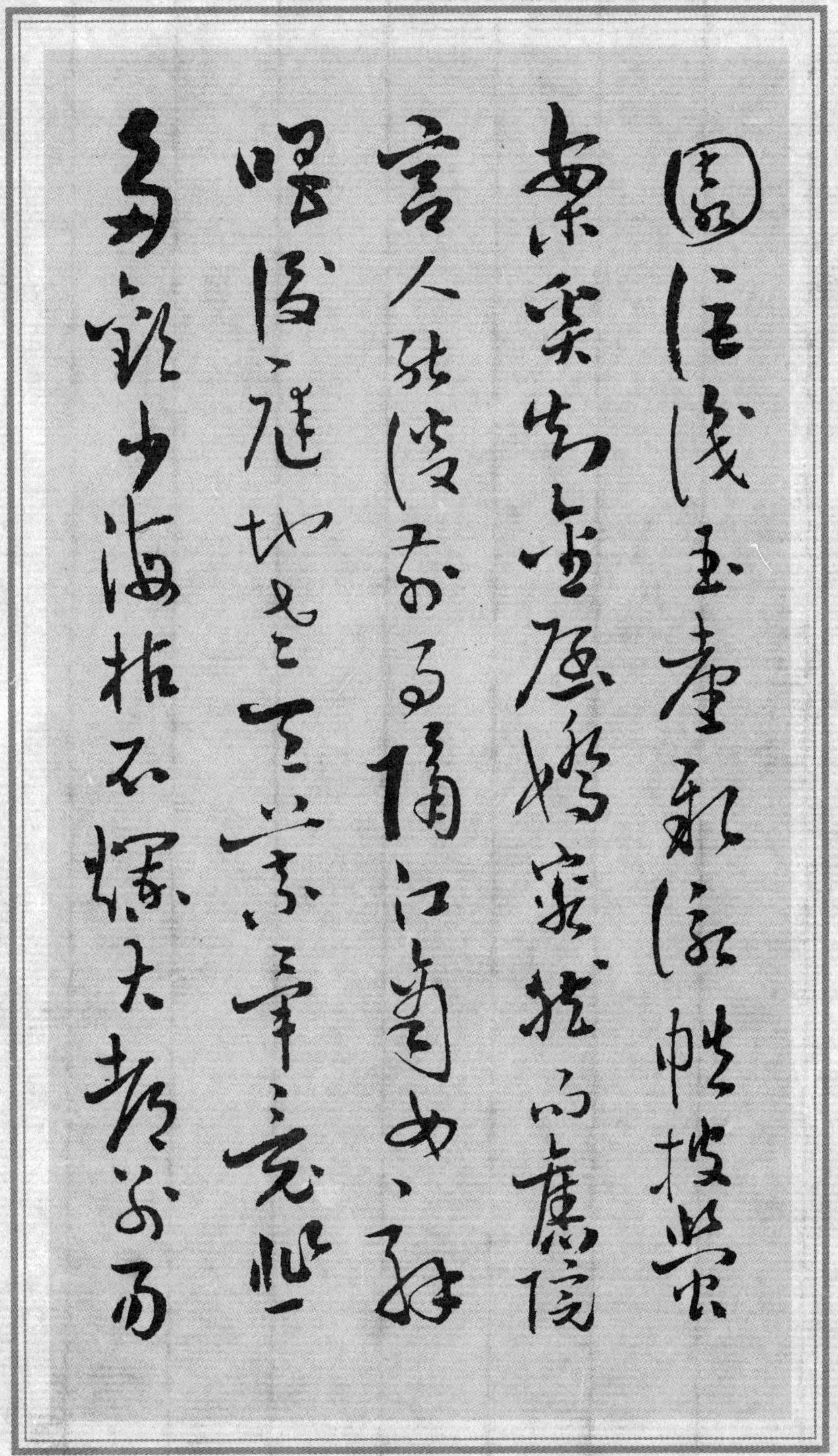

會難。積成萬種深情，添出一番佳話。噫，曾傳天上，尚有劫魔；及謫人間，猶多屯蹇。未得將刀斷水，安能著手成春。幸逢義俠之維持，俾免仙緣

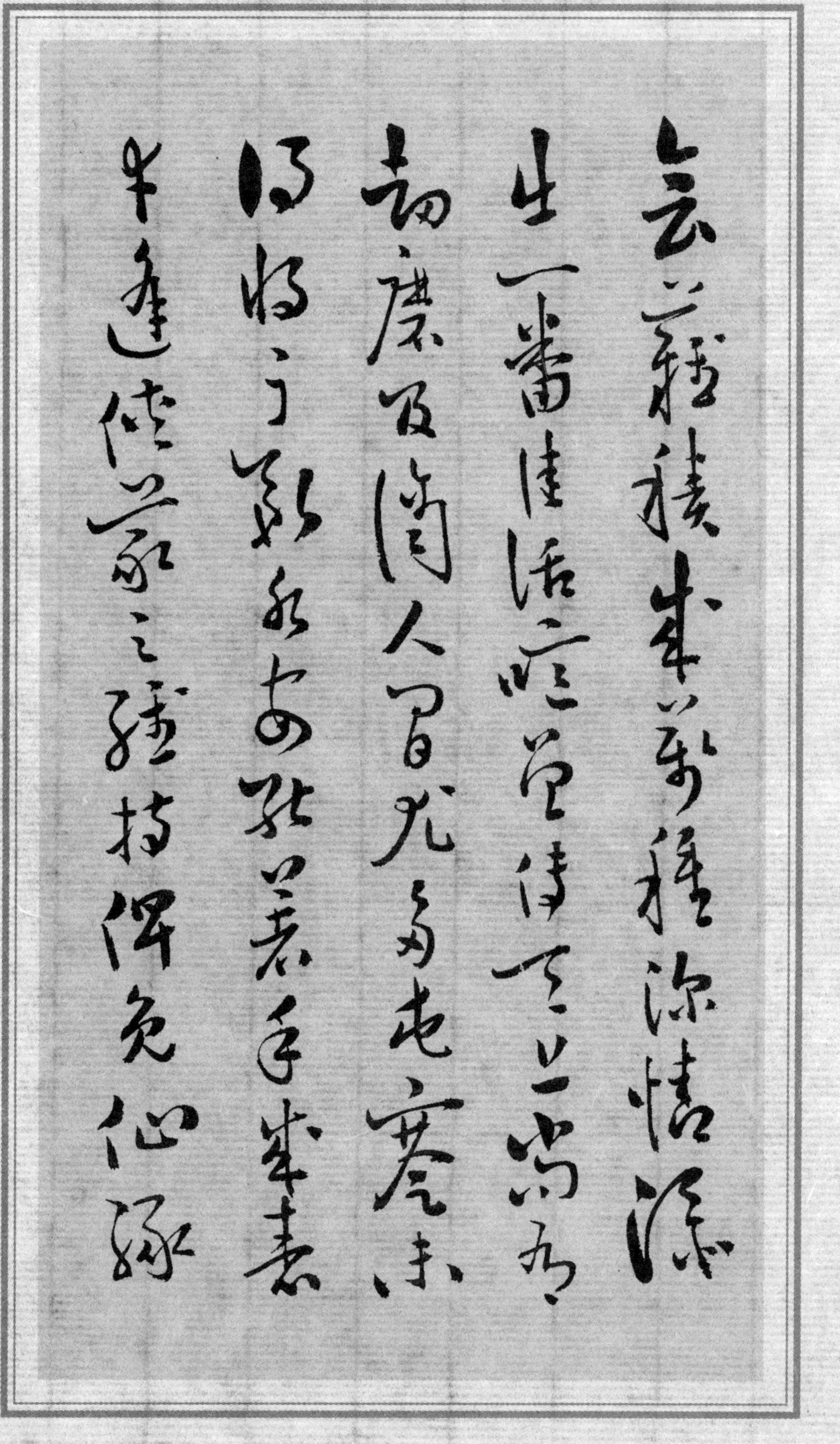

之墮落。何來騷客，言之瘀傷；竟使陳人，聞而棖觸。無端技癢，仰求見技之方；詎是情癡，忽有言情之作。而乃效六朝體，成一家言。摭下里之詞，輒誇枕

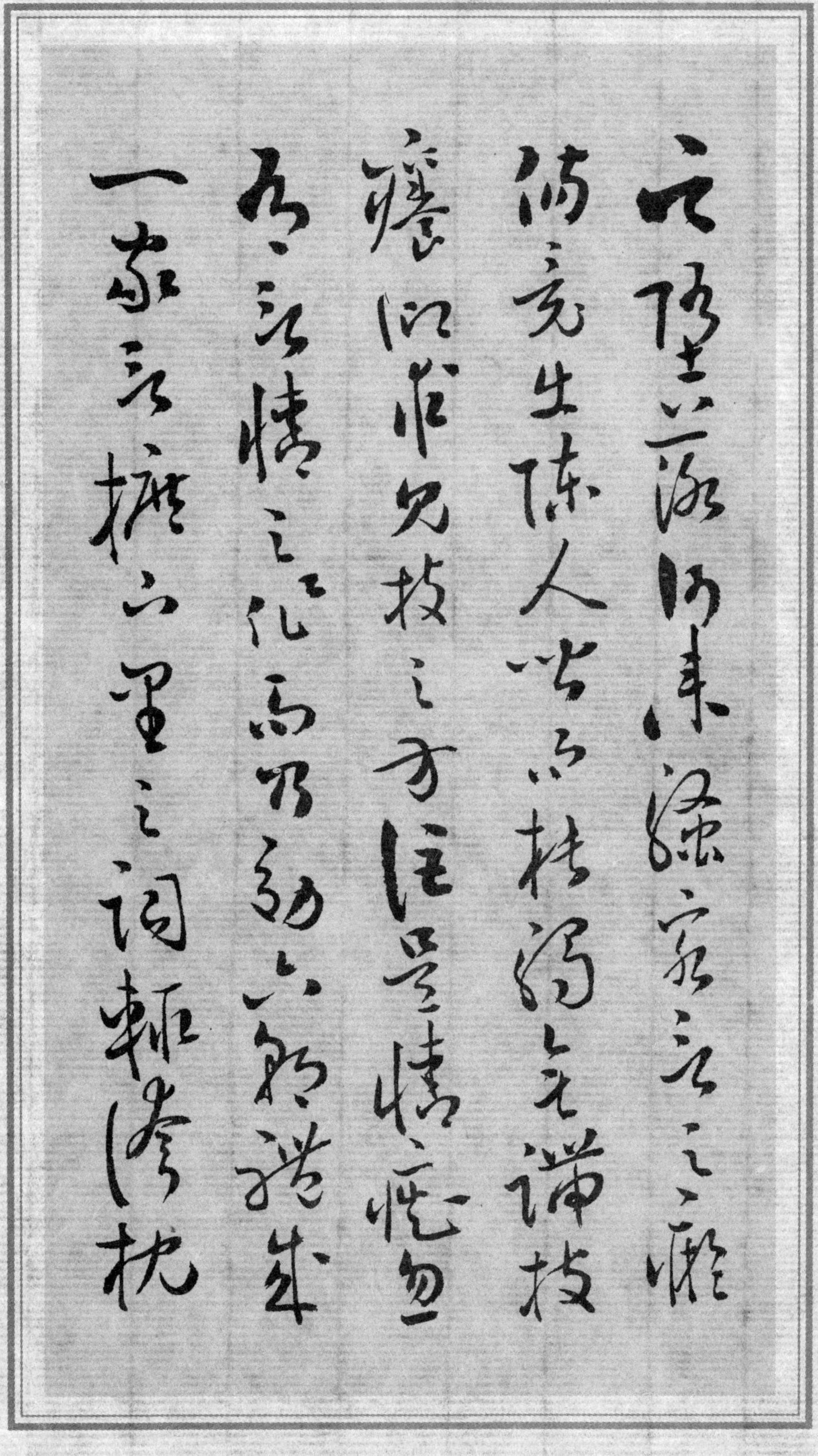

秘；述《齊東》之語，漫助《筆談》。聊以遣愁，何堪藏拙。文章憎命，窮時倍覺難工；歲月催人，過後方悲易老。一籌莫展，原知無益而勞心；四座勿喧，且

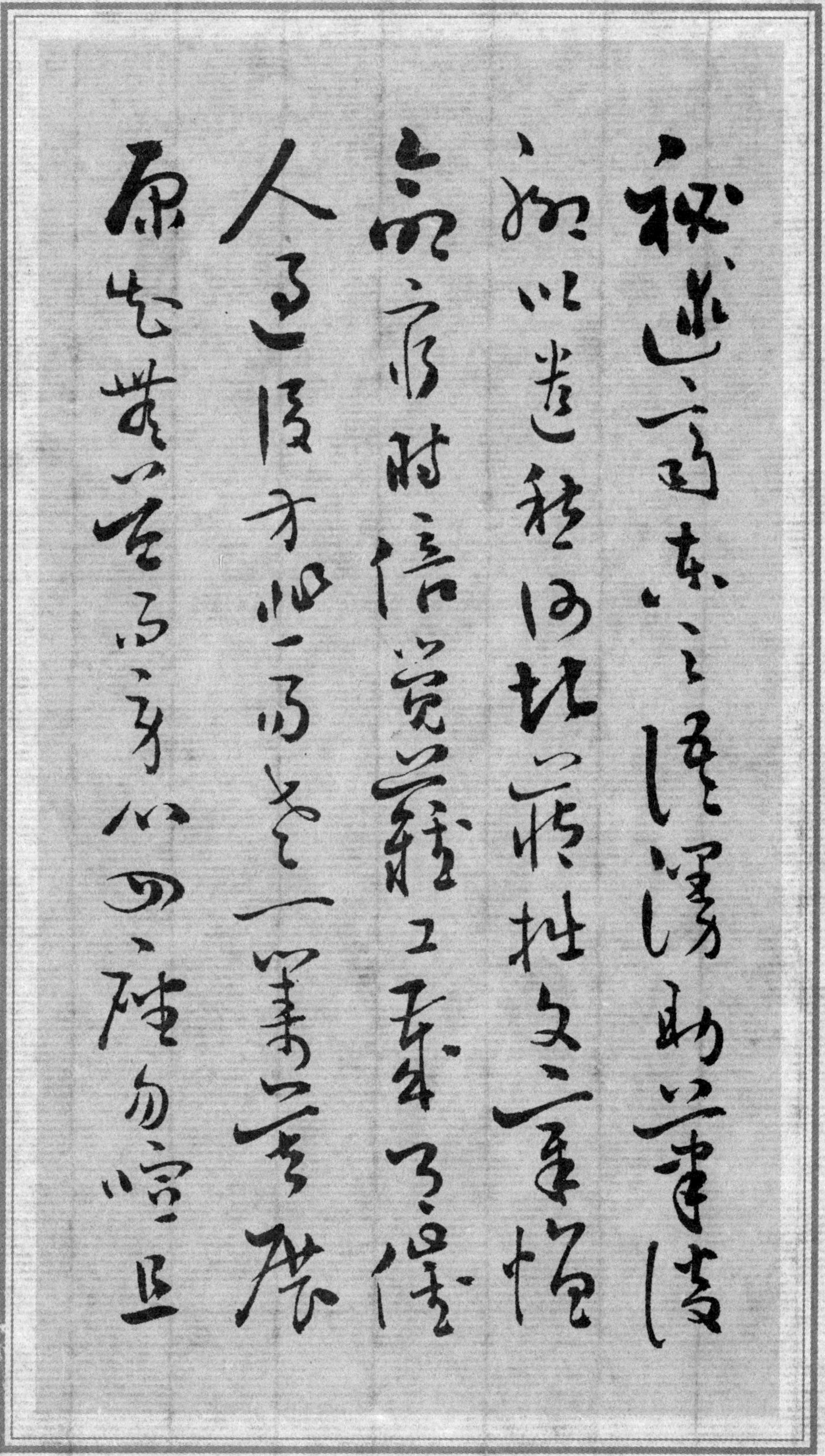

聽不才之饒舌。此言原非無考，事出有(因)。明永樂時，繡州有女子名愛姑者，人係小家，姓推巨族。本貳師之一脉，系出隴西；同孟母而三遷，籍居城北。其父始

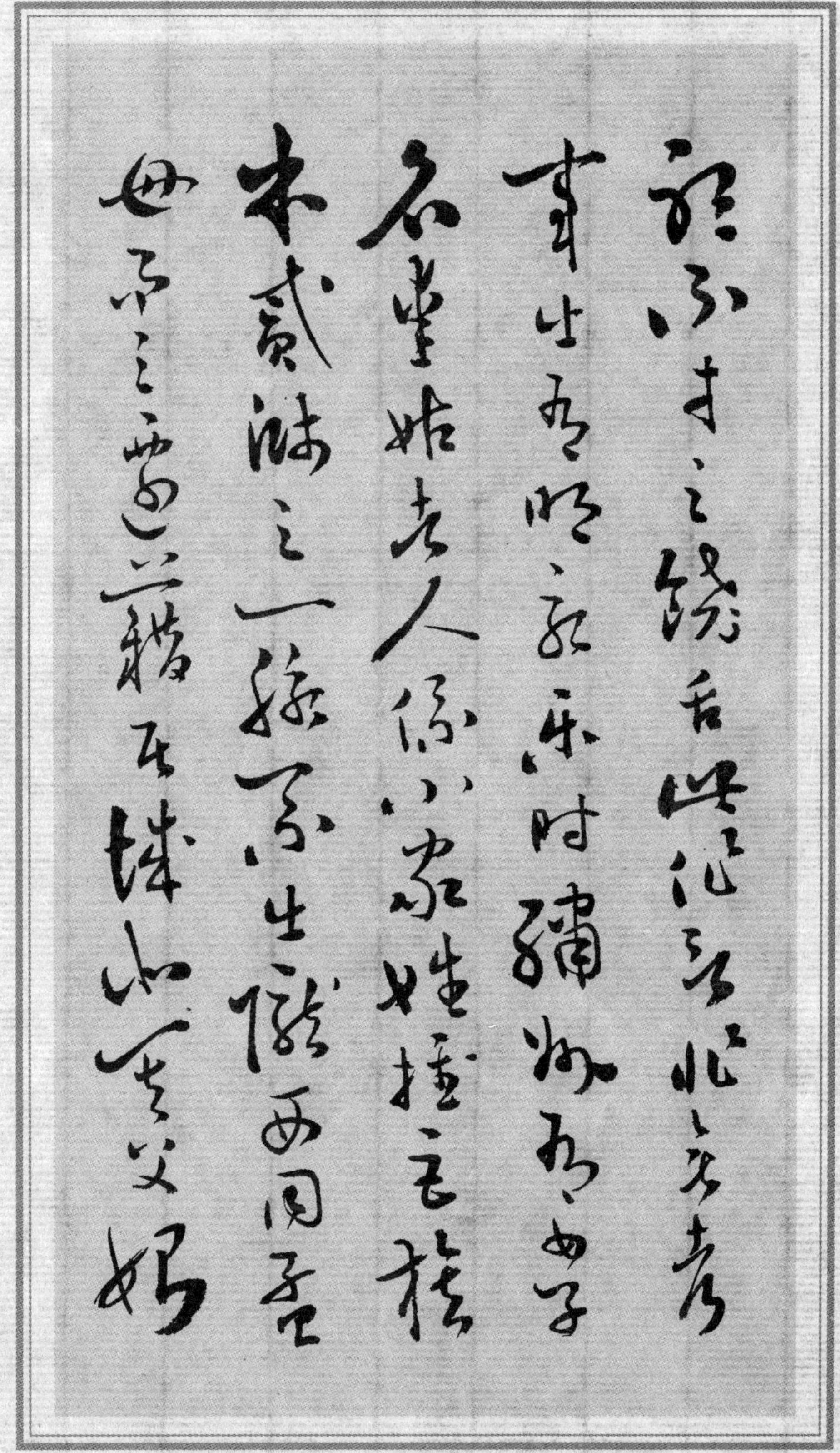

爲髹器，繼作餅師。早諧采枏之妻，晚喪緯蕭之子。頻年佞佛，熊不徵祥；每歲祈神，蛇偏叶吉。繞膝之童烏纔逝，投懷之彩燕旋來。聿生少艾於良

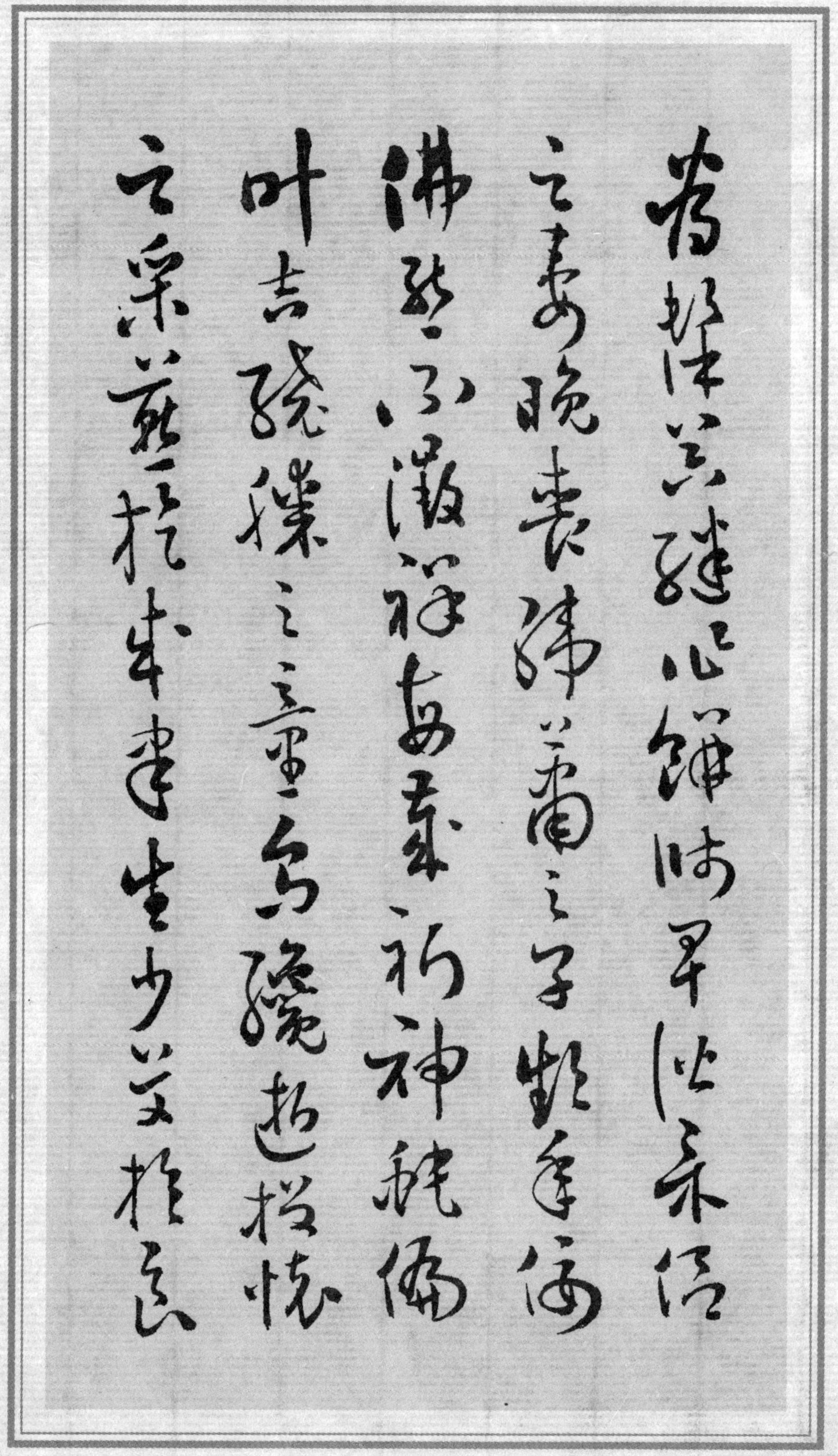

辰，適采芳蘭於上巳。名爲愛者，志其喜焉。少而善病多愁，嬌痴出衆；長則工顰妍笑，艷慧非凡。芙蓉如面柳如眉，秋水爲神玉爲骨。薄施淡掃，固覺

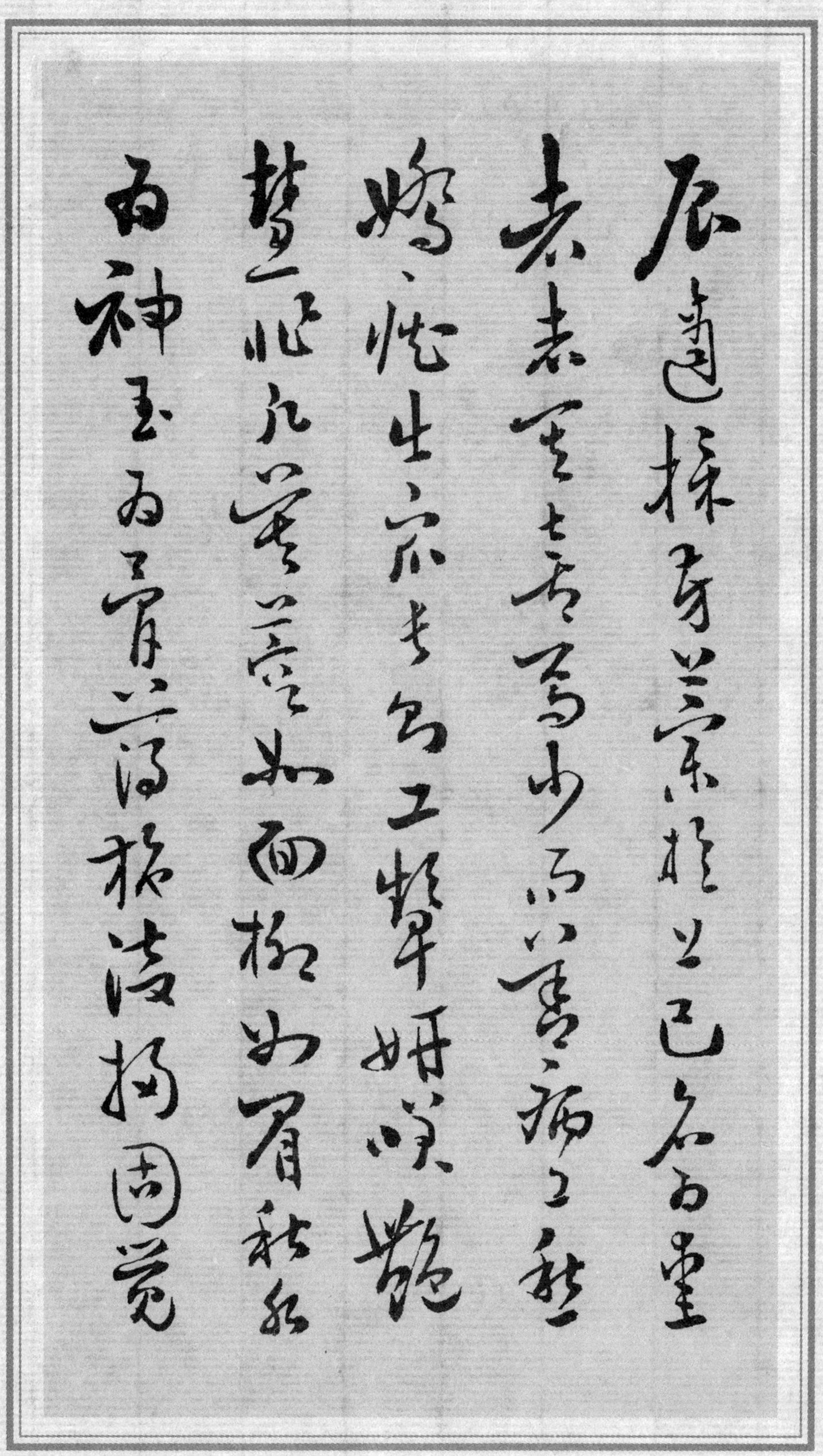

卷一

嬌嬈；垢服亂頭，亦饒蘊藉。穠纖合度，修短得中。莫嫌粉琢香堆，成之不易；就使脂烘鉛暈，畫也都難。計年則同桂魄之方盈，問字則待瓜期而未許。

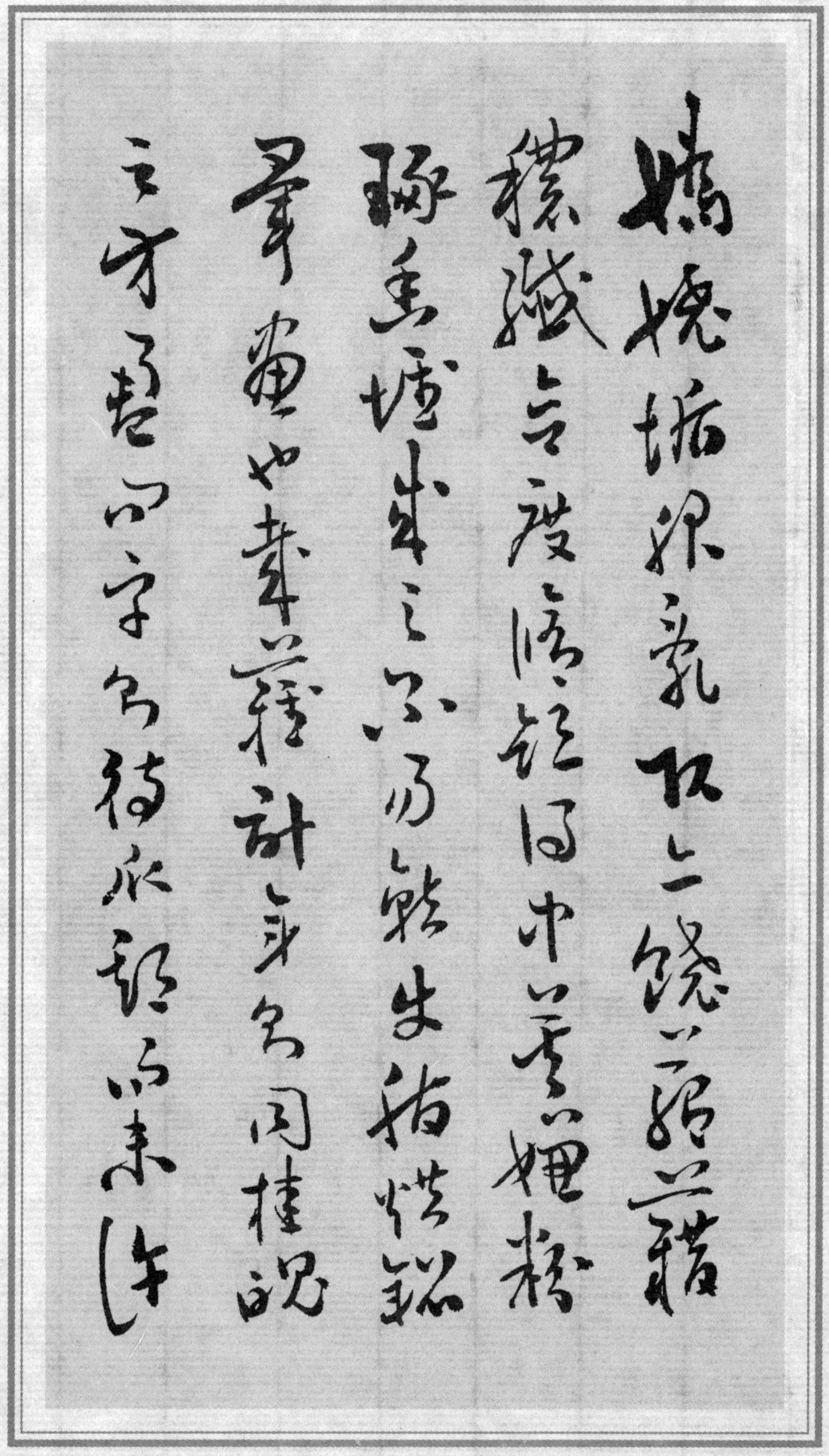

芝凋庭宇，已傷伯道無兒；花映門楣，尚幸中郎有女。無何，靈椿秋冷，大樹先搖；銅雀春深，小喬未嫁。痛乃翁之長逝，愈覺家貧；隨阿母而孤居，連遭

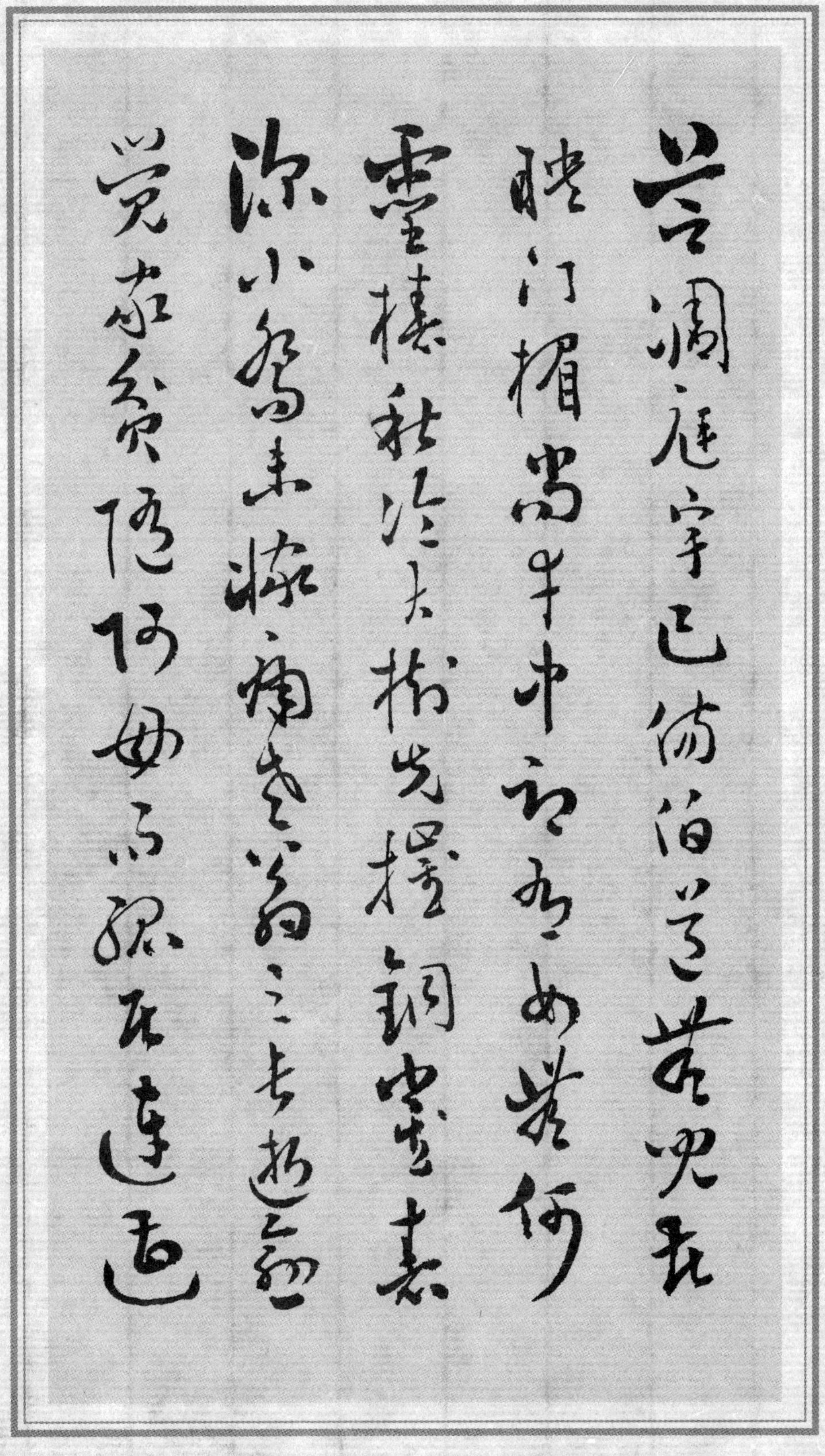

歲歉。繡佛安能度厄，針神却可救荒。晝長春閣之輝，絲添弱綫；夜急秋砧之響，錦製并刀。執爨之餘，不事冬爐夏扇；吐絨之暇，惟聞暮織晨

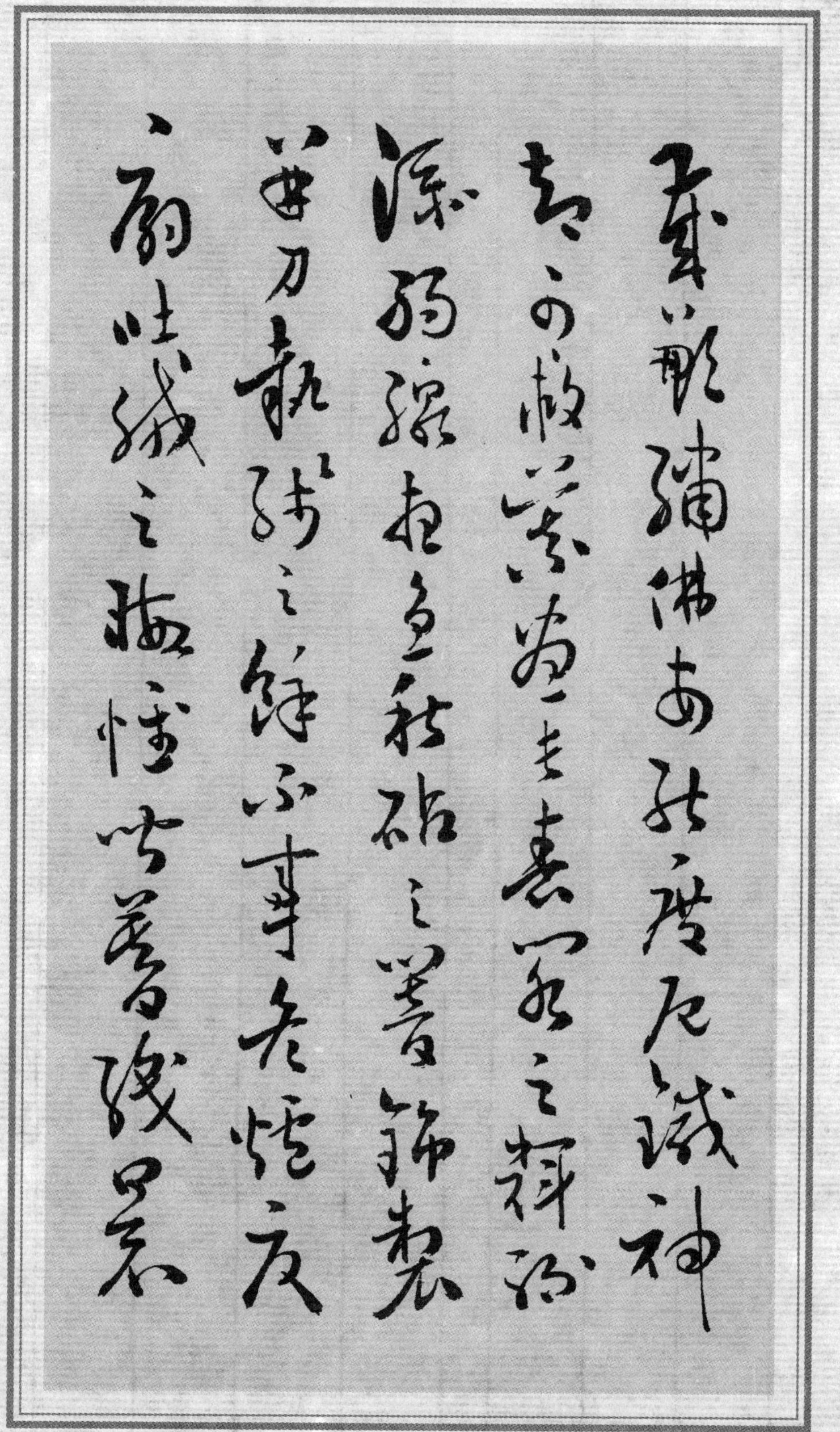

春。作衣裳爲嫁他人，謀菽水承歡老母。殊多苦志，竟同季女之斯饑；別有孝情，真(直)學嬰兒之盡養。時有賓生名繩祖，字繼芬，燕山望族，柘水

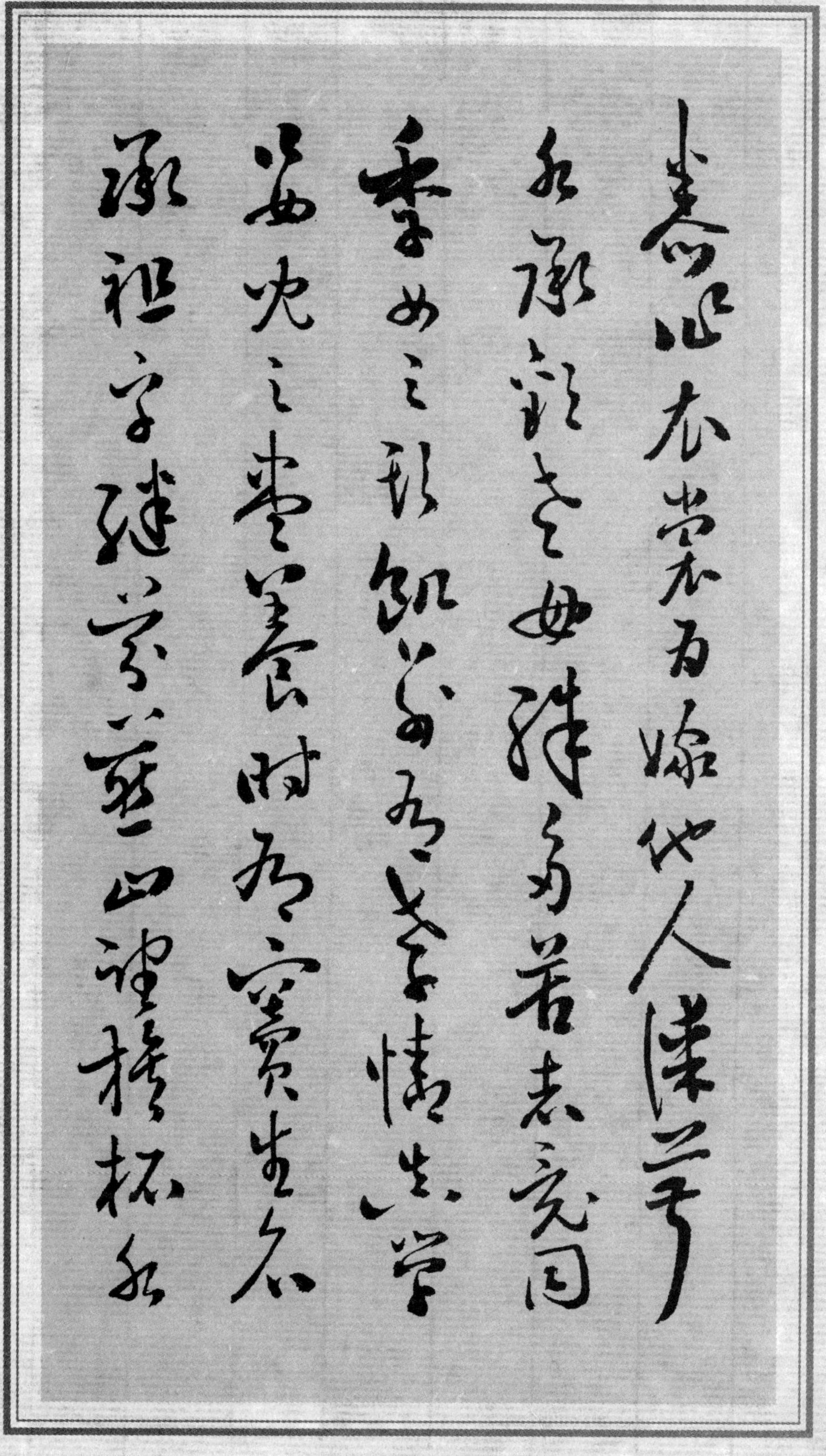

詞人。桐乃孤生，萱還早萎。幸一枝之獨秀，承五桂之流芳。年甫佩觿，貌如冠玉。素屬身餘蘭臭，奚須荀令熏香；本來面似蓮花，不藉何郎

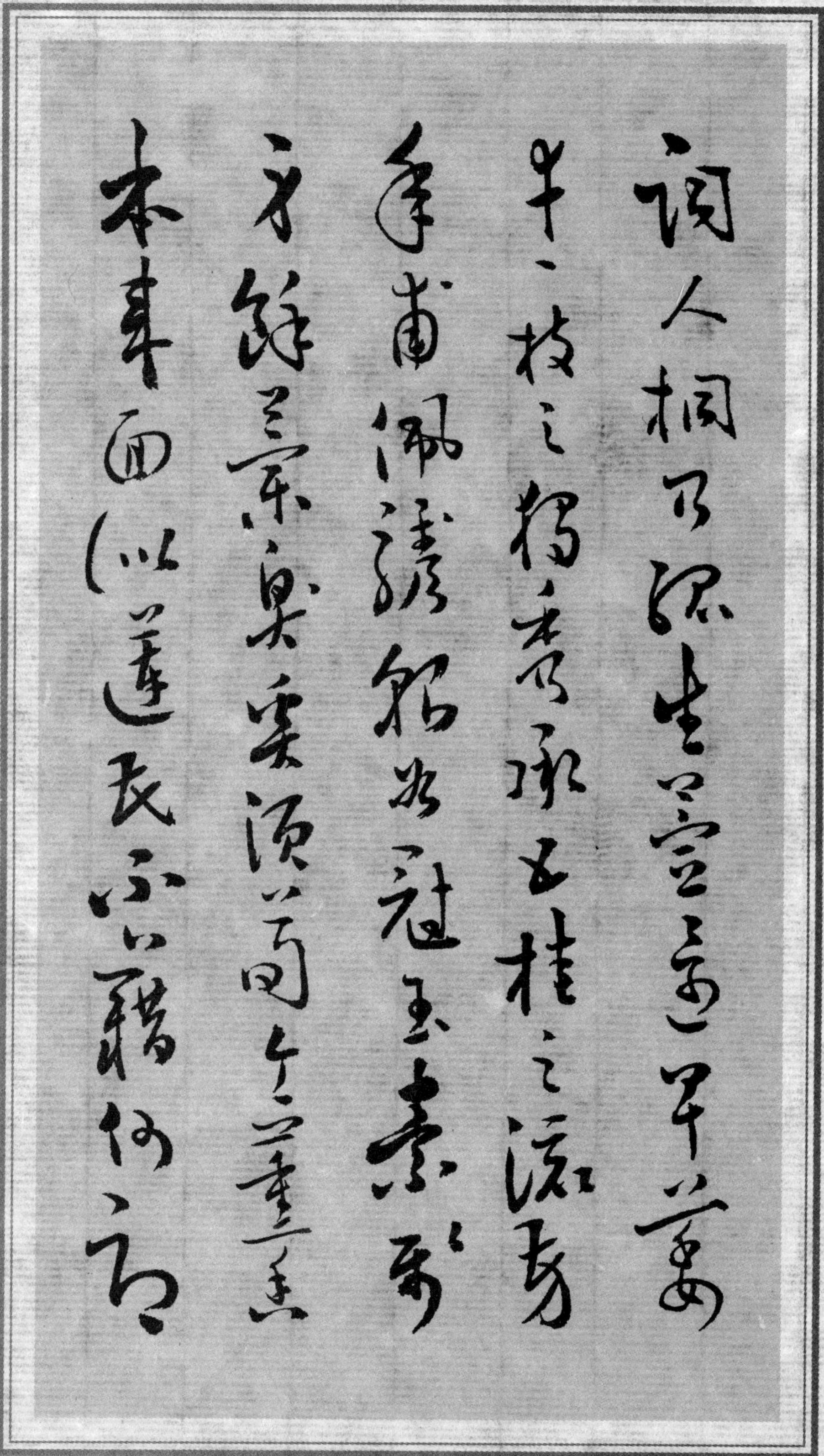

傅粉。九齡應客，謔言解對楊梅；兩髻登筵，隱語能知荷藕。幼殊了了，長更便便。力殫窮經，豈止五車可載；功深『汲古』，直探『二酉』所藏。加以灑落

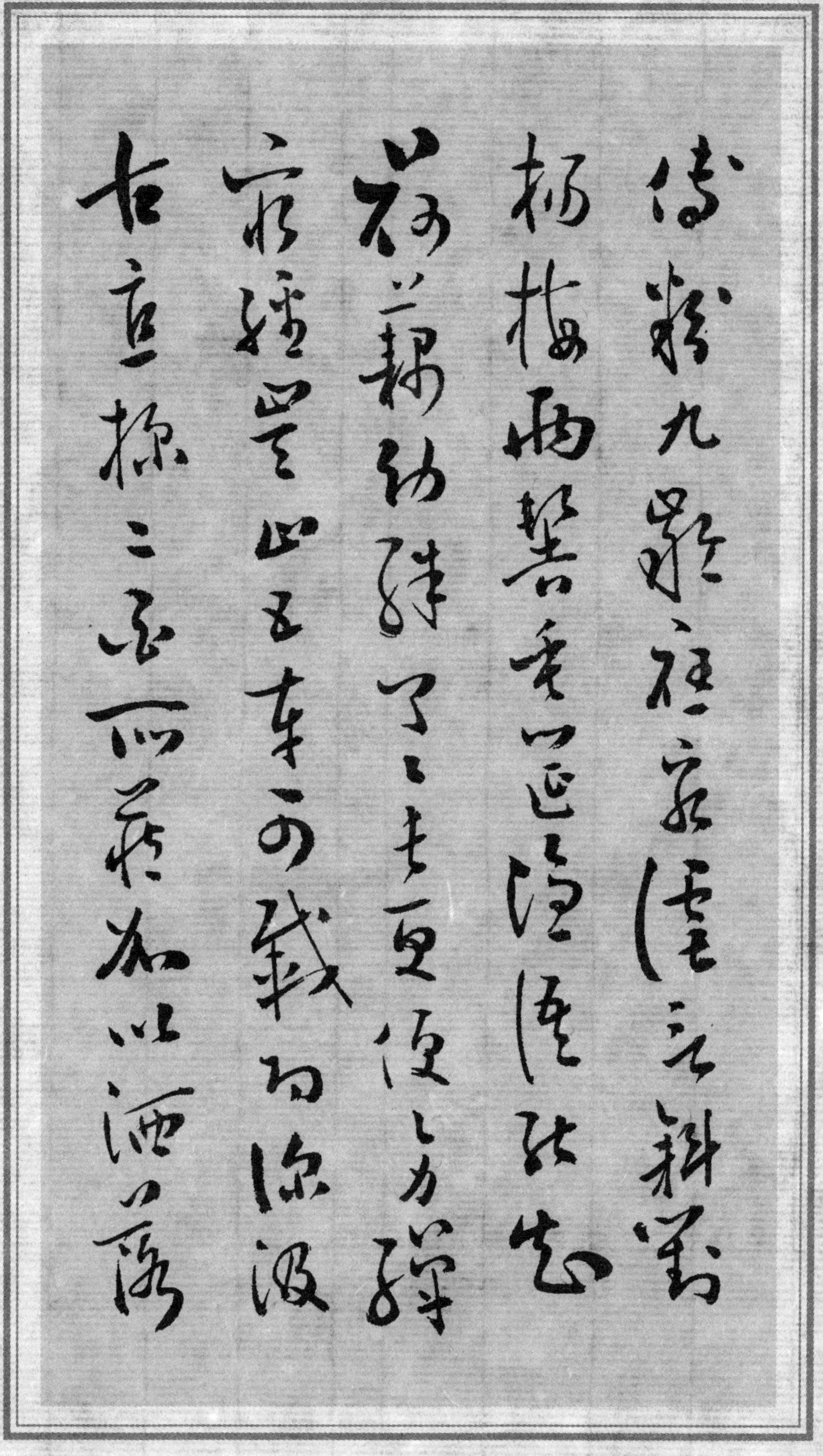

襟期，紛披藻思。騎鶴則腰纏萬貫，倚馬則日（筆）就千言。無唾不珠，有懷皆玉。人具憐才之眼，願從良友結良姻；父存忠愛之心，欲爲佳兒求佳婦。時則立雪

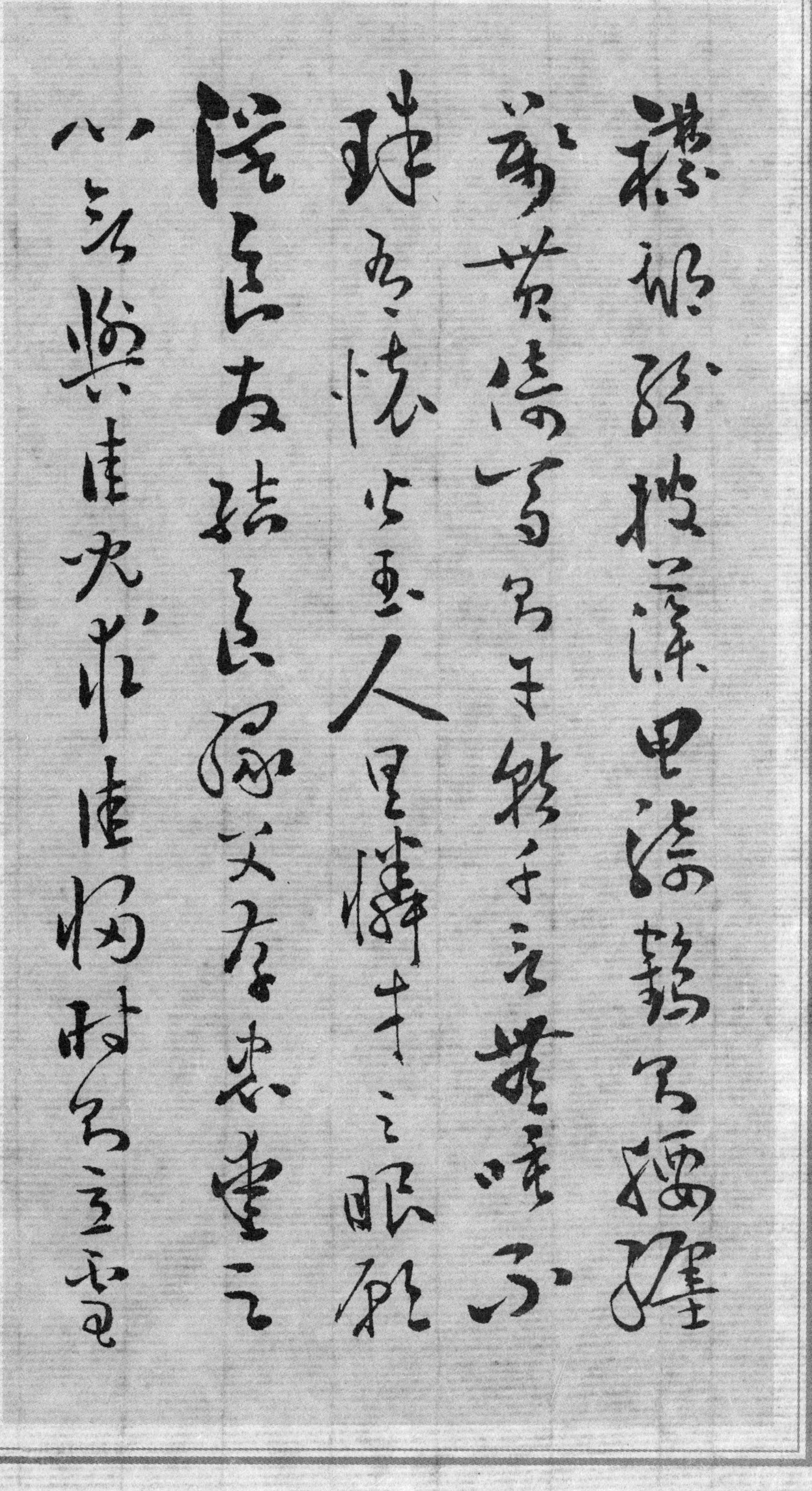

程門，承風馬帳。偶觀童子之場，僑居槜李；好結文人之社，久滯嘉禾。衛玠至都，競觀丰采；陸機入洛，噪起才名。品推鳳閣之英，聲重鷄林之價。一

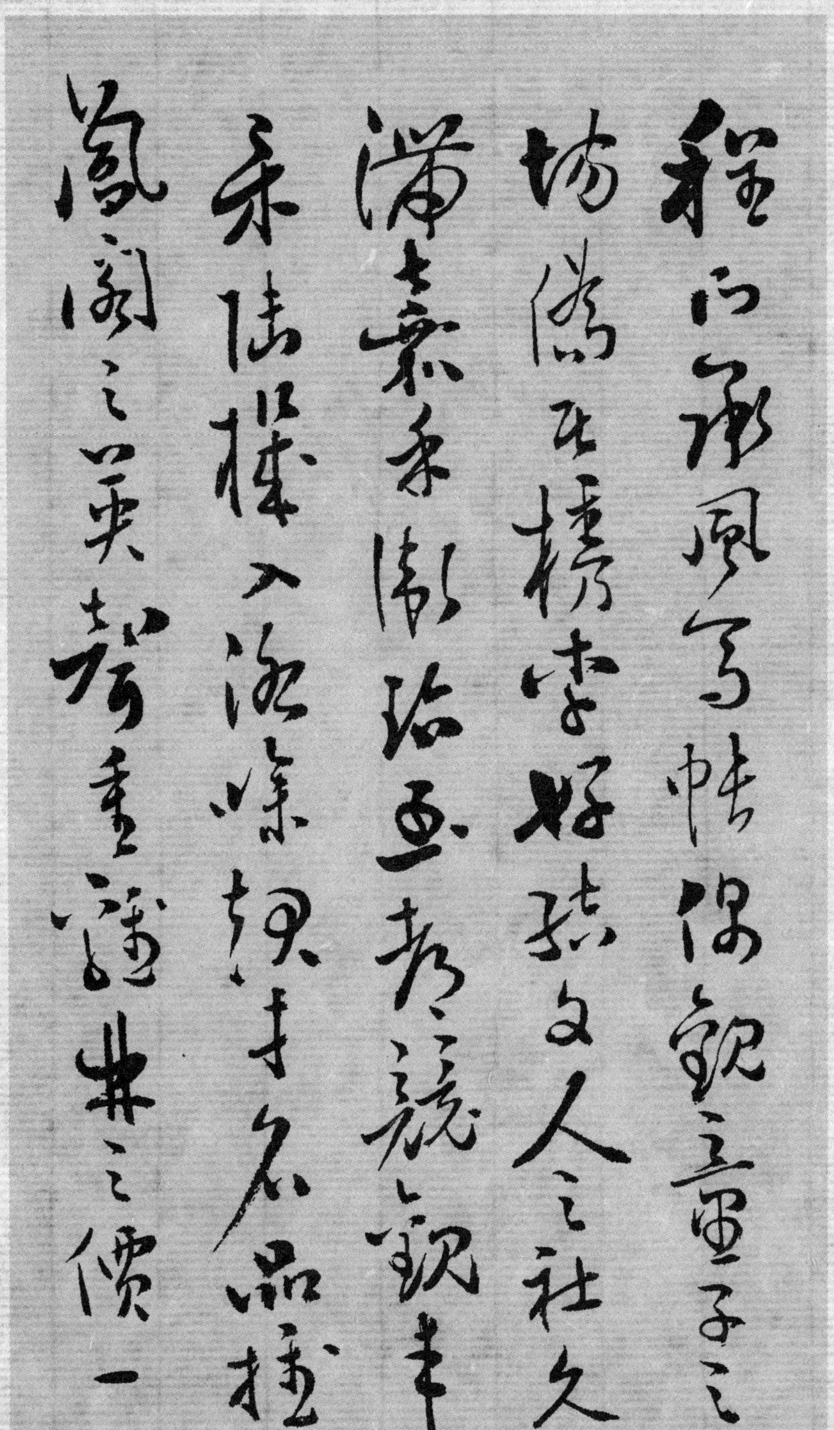

見能傾座，三餘只讀書。迨夫七藝既成，一軍輒冠。芹香早擷，素無佻達之容；芸帙專攻，詎有狎邪之行。年年花事，絶不關心；種種風情，俱非著

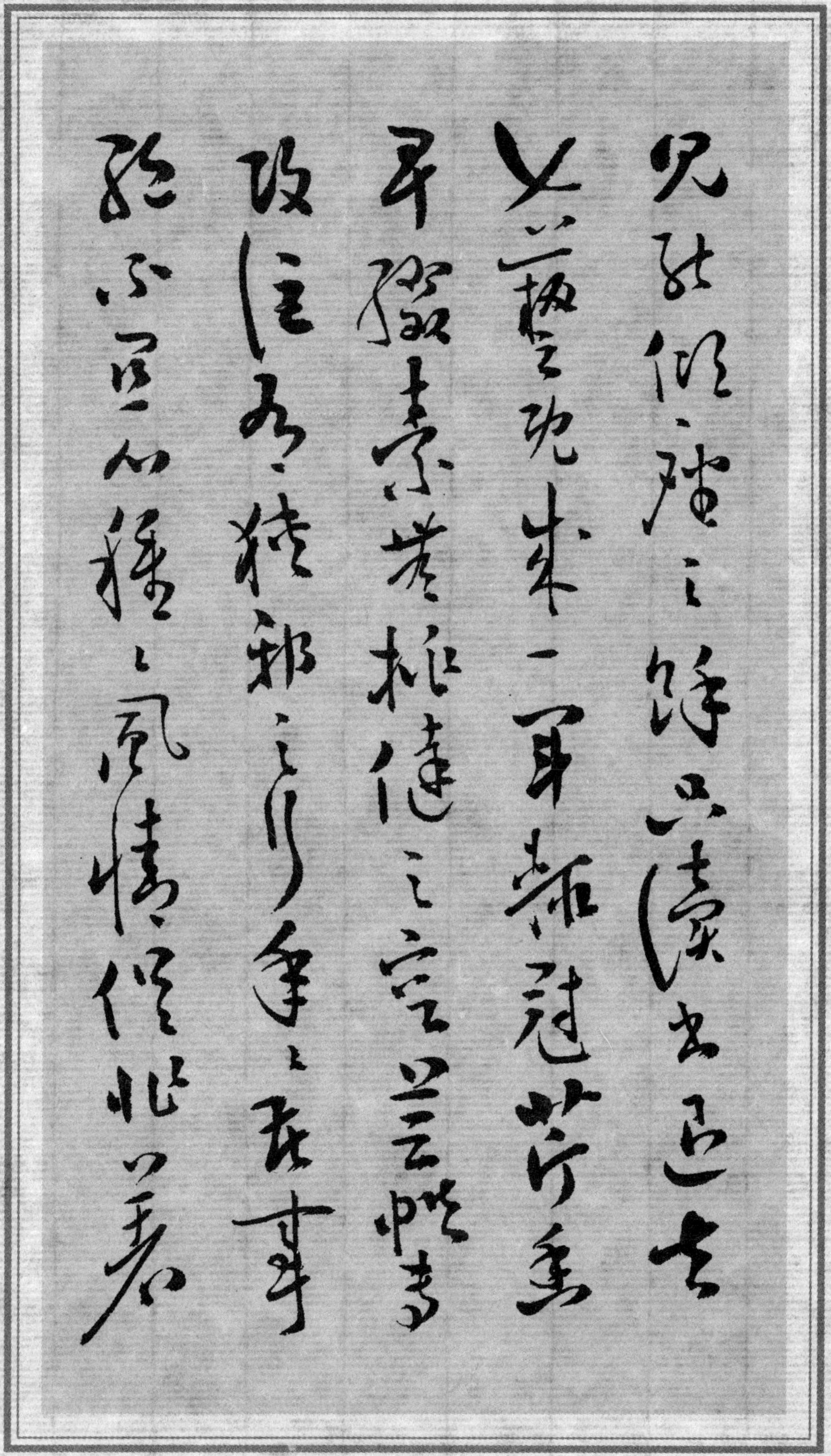

意。孰料百年伉儷，忽從一日遭逢。豈人力之强爲，乃天公之適合。當夫深院日遲，小窗人靜。春無端而欲去，客有約而不來。細數落花，聊爲破

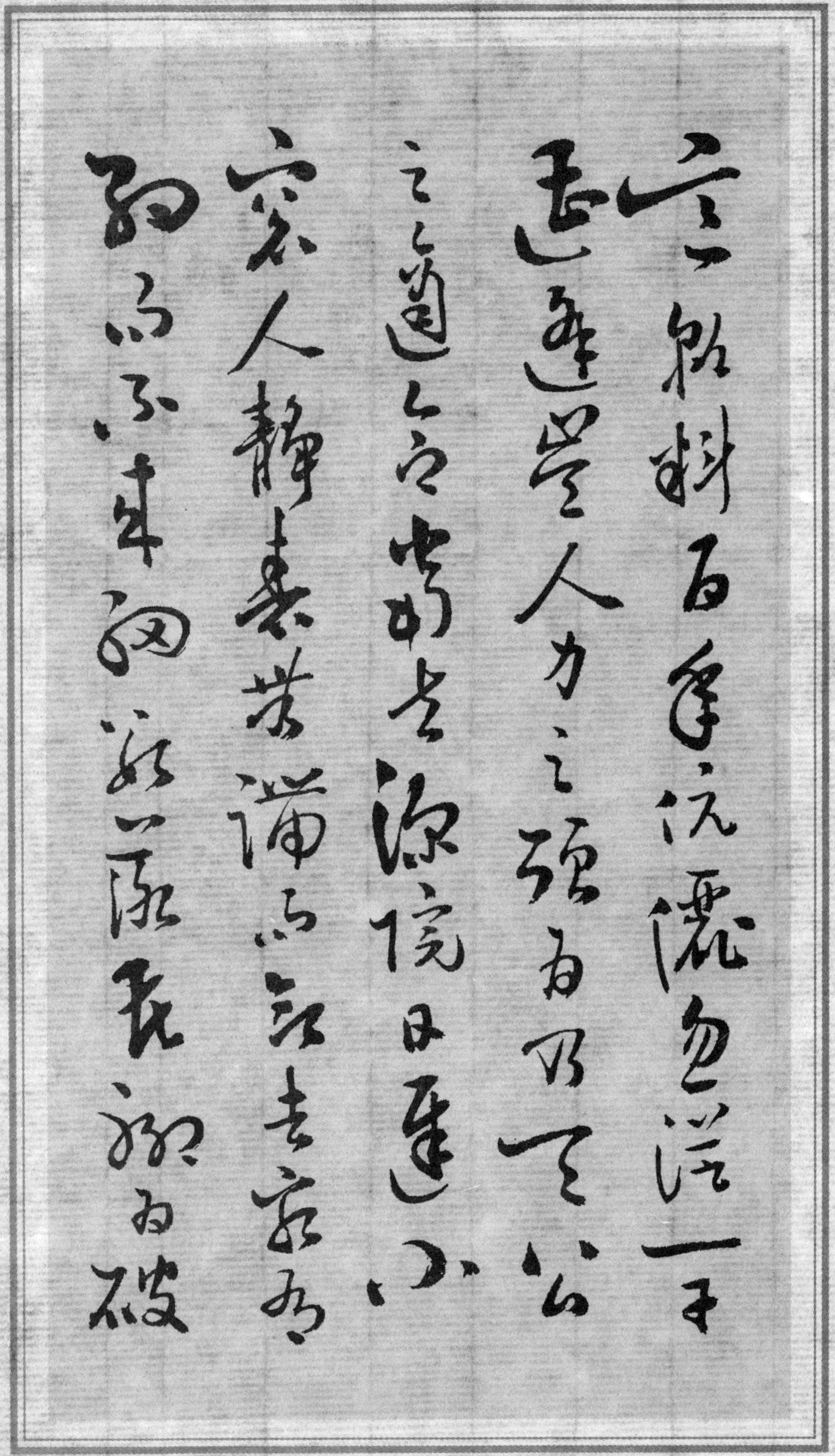

寂；静聽啼鳥，却似催游。乃即信步遺懷，隨心攬勝。訪詩人於北郭，奚煩驢背駝來；尋酒伴於南湖，將喚鴨頭泛去。俄見雲濃似墨，雨潤如酥。密似散絲，

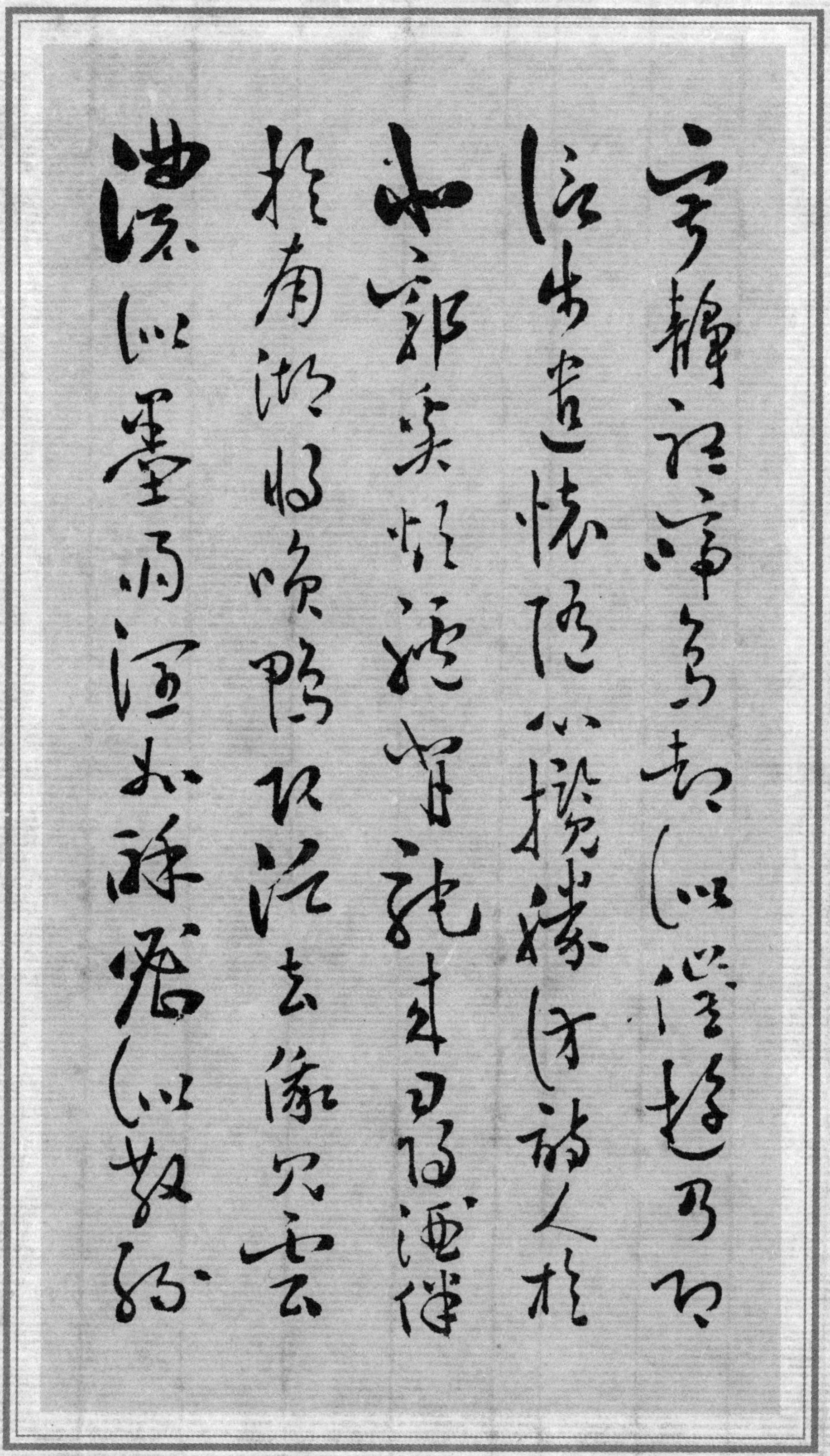

（郭巾易折。）葛騾能破塊，謝屐難投。而乃隨出谷之流鶯，偶穿芳徑；與尋巢之小燕，聊托茅簷。止水何心，閑雲無意。不過芳踪暫憩，非同逐浪之青萍；

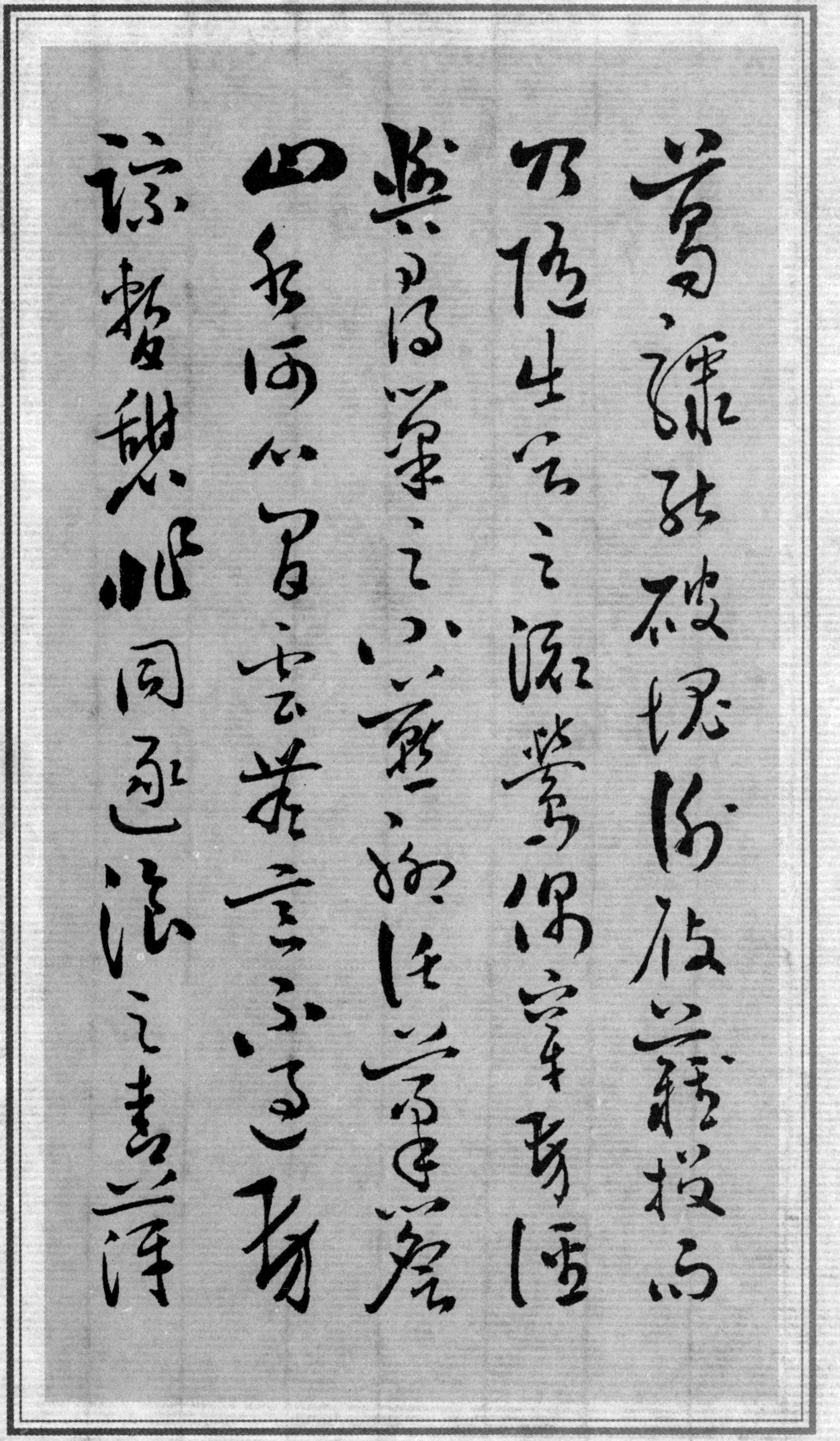

豈知春色難關，忽見出墻之紅杏。爾時，愛姑運階前之甓，方貯甘霖；剪宅畔之蔬，將供晚飯。久托蝸居於深巷，素知無客造廬；忽聞尨吠於隔垣，始

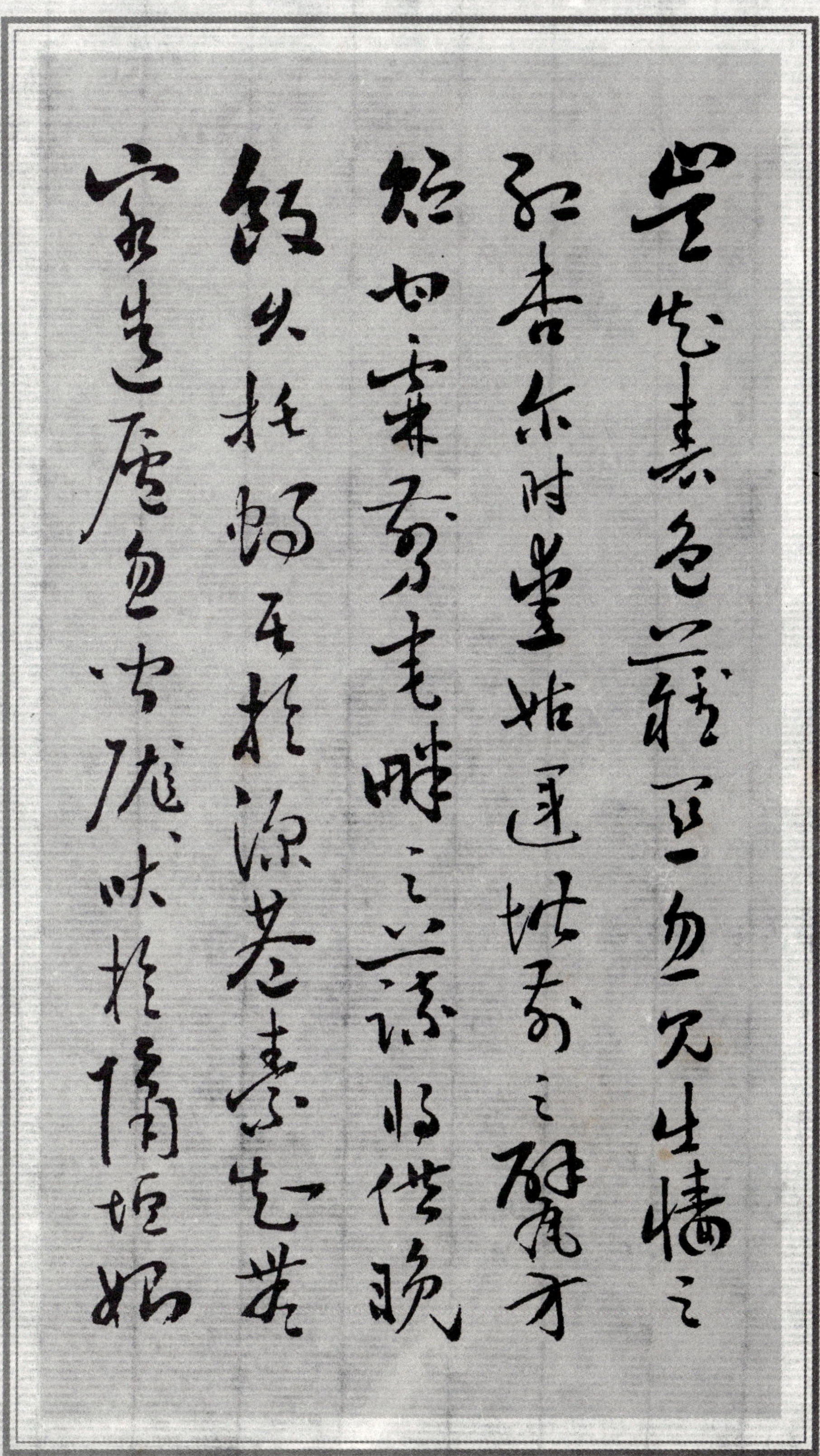

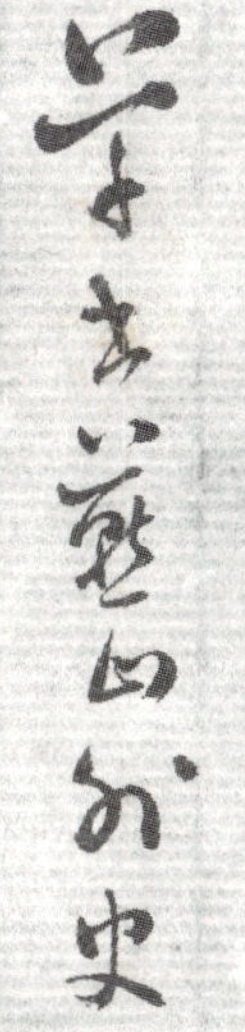

卷一

覺有人窺户。盈盈不語，脉脉含羞。墻及肩高，趨無可避；室如斗大，退不能藏。生也，纔窺半面，即驚花月粧成；及覩全身，更駭天仙化就。姿容綽約，宛

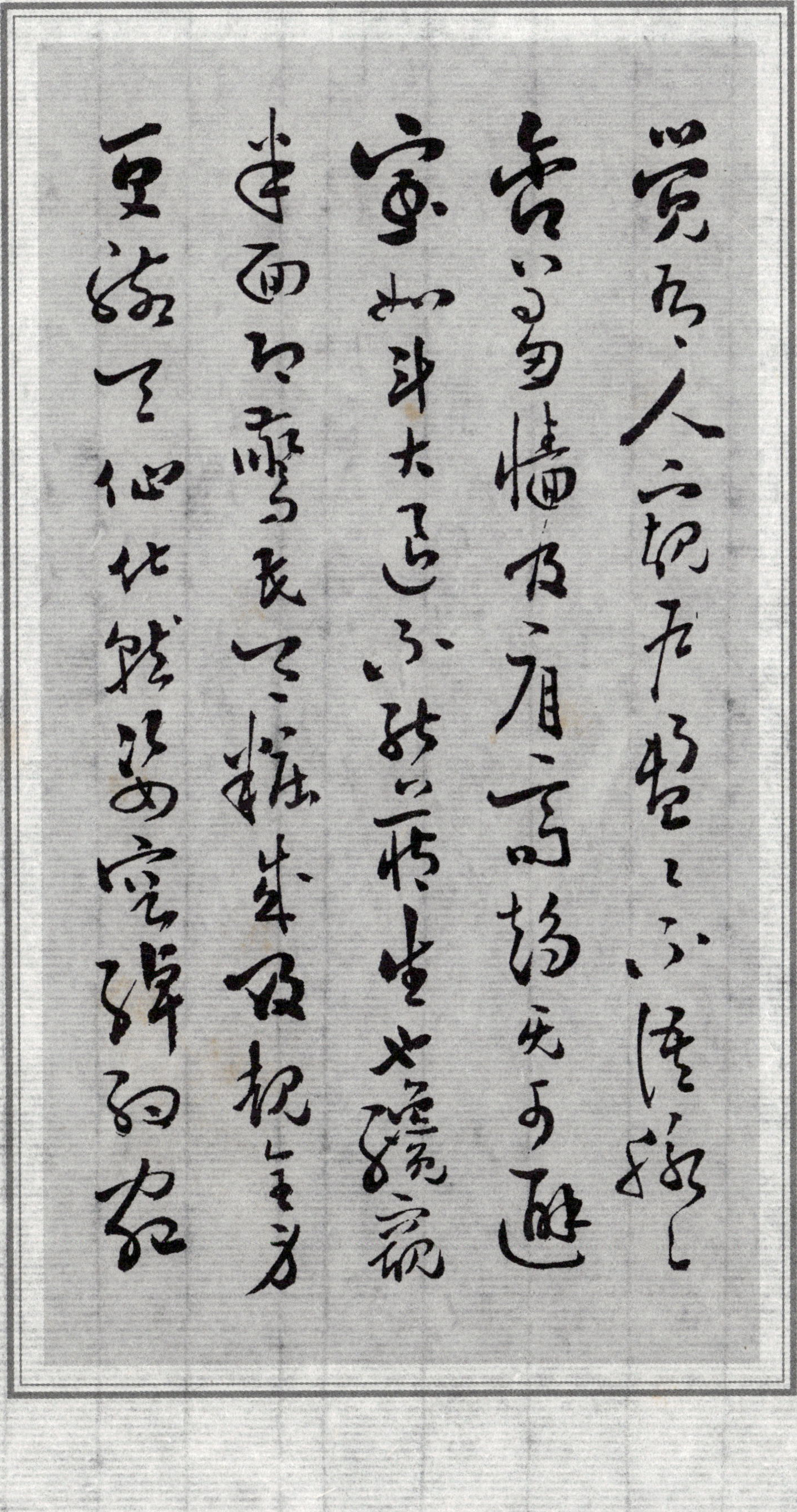

遇唐環；體韻輕盈，恍逢趙燕。娉婷軼眾，不須春黛雙描；裊娜動人，何待秋波一轉。出其不意，頓亂人懷；何以爲情，渾難自主。姑之母，扶筇以出，偶

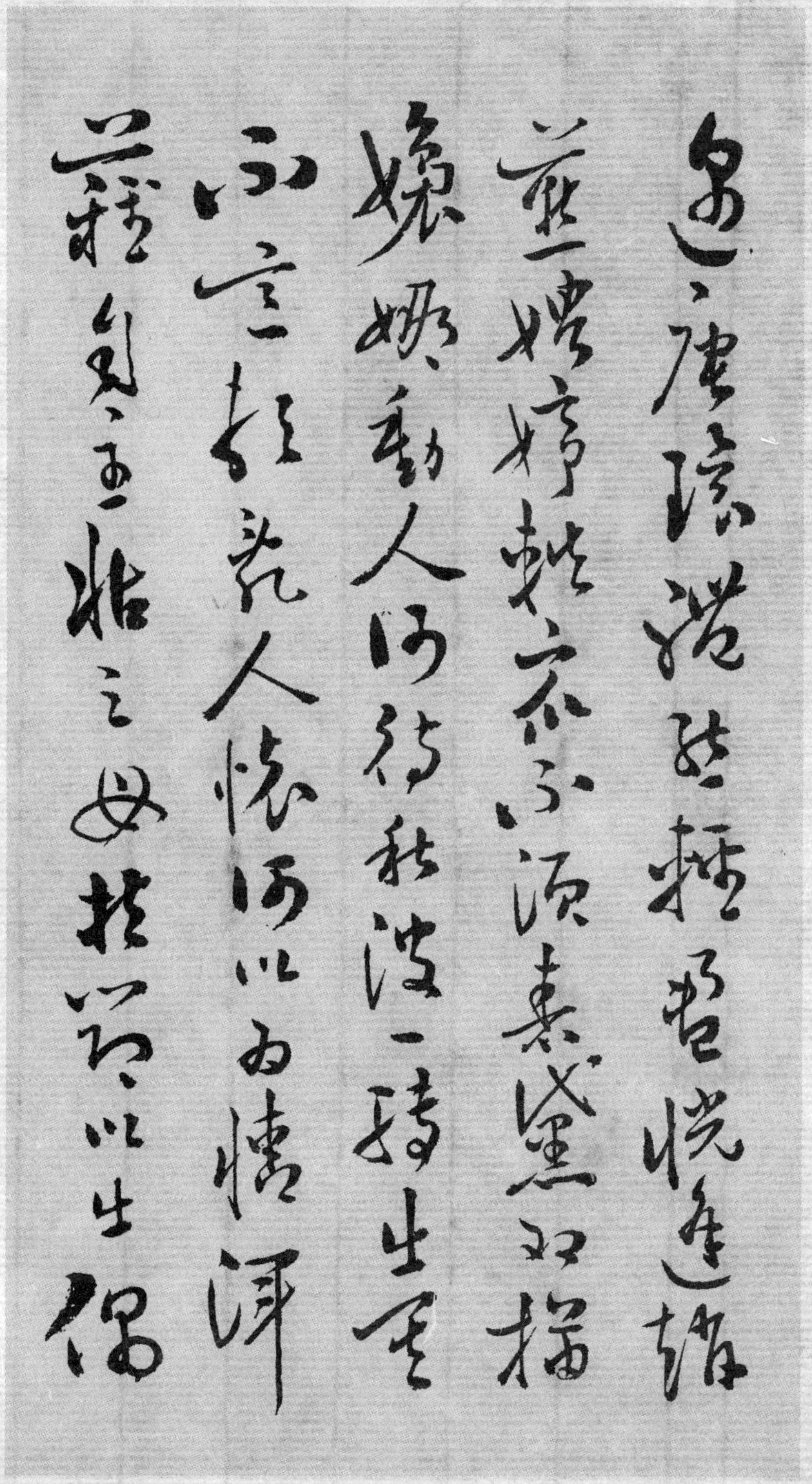

草書燕山外史

卷一

觀白水於簾陰；負郭而居，適見青衿於城闕。長日絕無忙事，高年最喜閑談。豹覩一斑，已多蔚色；鳳瞻片羽，總是吉光。不圖君子之踪，辱臨敝土；

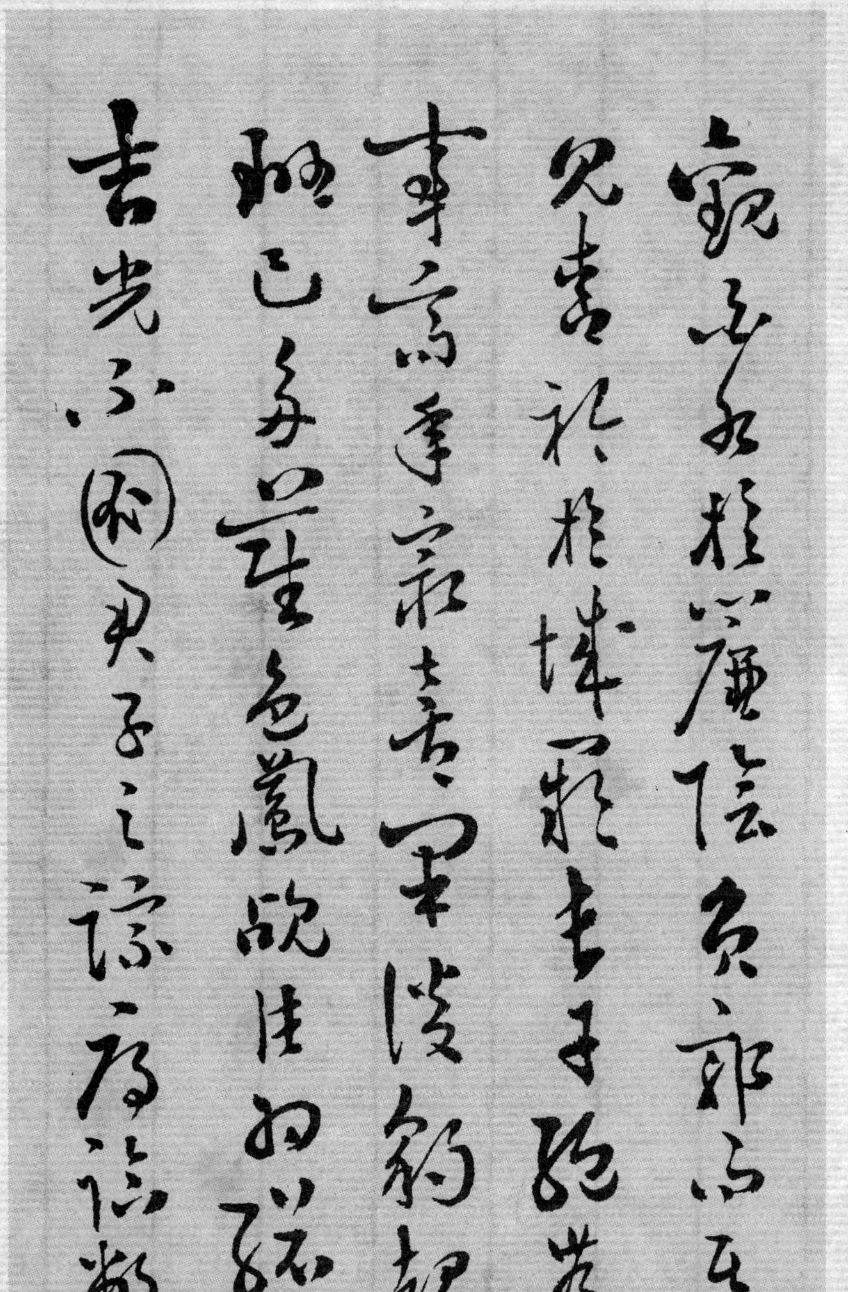

敢請嘉賓之駕，枉過荒齋。妙語投懷，懷開霽月；雅人入座，座滿春風。汲來芳渚甘泉，呼兒瀹茗；乞得鄰家新火，代客燎衣。偶爾周旋，極其歡洽。唯是

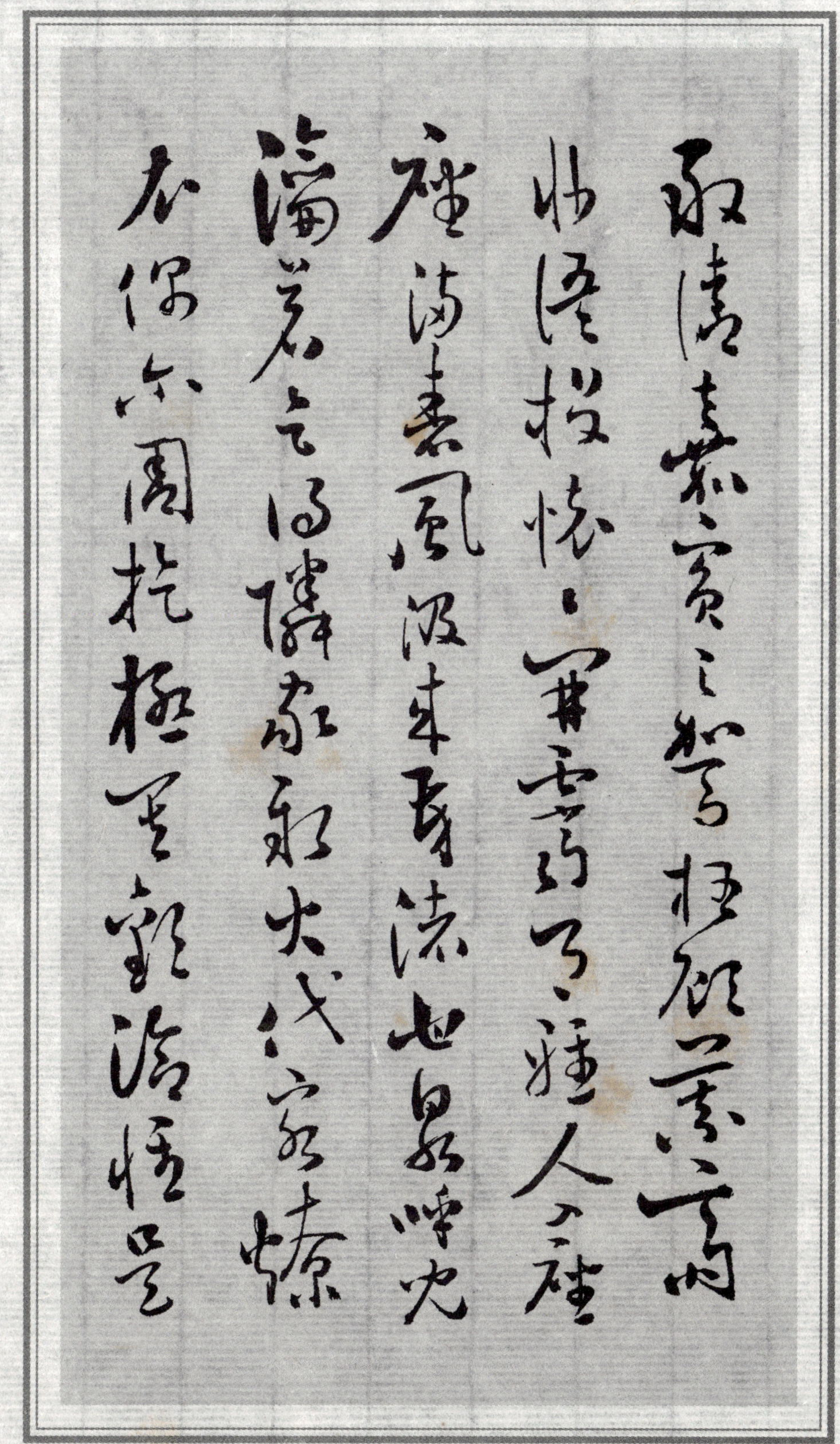

留人守雨，聊修地主之儀；何期見事生風，頓起天緣之想。生也，痴心專注，美滿七情；饞目頻迎，香濃九竅。幸嬋娟之得接，喜邂逅之相逢。幾忘過客

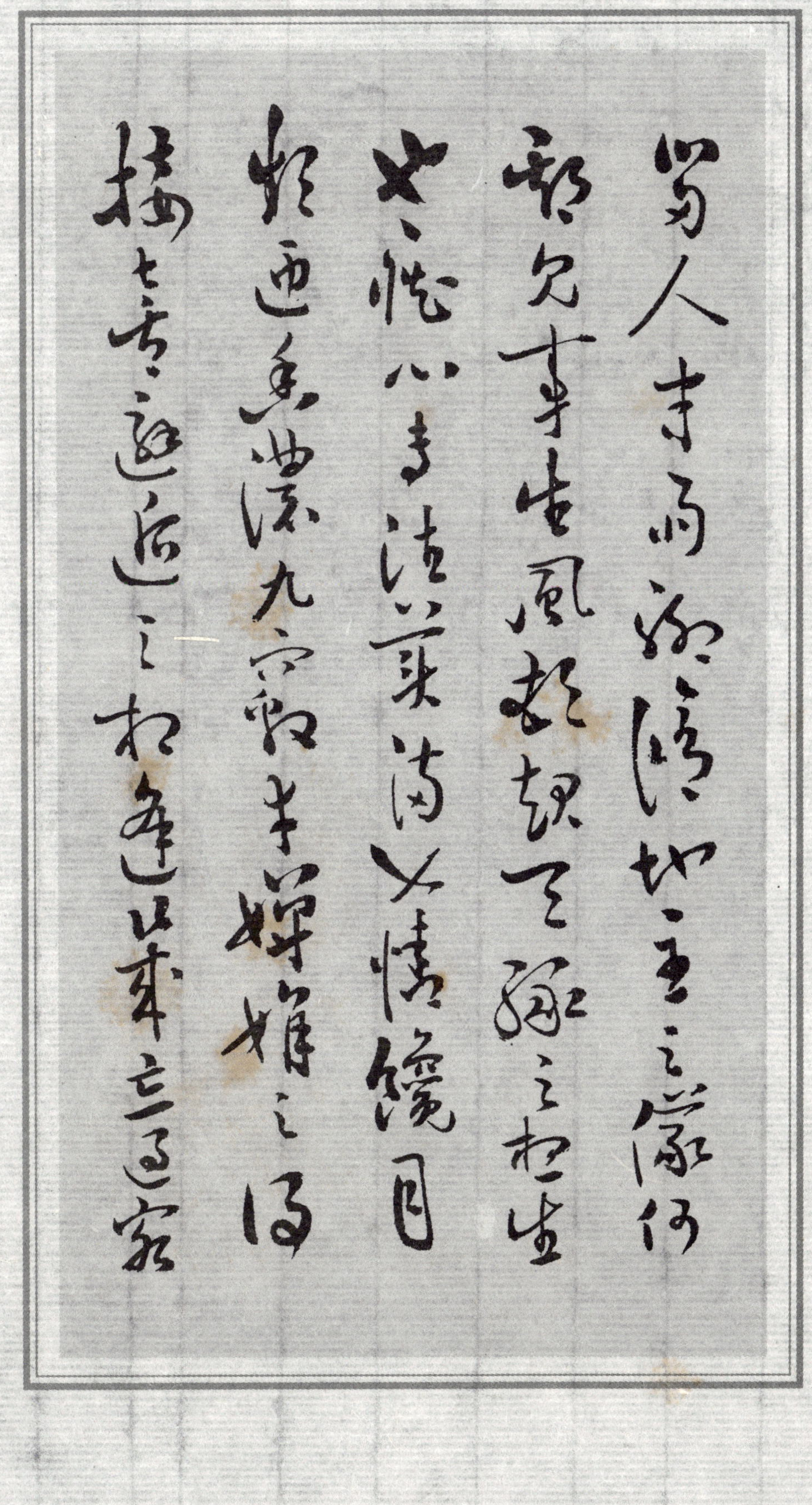

光陰，依依難舍；將近夕陽時候，悵悵方歸。從此芳洲繫念，香草縈思。廢食輟眠，常存問影尋聲之狀；攬芬挹秀，莫計頻來數往之踪。意緒匆忙，心情撩亂。

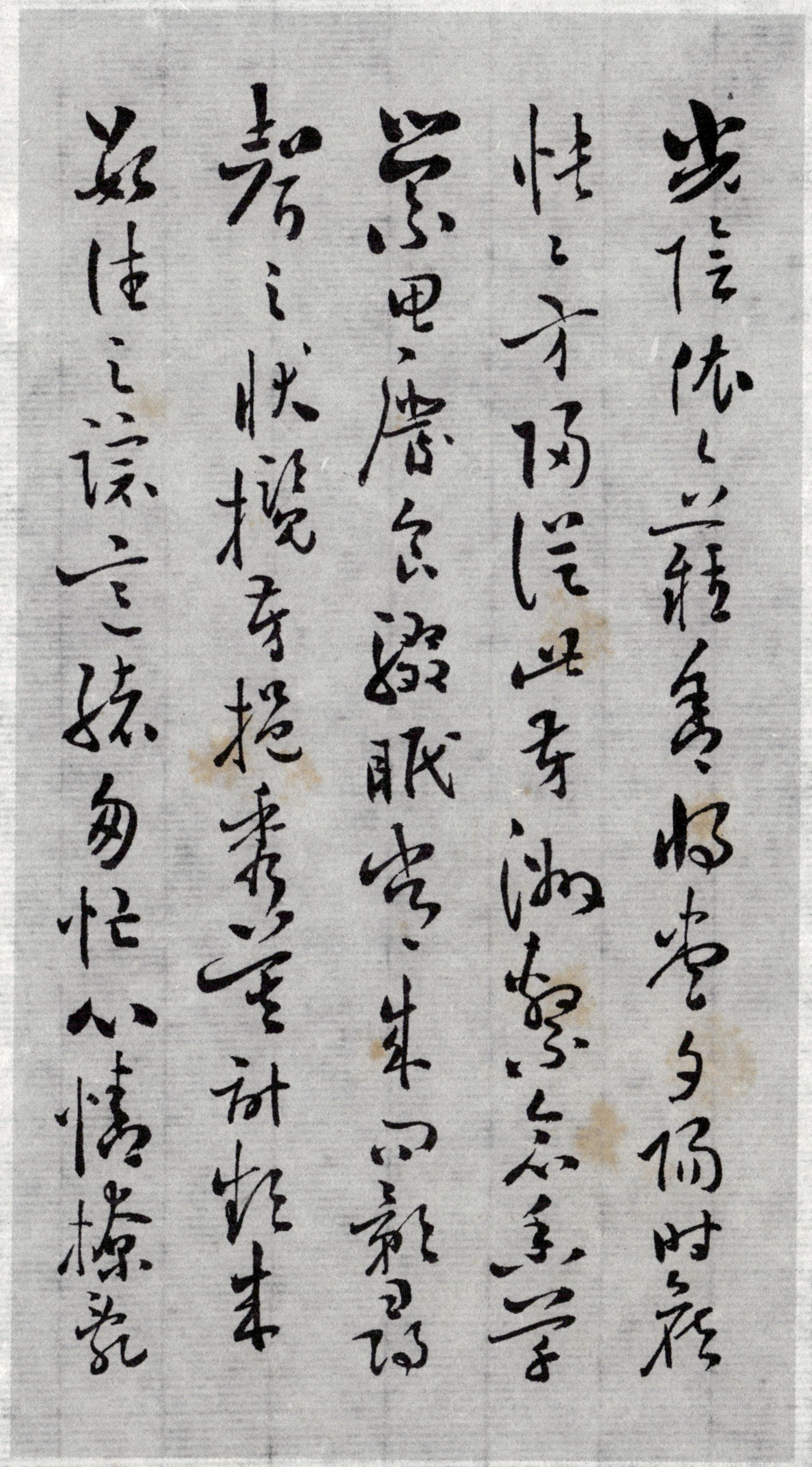

回憶仙容莫匹，未知胡帝胡天；追思秀色可餐，每覺如飢如渴。其如藍橋路隔，難從仙女入林；花洞津迷，未許漁郎問渡。幾縷蝦鬚素箔，阻若雲山；一重麂

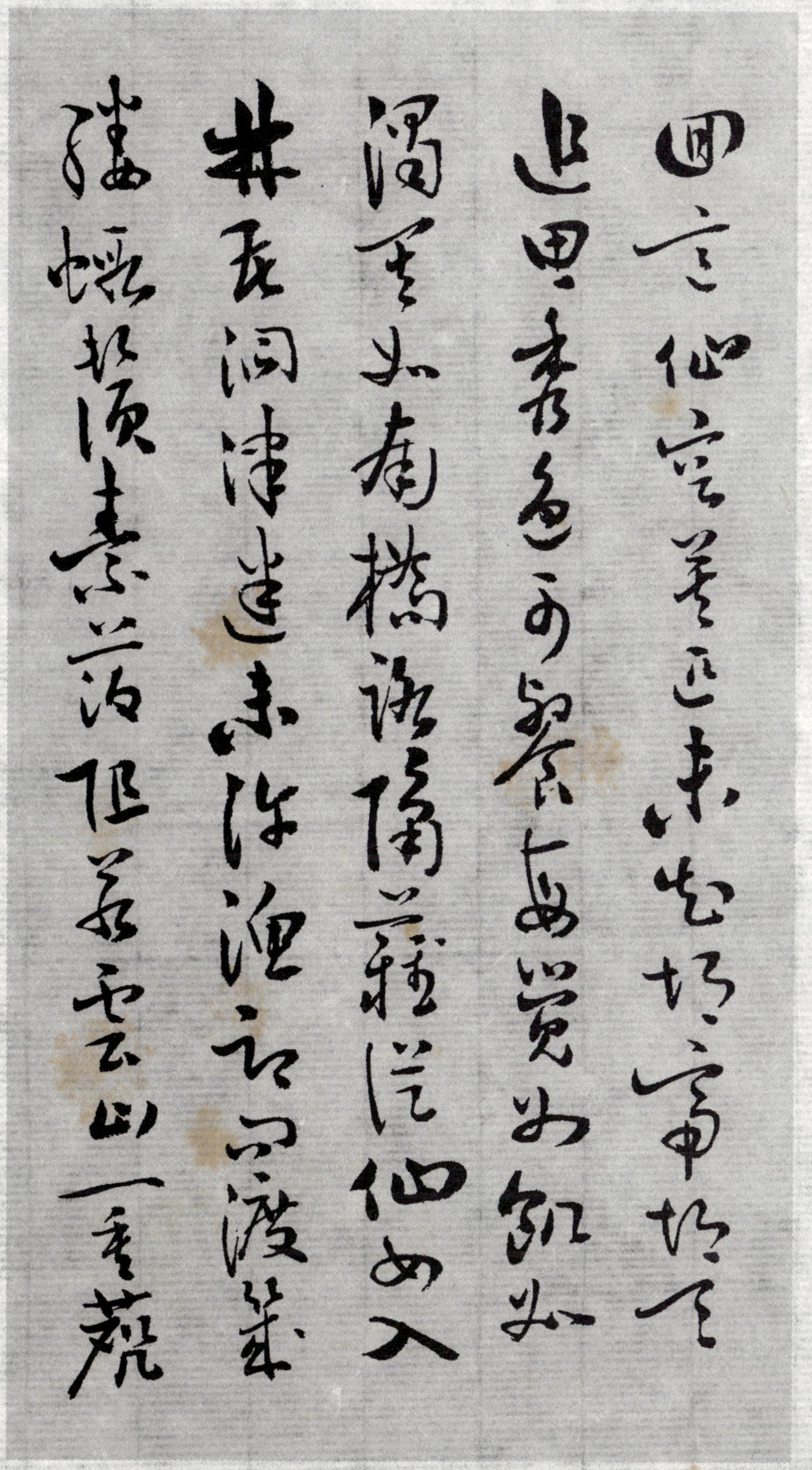

眼疏籬，睽同河漢。於是，沈思杳杳，入想非非。願作寶釵，常沾髩澤；願爲羅帶，久戀裙香。願從綺(箔)印金蓮，願托綿弦親玉笋。無端懸想善懷，終未獲善謀，

如此苦思自問，亦殊難自解。然而，會心不遠，得計非難。雍伯求姻，曾種藍田之玉；温郎納聘，亦投玉鏡之臺。雖未可以情牽，更何難於利餌。因是，珠量十斛，

數去徵歌；橐解千金，常來買笑。却憐貧婳，最愛孔兄。厚邀花粉之資，笑容可掬；重獲梳籠之具，諂狀難摹。合漆并膠，細通款曲；偷寒送暖，密

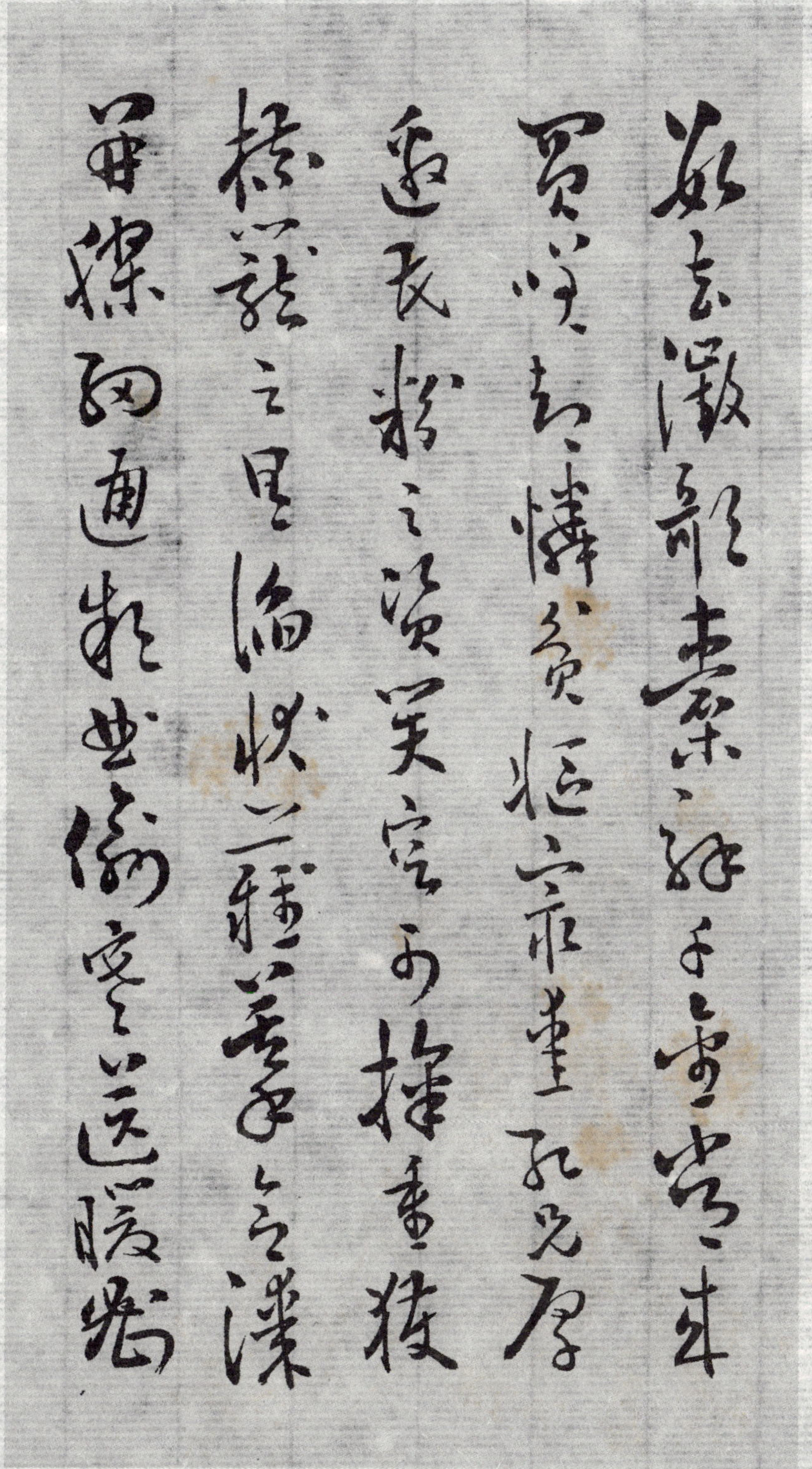

獻慇懃。豈愛其經笥便便，是儒家子；但貪其資囊綽綽，爲富室兒。姑時欲避客踪，難違母命。桃腮方露，杏靨即紅。今其出拜而遷延，催以入粧而遲

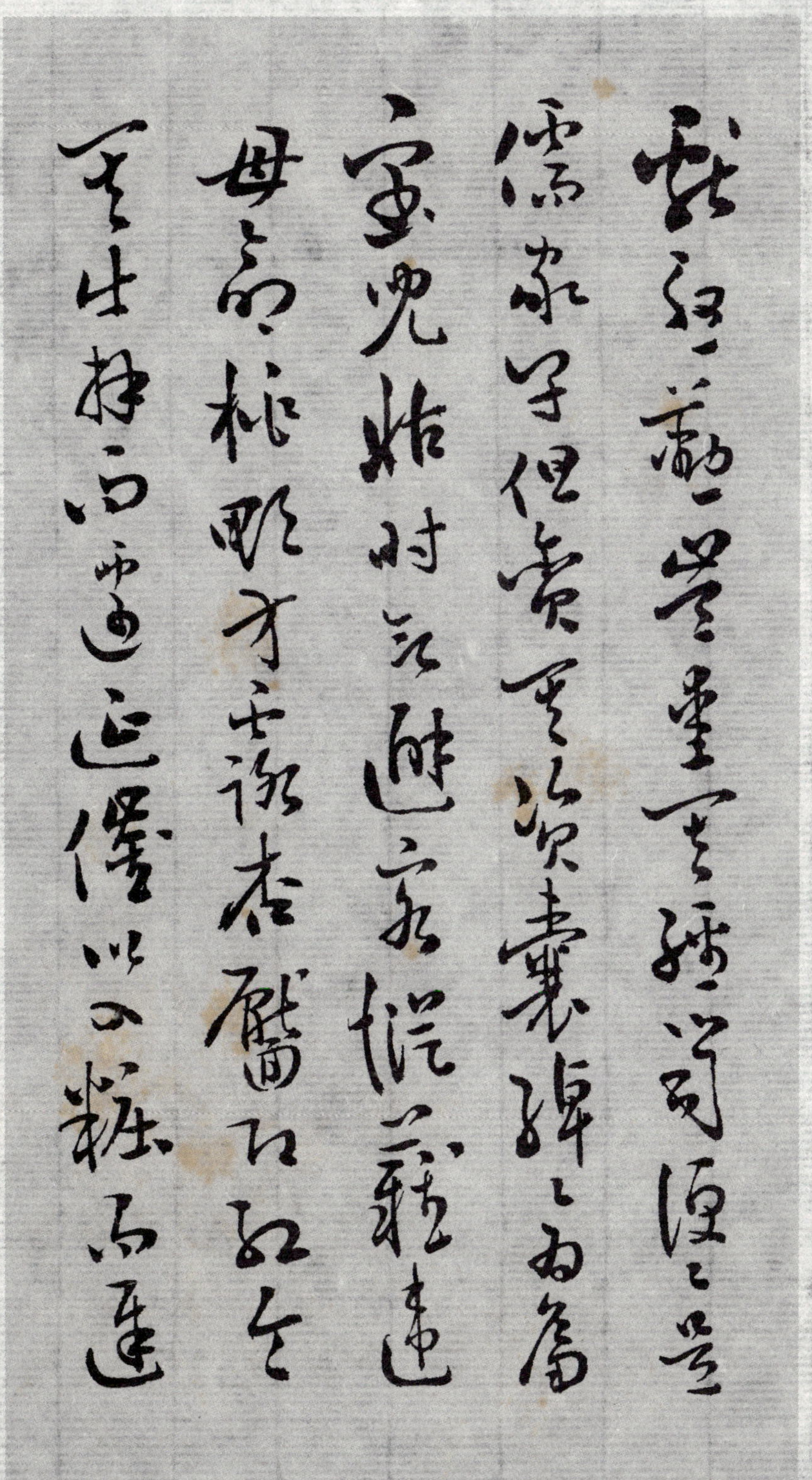

宕。非關撤懶，總屬嬌羞。萬喚千呼，强入鷓鴣之座；三推兩却，勉擎鸚鵡之杯。劇憐稚子髫年，未喻風情月意。（靈心疊逗，纖不通心；媟語頻桃花，非解語。纔探酥乳，偏遭纖指剔膚；偈接櫻唇，反被香津唾面。陌頭弱絮，竟作黏泥；洞口小桃，未貪結子。）猥望江妃解佩，徒摹交甫之魂；險逢

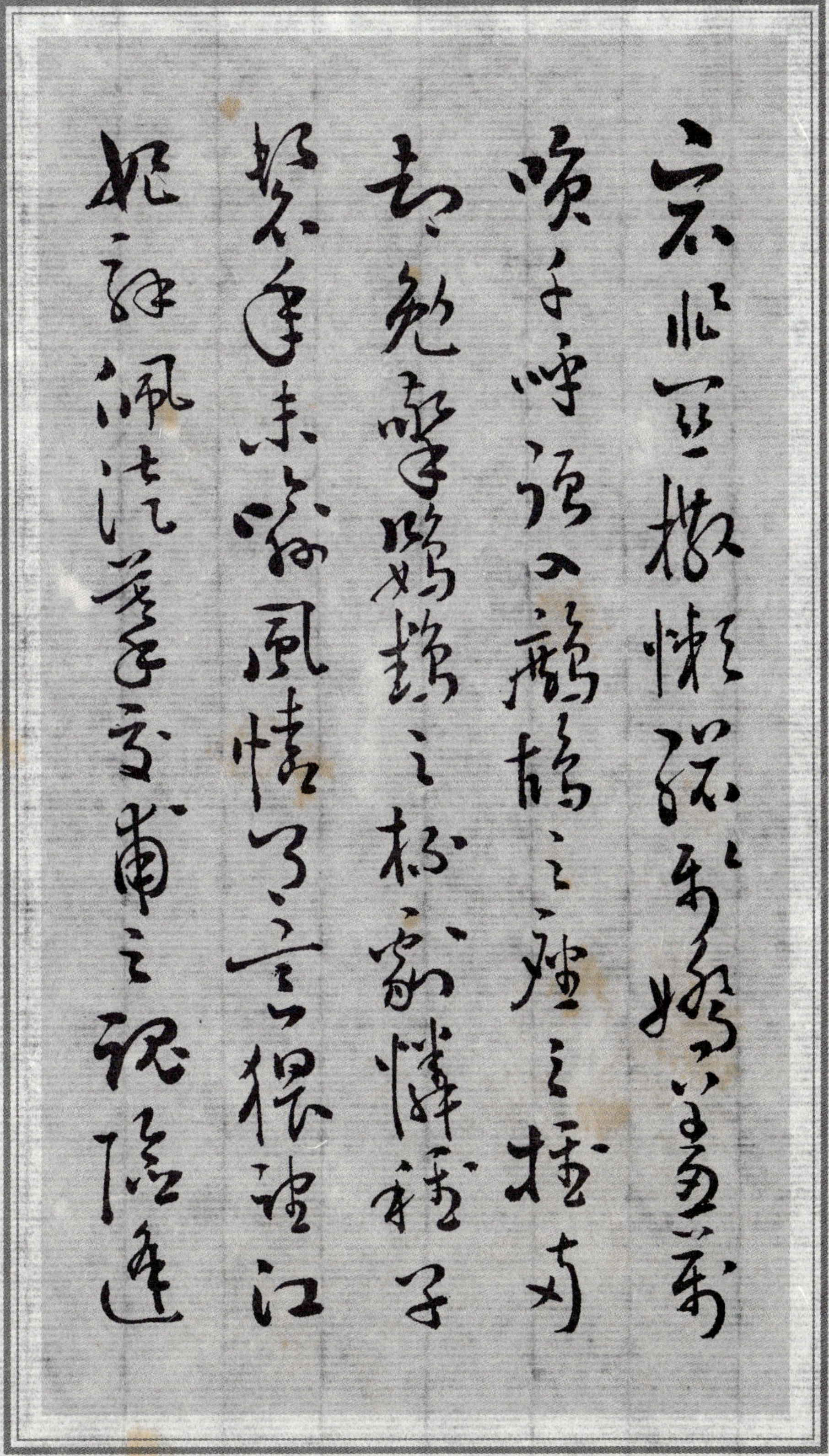

鄰女投梭，幾折幼輿之齒。興盡則王猷返棹，途窮則阮籍回車。辜負良宵，虛磨好景。下陳蕃之榻，仍是孤眠；移管輅之床，依然獨寐。念自

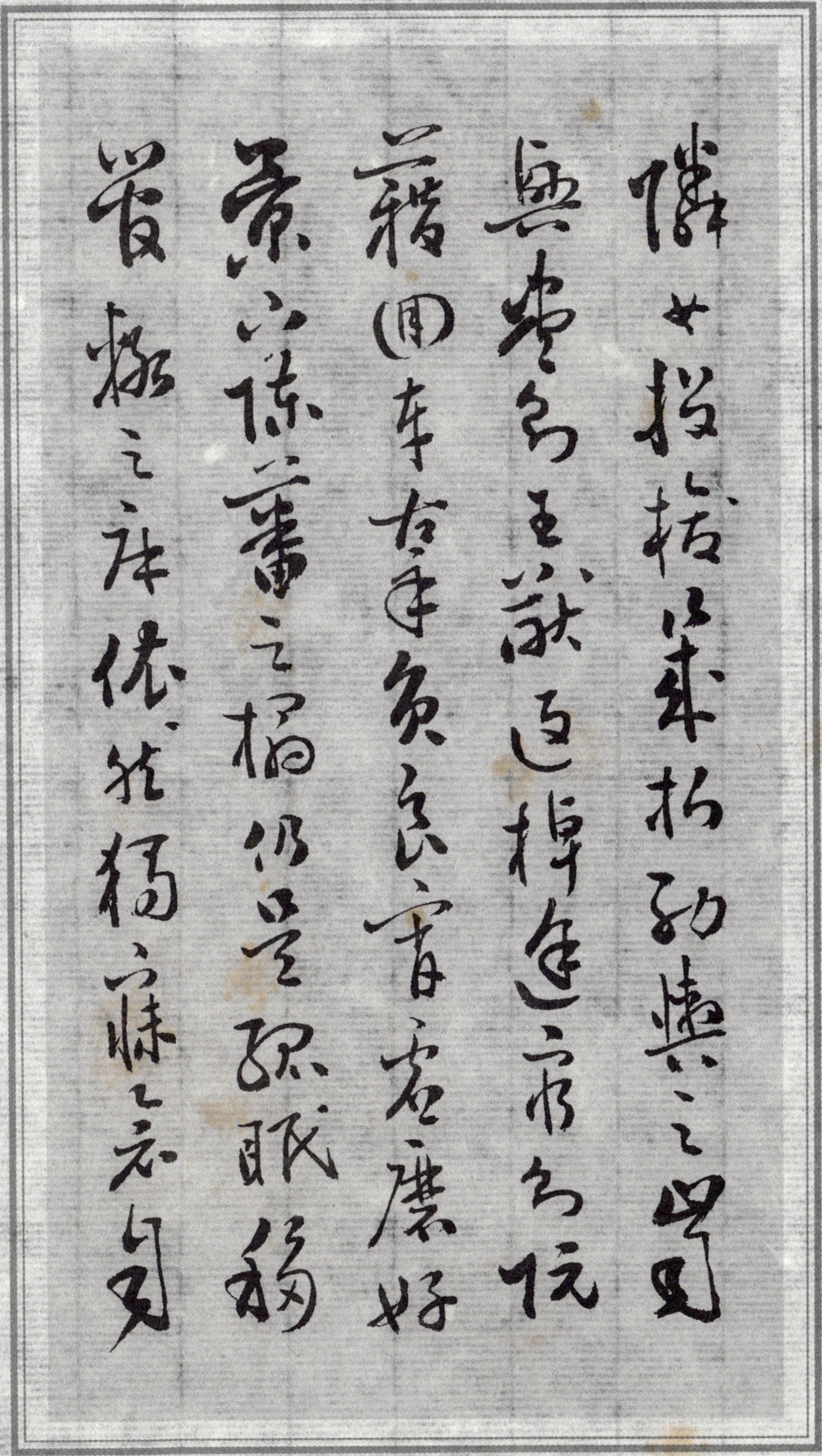

初夏相逢，以至新秋未合。衝炎冒暑，非從蝸角爭名；越陌度阡，不向蠅頭索利。衹念媌婬之美，遽忘襬襶之勞。乃如鏡裏尋花，迎眸悉假；水中掬月，著

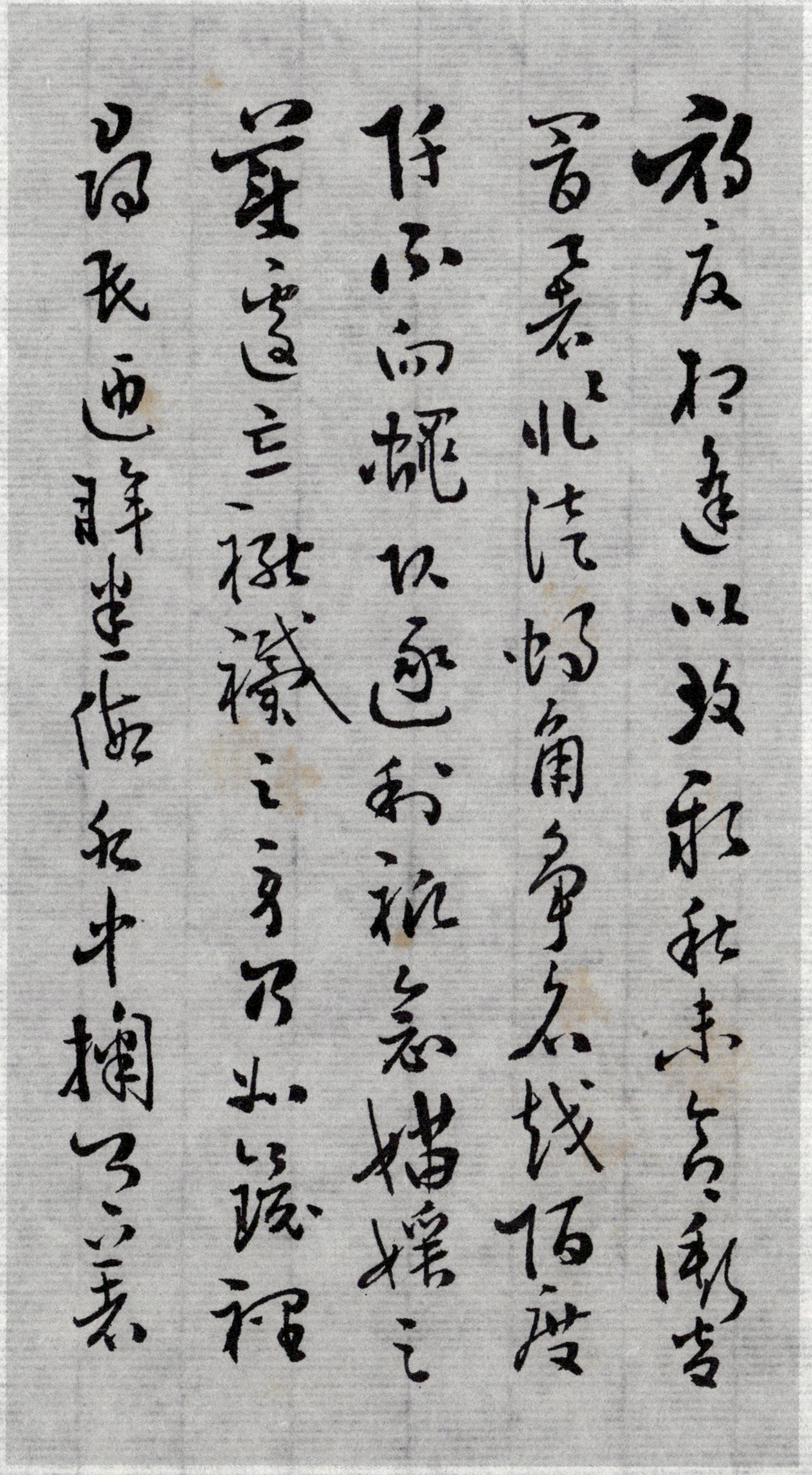

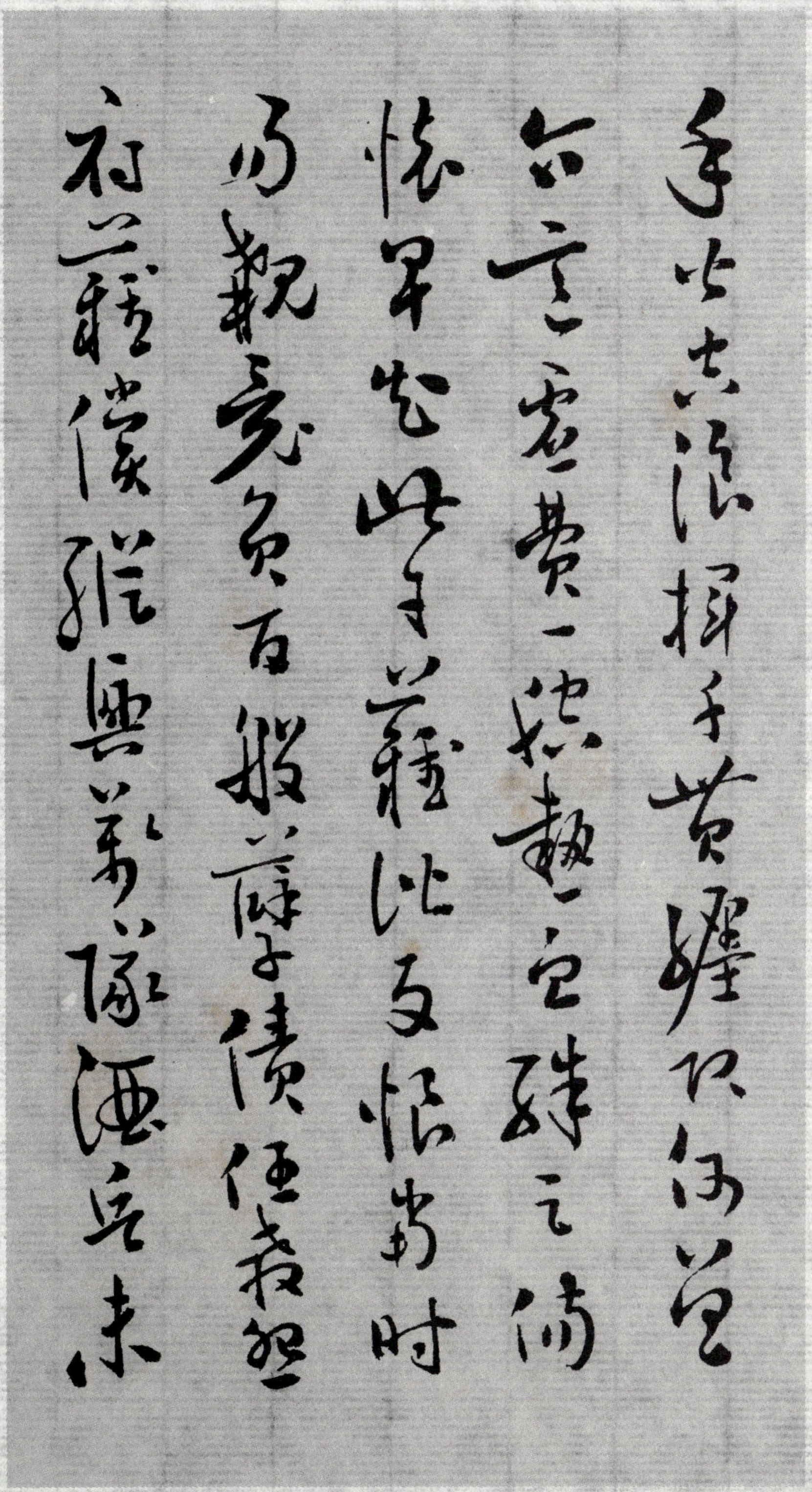

手皆空。浪揮千貫纏頭，何曾介意；虛費一腔熱血，殊足傷懷。早知此日難諧，反恨當時易覯。竟負百般孽債，任教怨府難償；縱興萬隊酒兵，未

必愁城可破。嗟乎，梁園風暖，獨寒孤鶴之栖；湘水月明，單照鰥魚之影。徒自苦耳，能不悲哉。時則，金風乍透，玉露初零。半窗竹影毵毵，添出蕭騷之

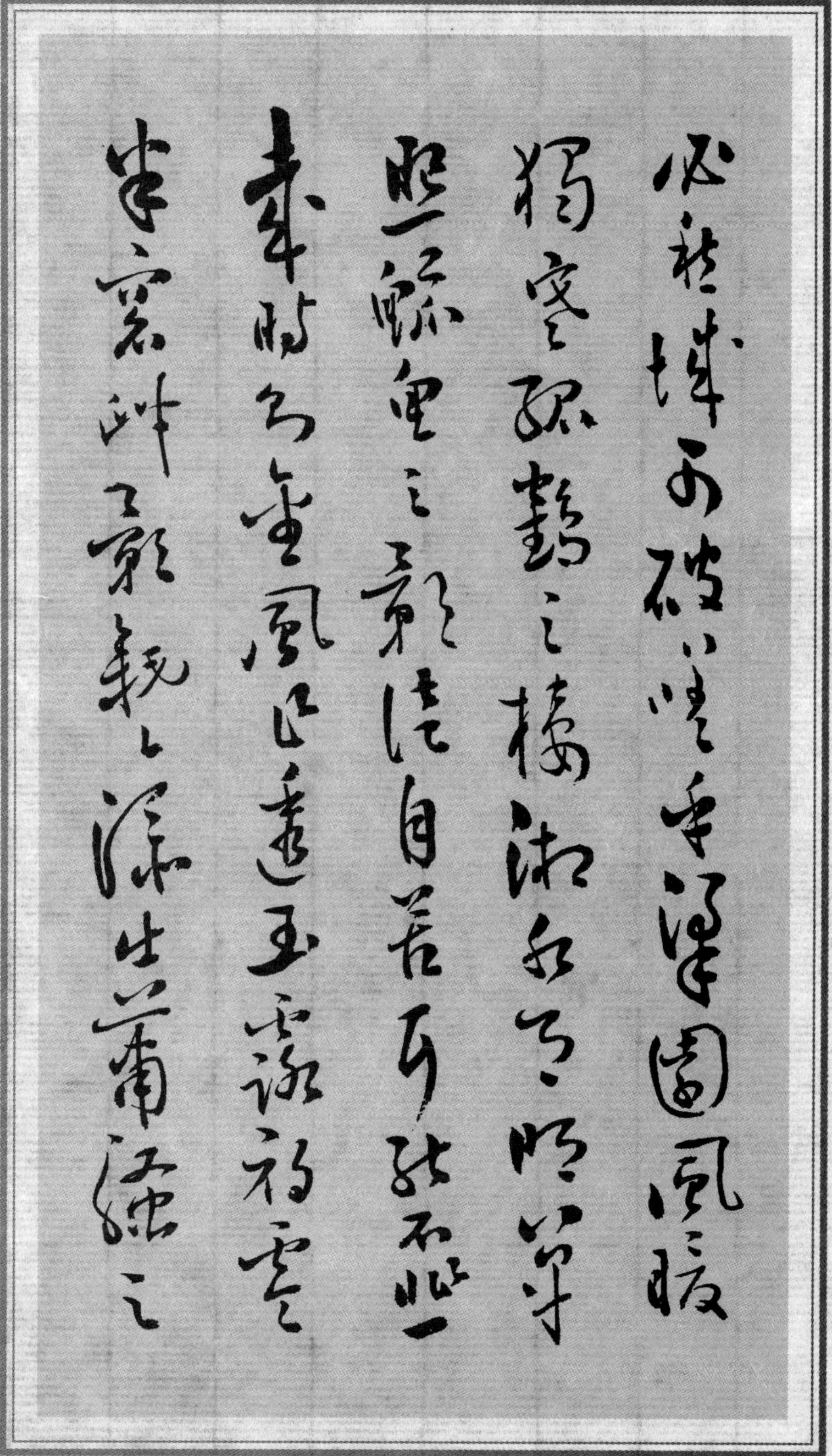

色；四壁蛩聲（蟲吟）唧唧，助成嘆息之聲。拊枕含悲，擁衾納悶。萬斛深愁推不去，一場好事送將來。蓮壺中纔聽丁東，藥欄外忽聞剥啄。獸環微動，何來月

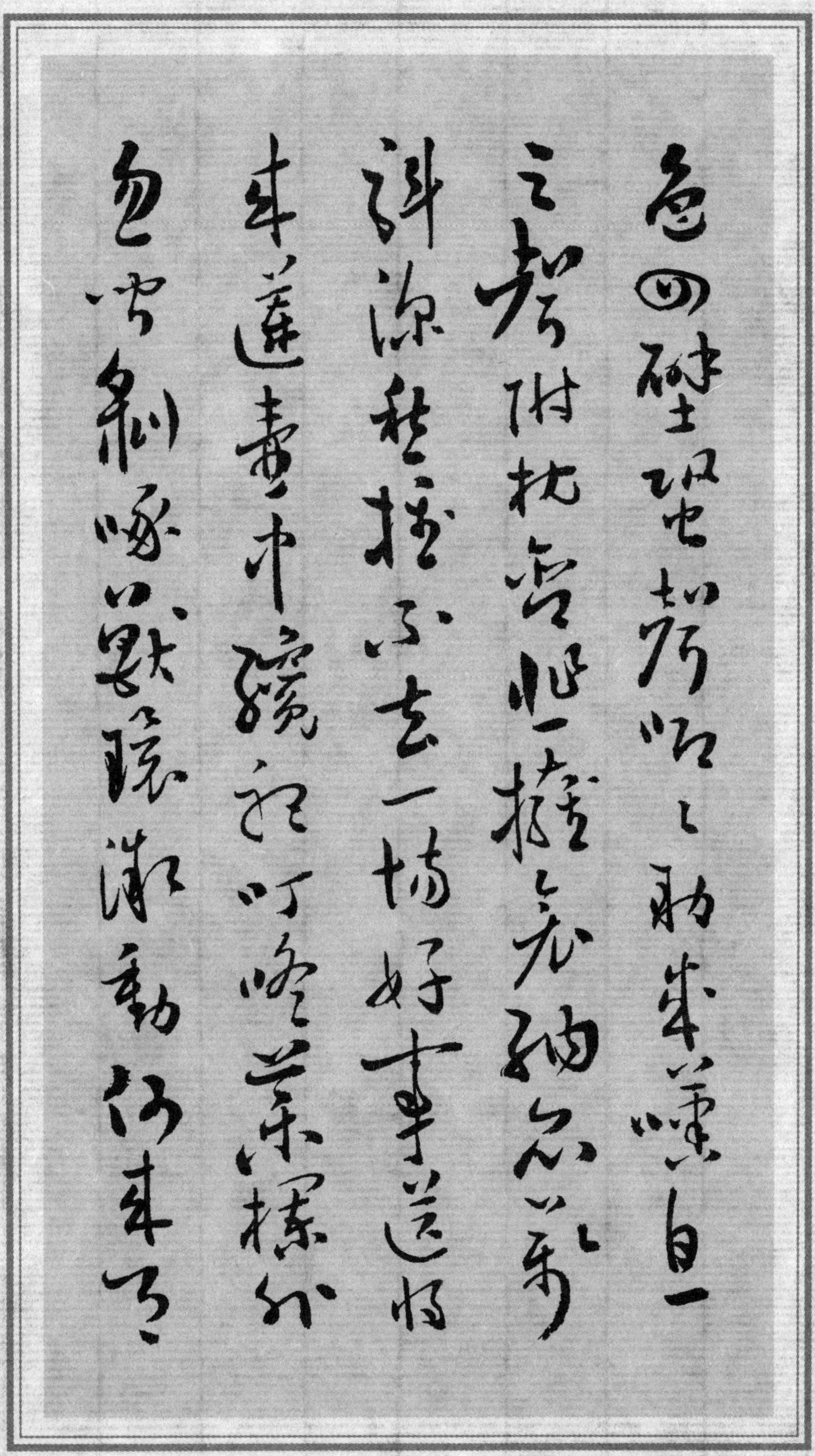

下之敲；鸝舌輕揚，似赴花間之約。啓雙扉而延入，看一點（朵）之能行。誰邀静女於城隅，忽至（致）美人於林下。（豈坐懷而不亂，遂加膝以爲歡，金匣濃熏）麗情促合（銀缸朗照。）羞態横陳。（竟體吹蘭，聚香魂而結片；曼膚琢雪，凝玉魄以成團。）似木逢春，如魚得水。輕圓鶯語，嬌

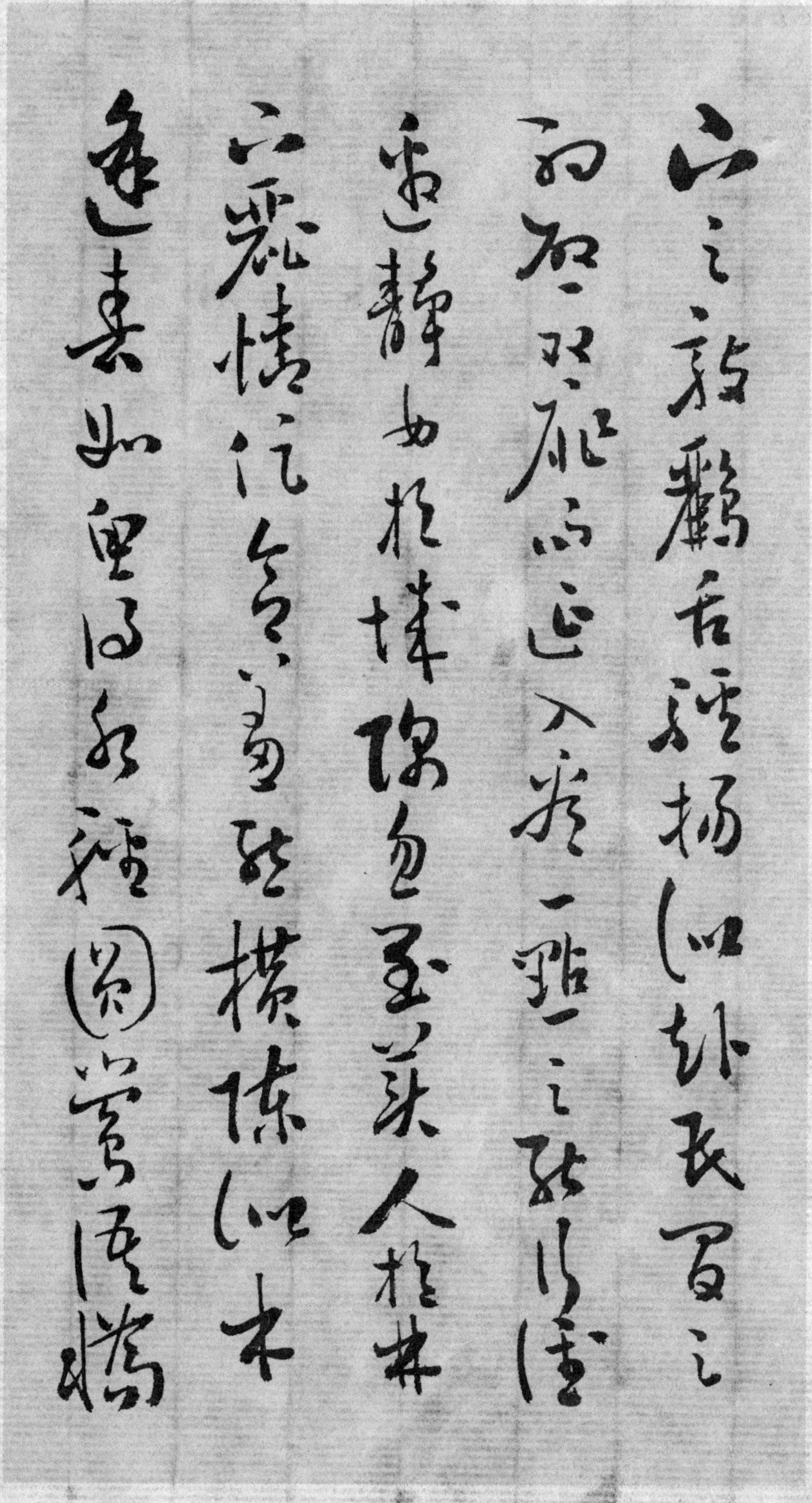

於乍囀之時；細膩花姿，好在半開之候。（雙鴛枕上，釵溜緑雲；百蜨帳中，被翻紅浪。）乃綢繆未罄，而變幻已乘。排闥疾呼，突入猾胥猂卒；闔門嚴緝，將拘奔女狂童。鐵索鋃鐺，驚止不經之囈語；火

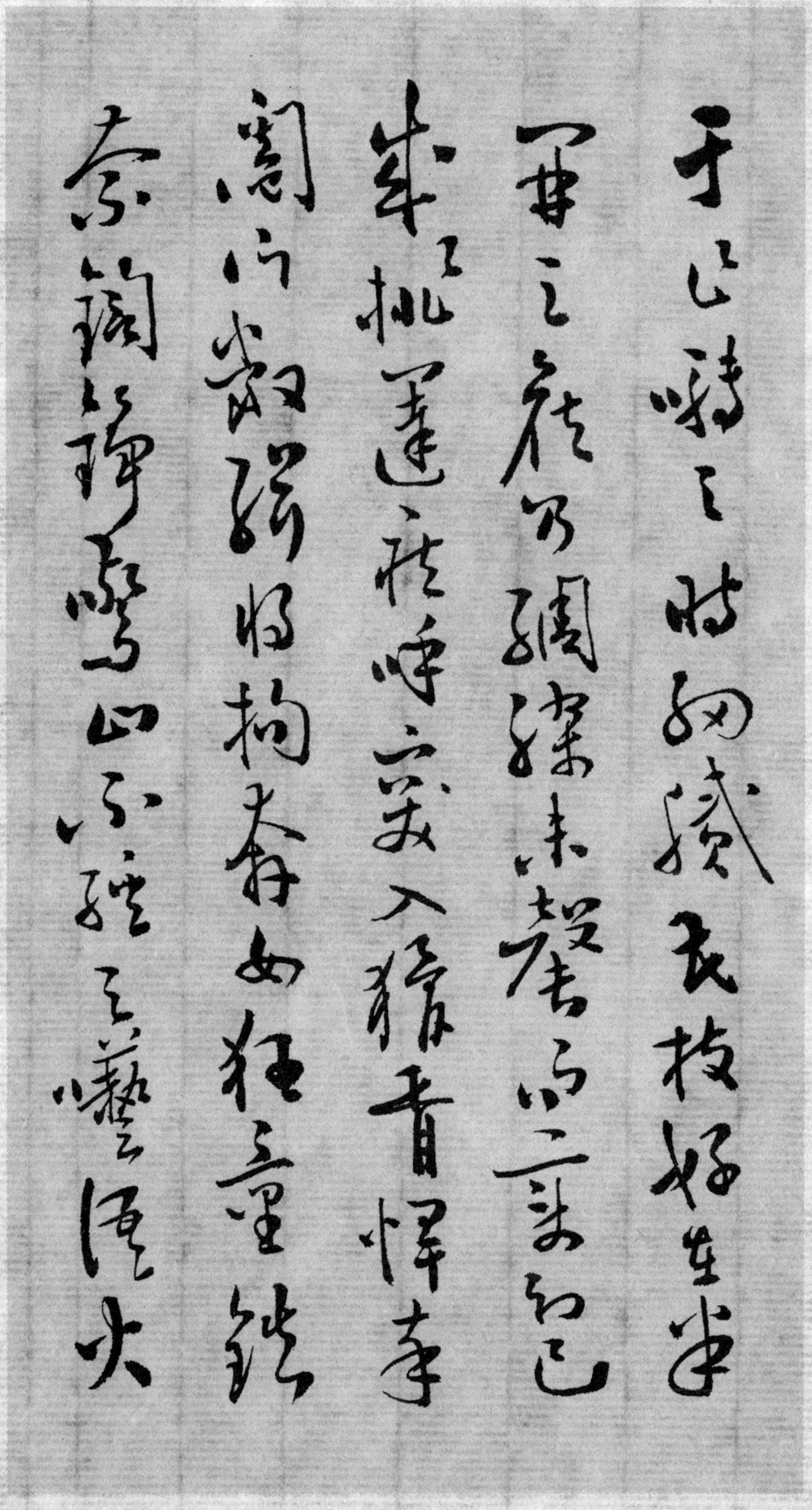

符閃爍，逐回丕變之游魂。究之夜漏沈沈，索奸安在；空幃寂寂，薦寢何人。四顧驚皇，頓使星眸乍起；百般疑想，遽令香汗齊流。是耶非耶，是非莫定；來矣去

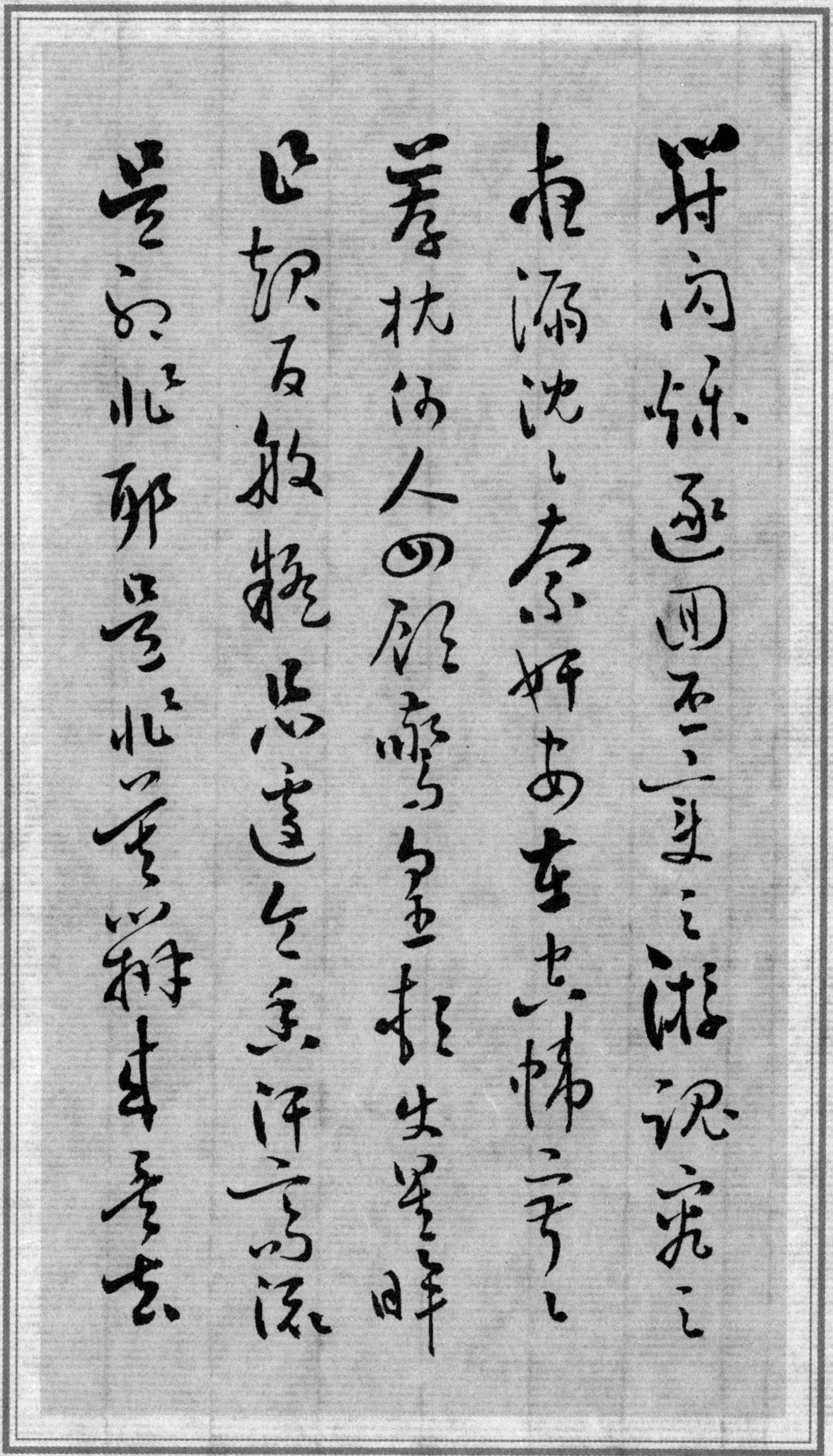

矣，來去無憑。直教旅館五更，纔曉陽臺一夢。爾時，噩夢方醒，殘燈未盡。聽淅零之蕉葉，雨響如珠；對黯淡之蘭膏，燈光似豆。鄰鷄未唱，睡鴨初消。輾轉孤衾，才子獨

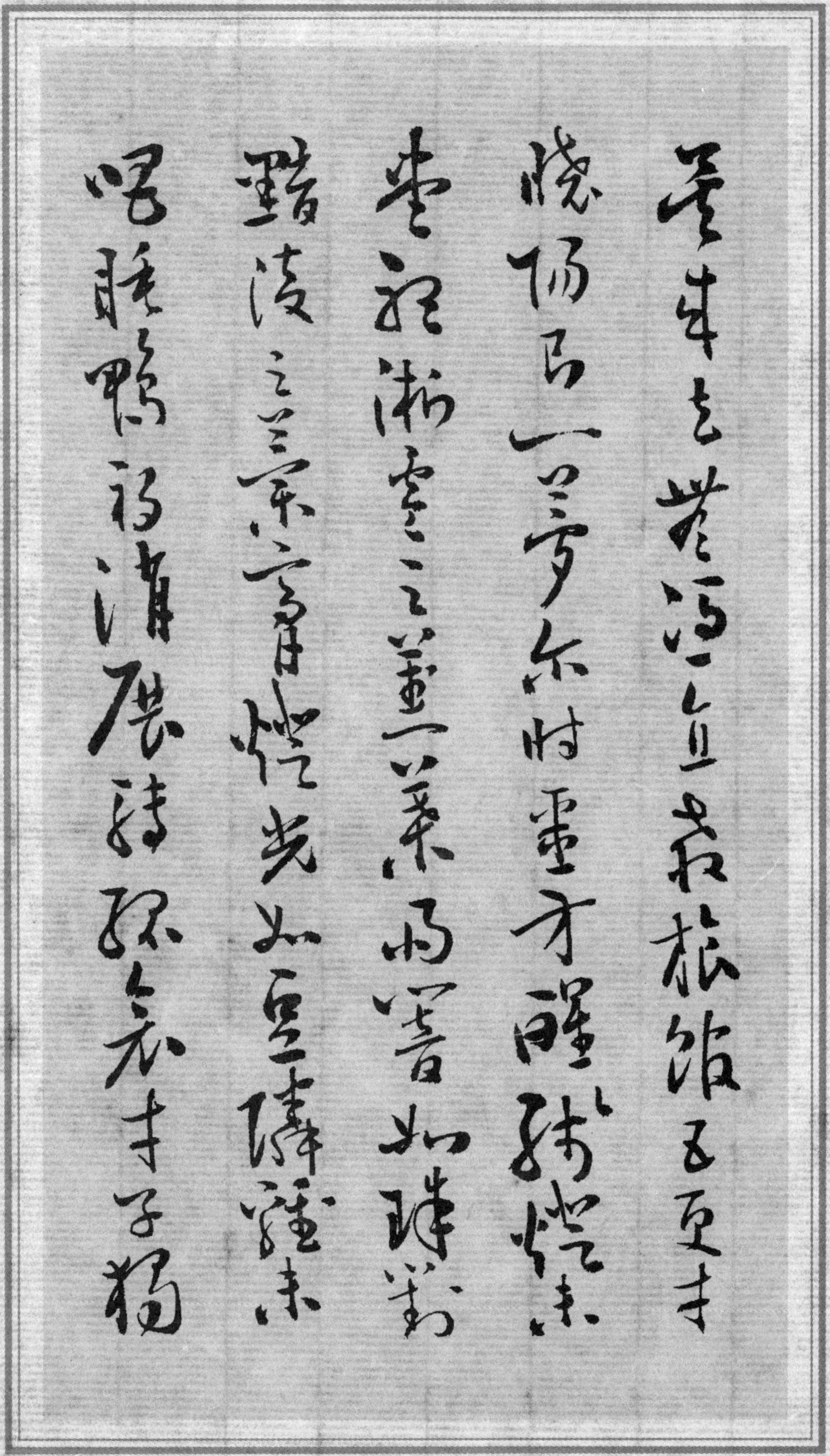

悲緣淺；寂寥客舍，愁人只苦夜長。從此，意態徬徨，精神恍惚。不痛不癢，如醉如痴。對酒添愁，攤書益悶。戀隔宵之香夢，乍即乍離；尋半晌之幽歡，

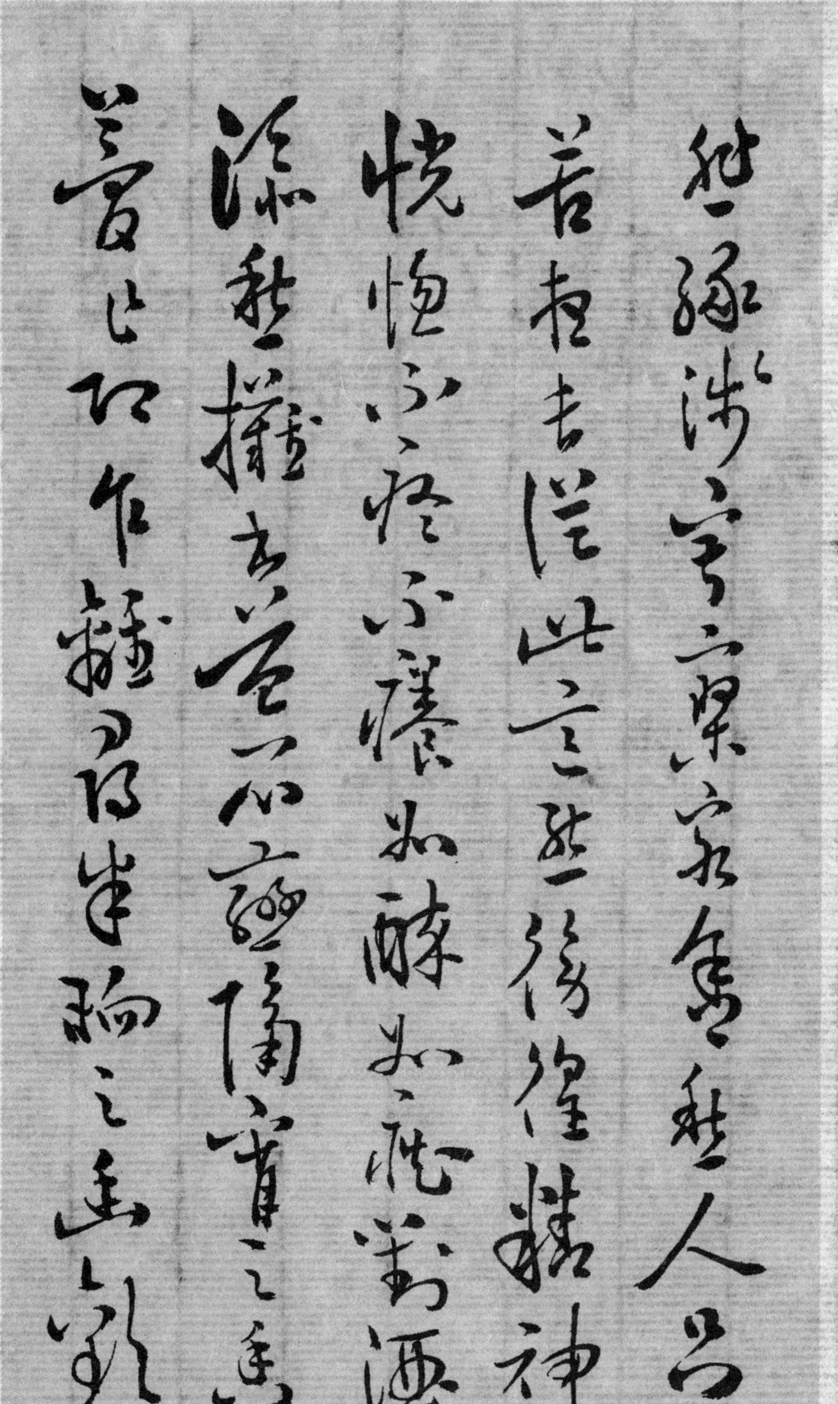

忽啼忽笑。乃有交深共硯，誼切同袍，久闊騷壇，特邀文會。見此生之太瘦，疾抱河魚；虞厥命之難長，醫求扁鵲。則有妄解《內經》之旨，漫托杏林；粗知《本

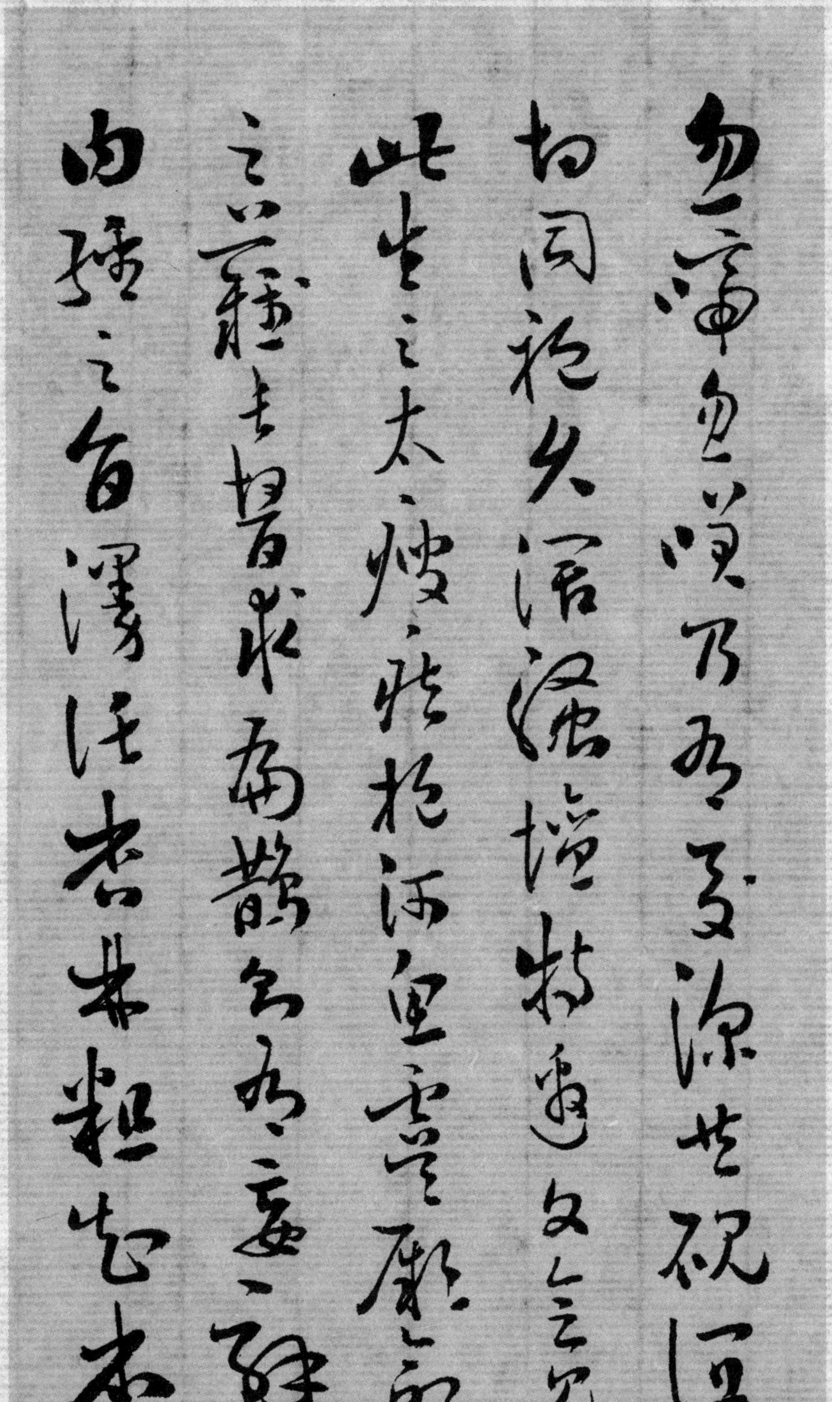

草》之名，輒詩橘井。聞呼而至，操術以登。藥不備於籠中，方更忘乎《肘後》。温凉并進，攻補兼投。十有九非，百無一效。久而三焦熾熱，六脉芤空，氣若游絲，形

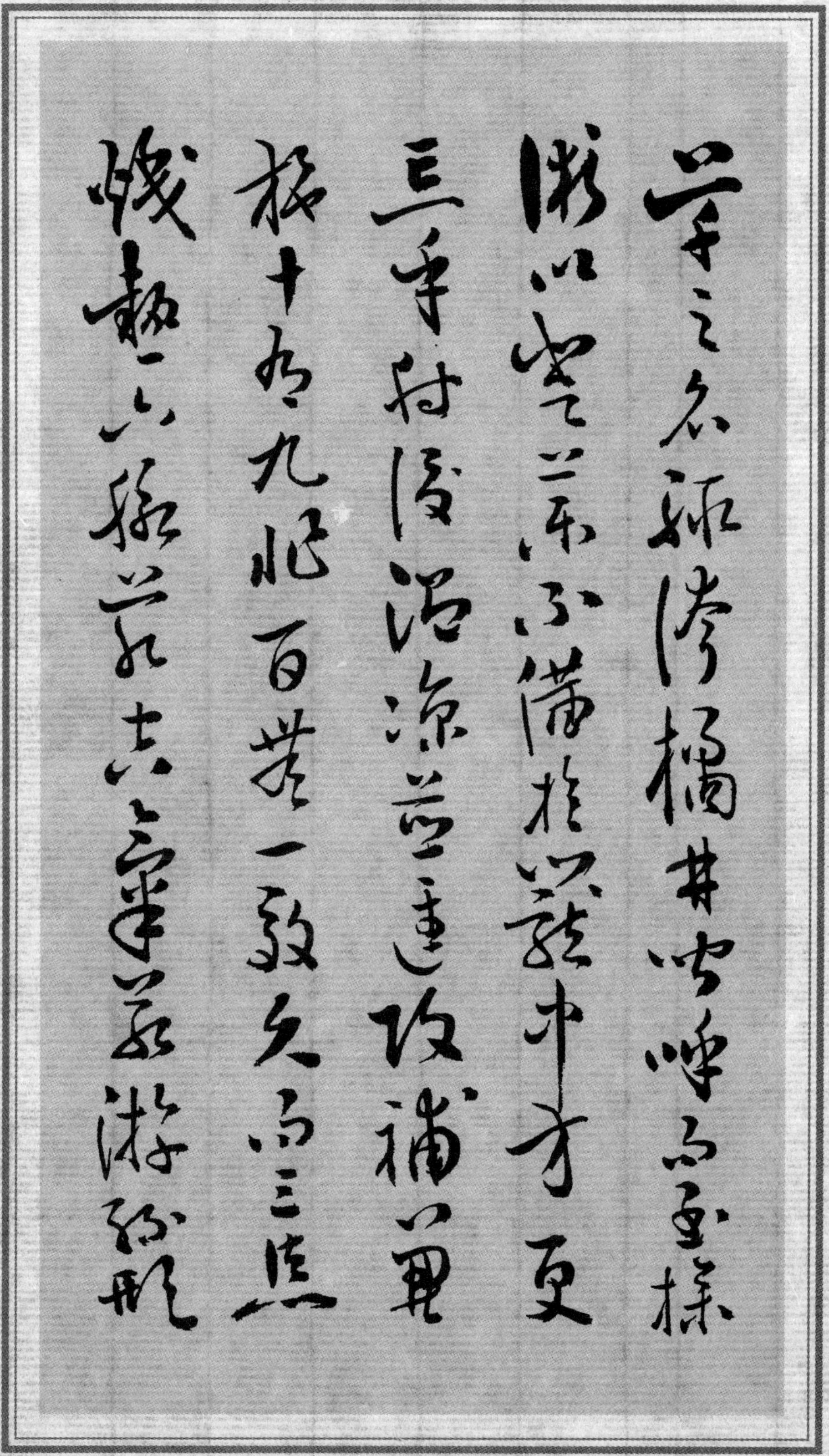

同槁木。或請其强步，行必扶牀；或勸以加餐，食難下箸。病既不同司馬，疾還有異伯牛。雖預决其必亡，終莫知其所苦。雙痕界面，逢人反道勝常；十

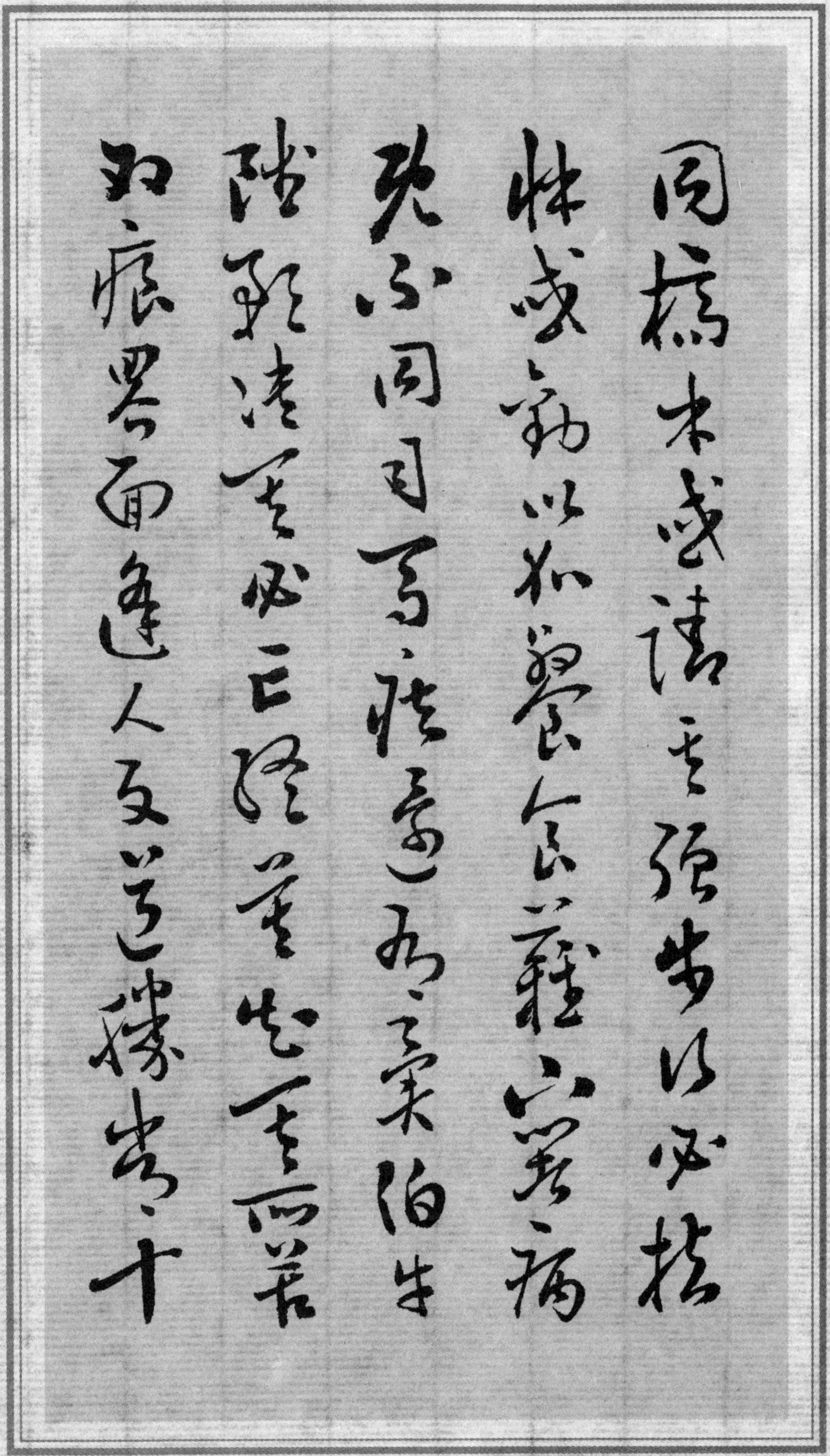

指捧心，對客仍稱無恙。嗟乎，燭當盡後，淚尚淋漓；蠶到殭時，絲猶繚繞。其在沈迷莫悟，雖瀕死以何辭；及經窮詰無休，始直言而不諱。傷哉，三尸擾於

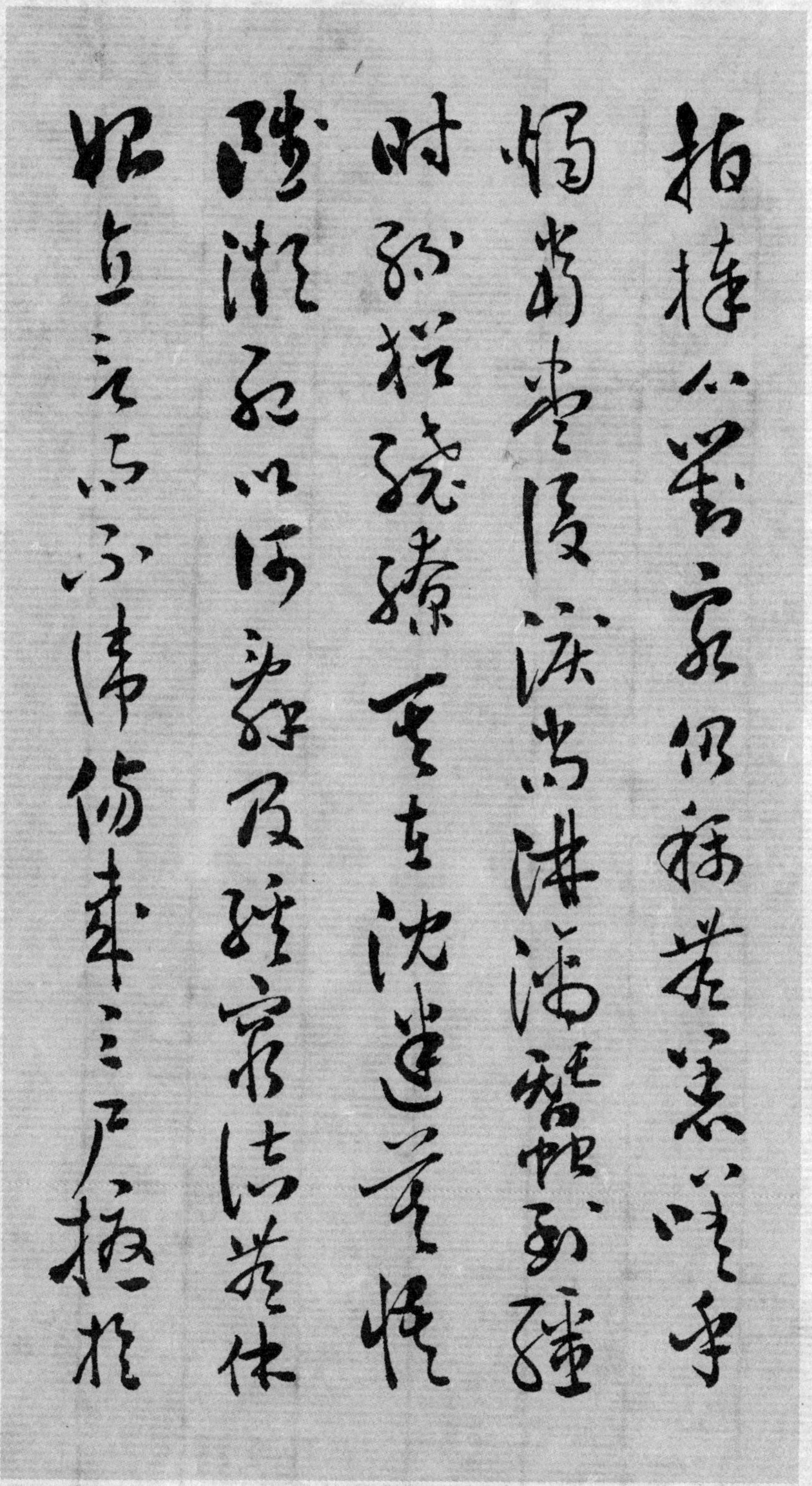

胸臆，六淫中於膏肓。魂被情勾，既患積癥之難化；魔從心造，又遭妖夢之迭乘。賦讀《洛神》，情波泛濫；香燒祅廟，慾燄飛騰。必是死焉，豈有良醫延

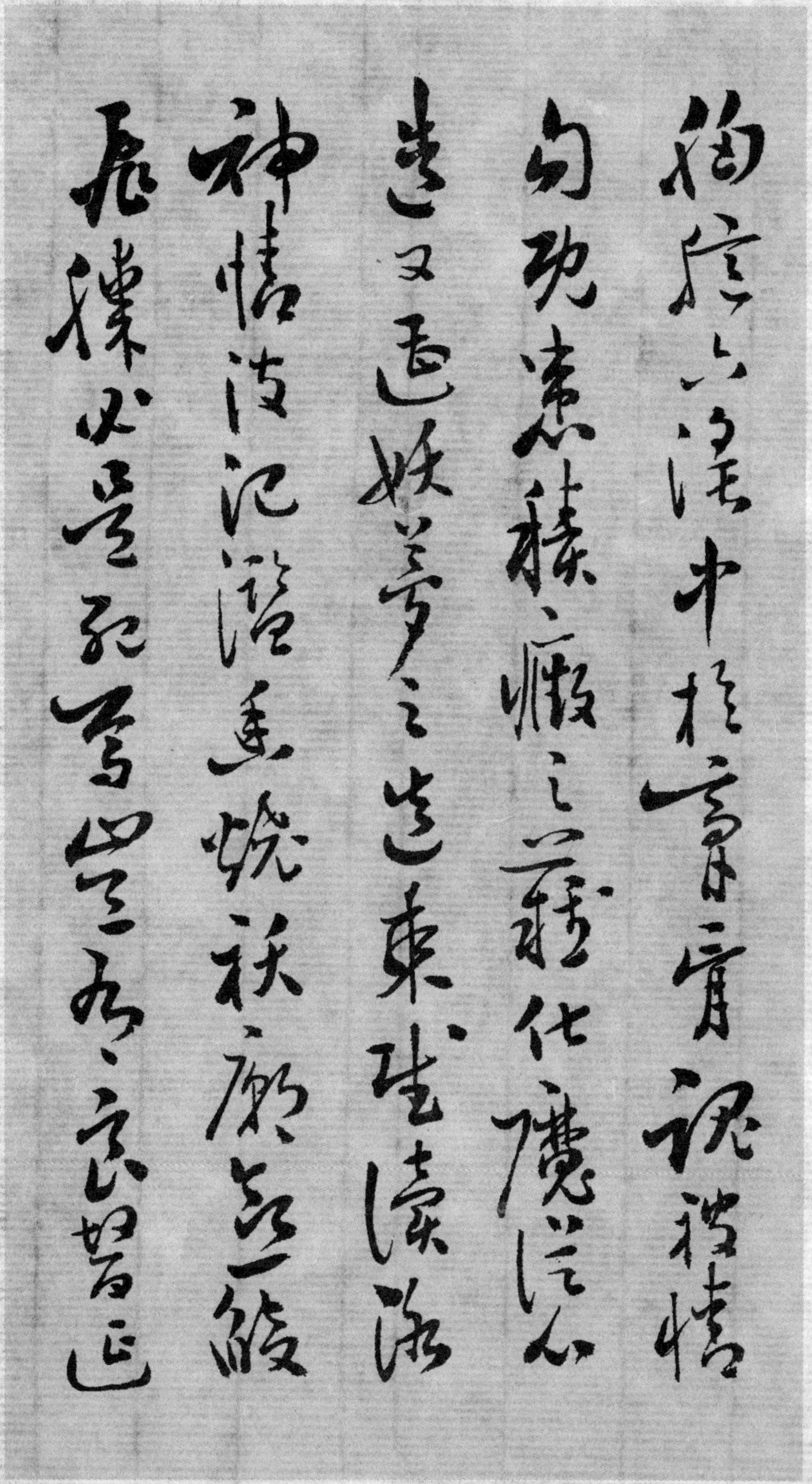

絶命；先生休矣，從無良藥療相思。適逢輕薄之兒，好作浮誇之士。述仙家之靈异，信口鋪張；臚海府之珍藏，任心造設。强其説鬼，鬼從車載而殊多；與之談

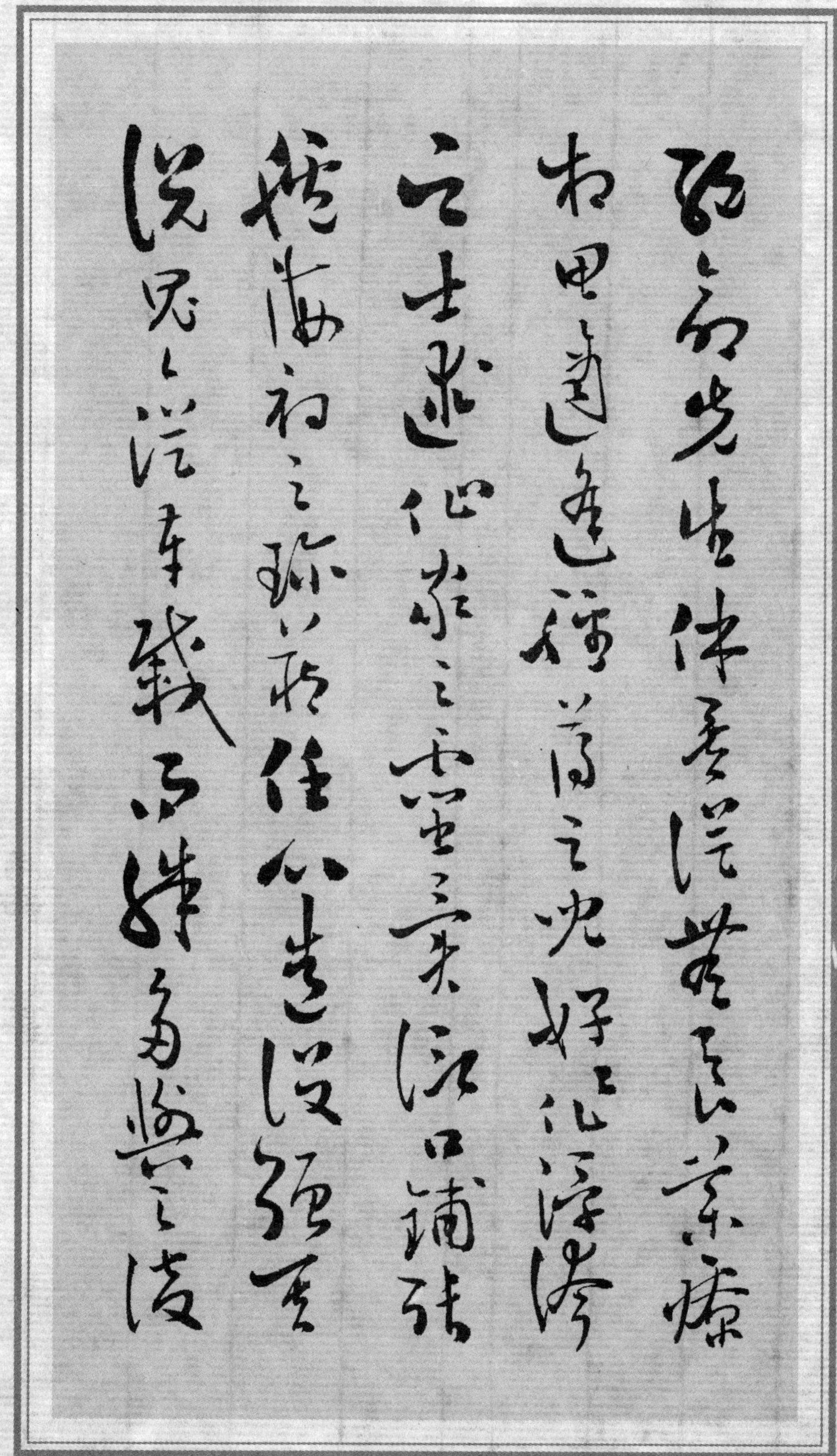

天，天向管窺而不大。言皆不怍，未知於意云何；語盡無稽，動説我聞如是。嘗謂賓生，疾非不治，事尚可爲。徐求蓬島仙姿，無能爲役；若取塵寰凡艷，

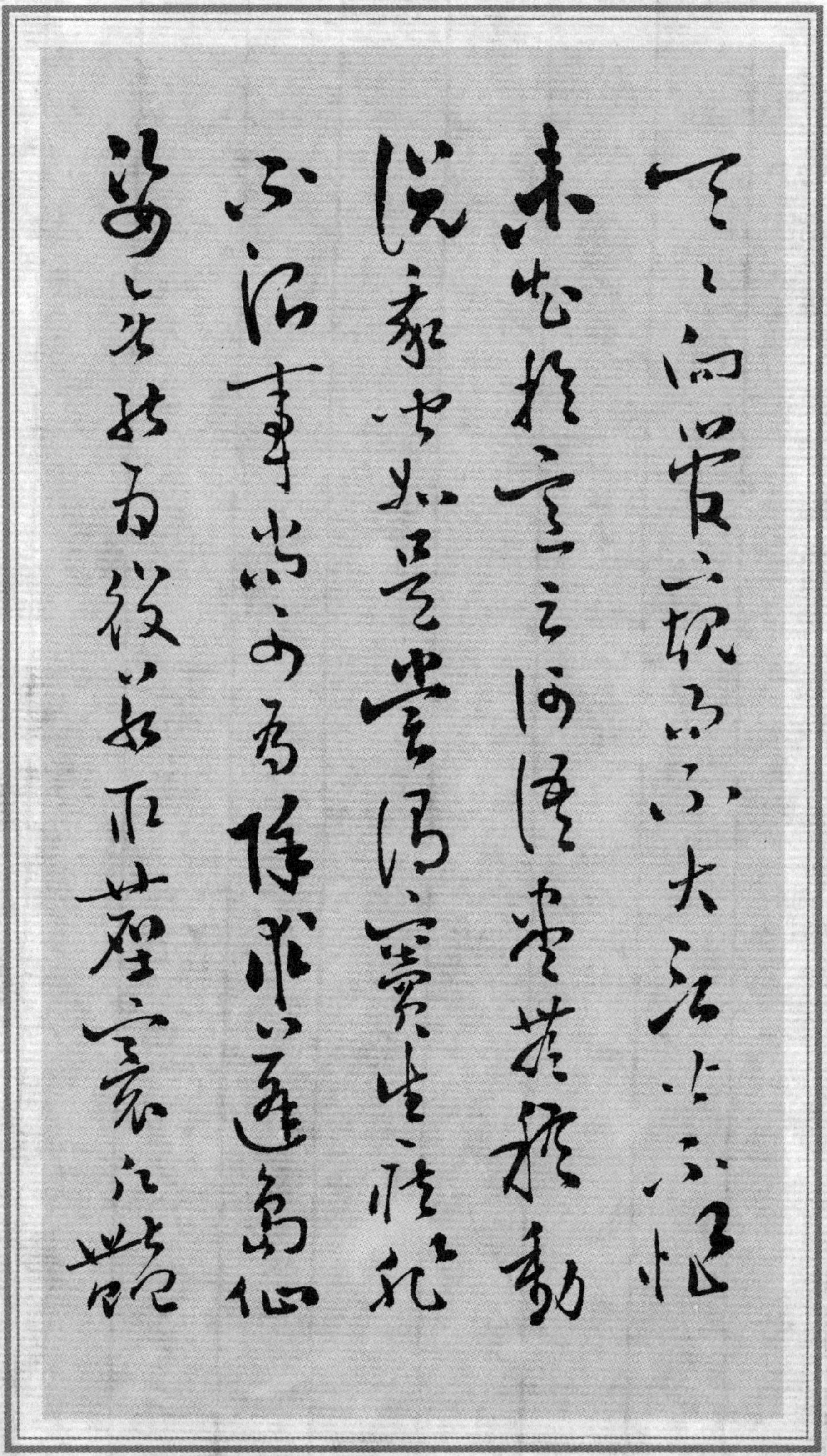

豈敢憚勞氤氳使，自有奇功。昆崙奴尤多神力，君如有意，乞効微勞；僕縱不才，願成美事。會雙星於何日，約七夕以爲期。噫嘻！矮者觀場，卑無所見，

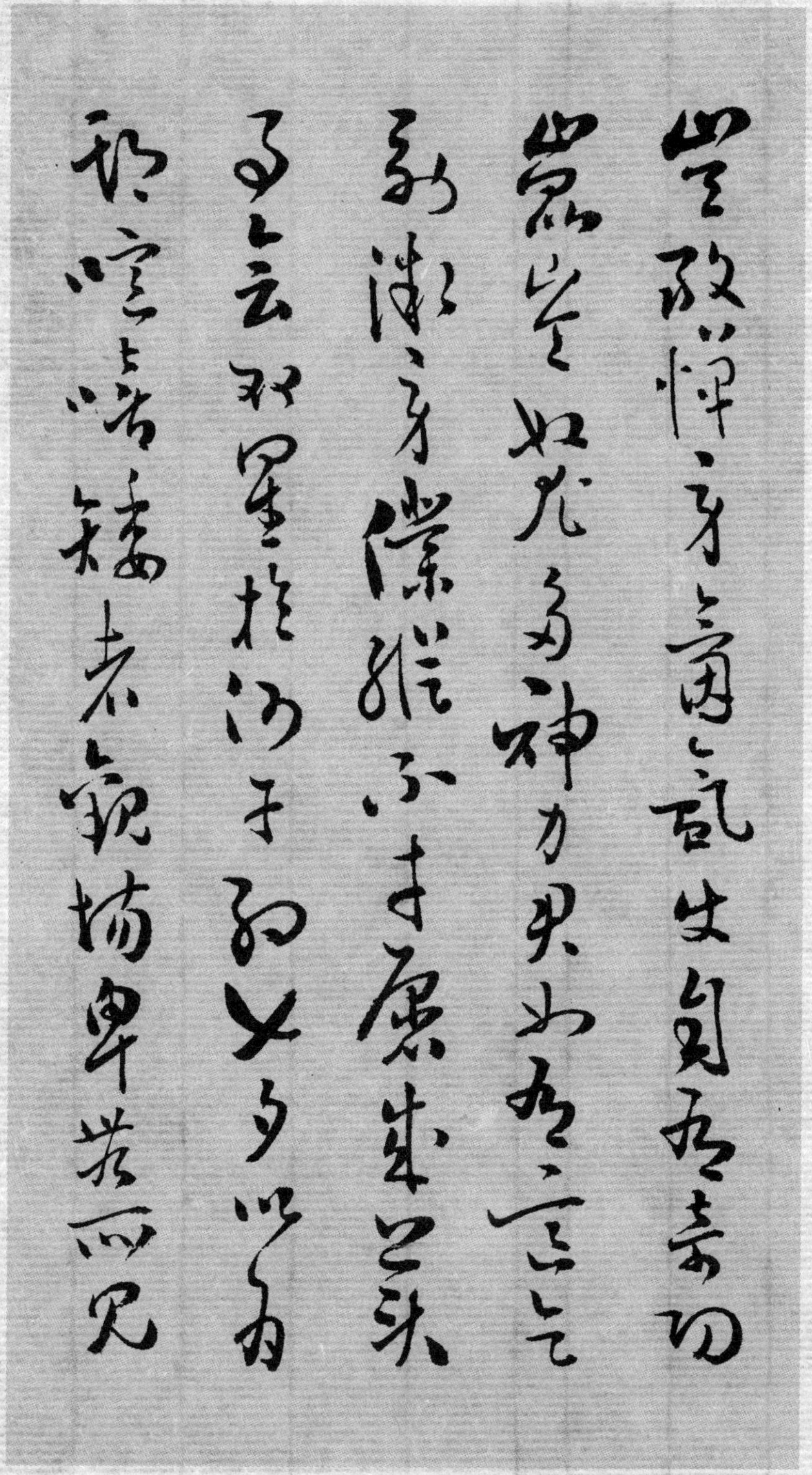

痴人説夢，妄不可聽，孰意生也；聞而喜甚，起乃霍焉。無煩腦後之針，自有舌鋒可愈；不必求壺中之藥，偏將口蜜能療。蓋無以爲歡，鬱生肝

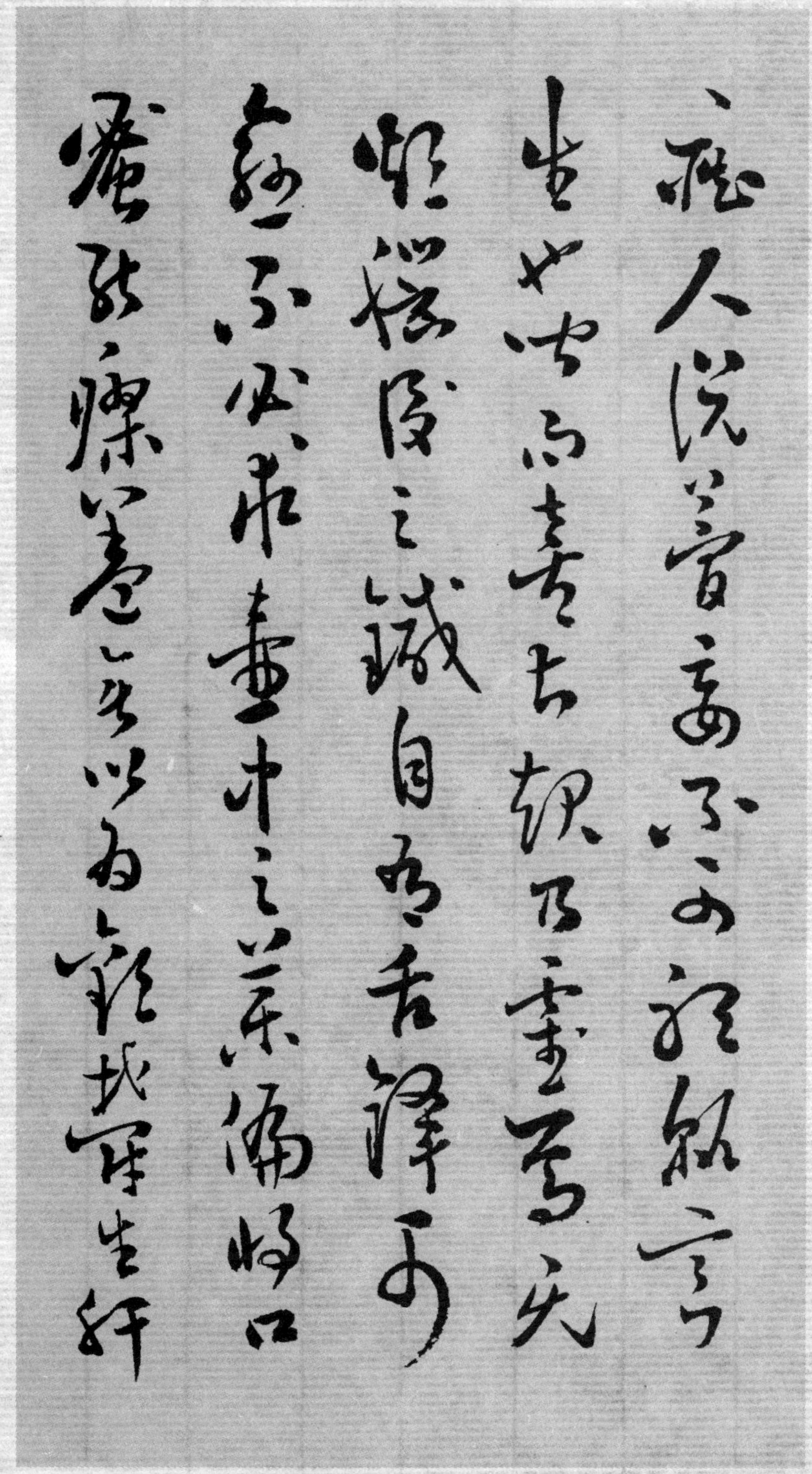

膈而投其所好，沁入心脾。吟杜甫之詩能驅瘧鬼，讀陳琳之檄可愈頭風；豈有他哉，職是故耳。迄乎新月如鈎，微雲似練。樓設針絲而乞巧，庭陳瓜果以迎賓。

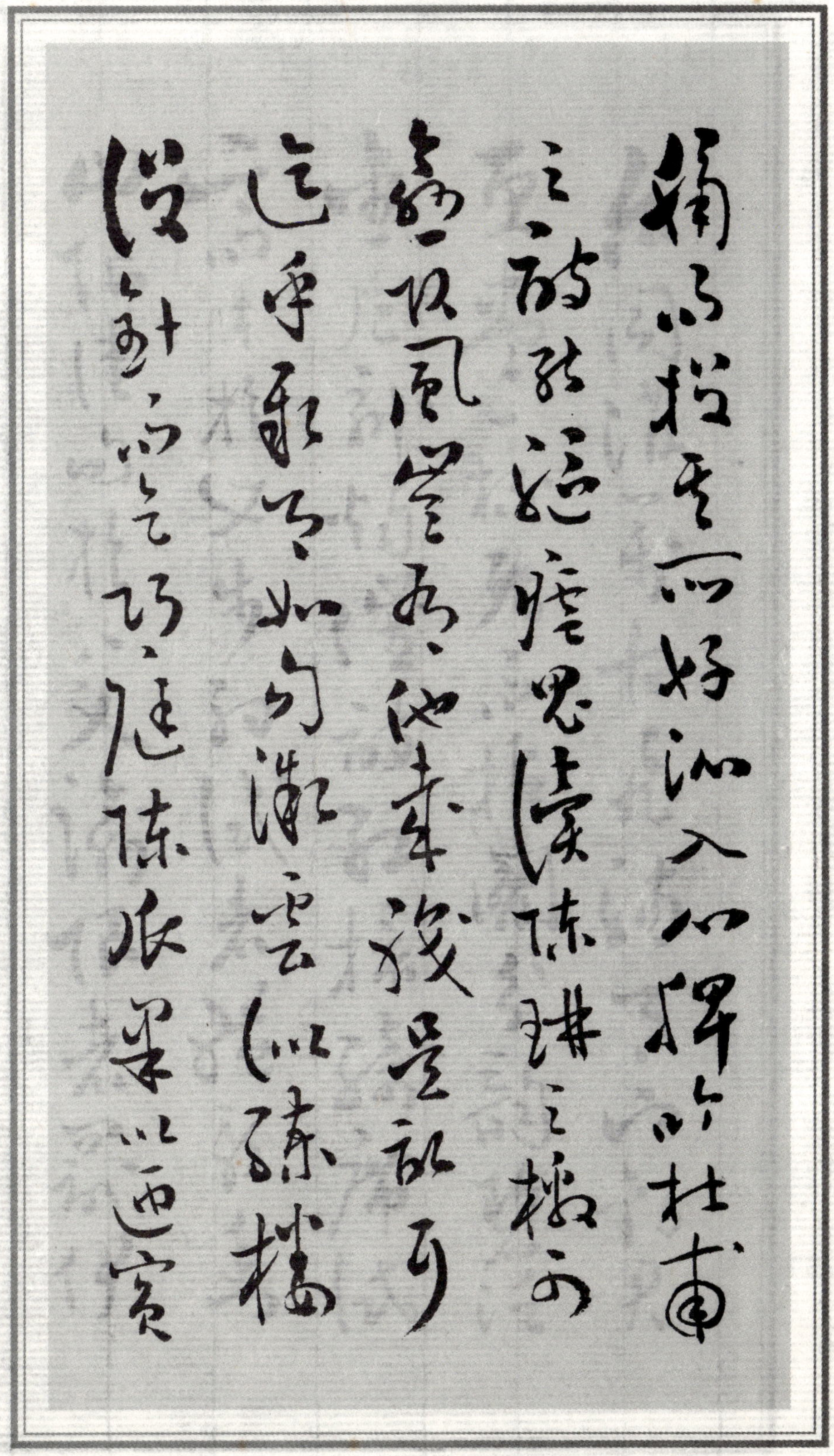

俄見鮮衣怒馬，聯騎并來；膾鯉炰羔，携樽疊至。咸云求淑女，須待黃昏；群請賀新人，且浮大白。或與狂歌高唱，或與射覆藏鈎。洗盞花間，與

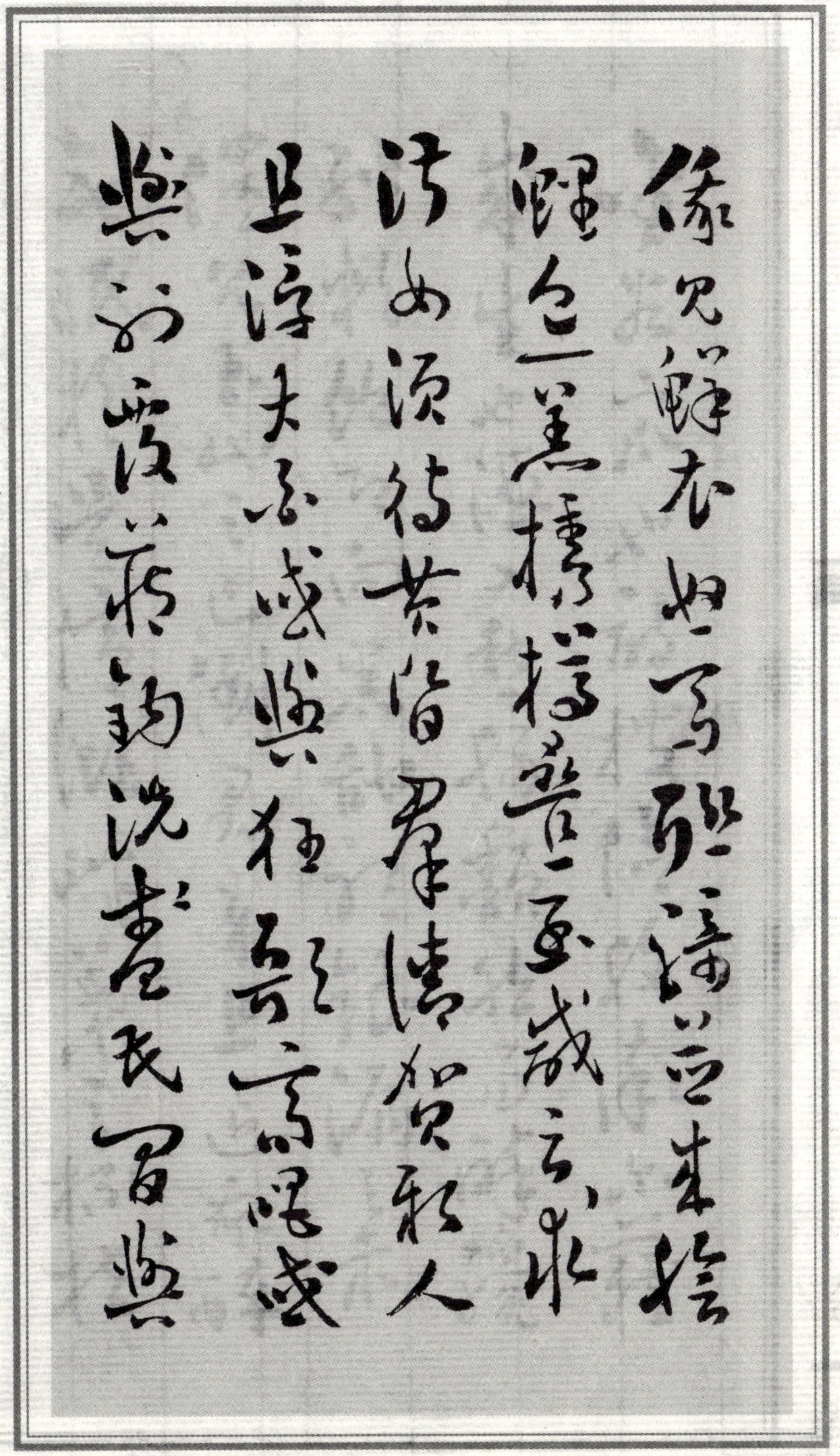

入梅花之帳。漫望天孫降駕，猥教山鬼吹燈。披瑟瑟之涼颸，漸消酒力，聽鼕鼕之暮鼓，驀轉芳魂。頃有人以褰帷，羌無言而薦枕。等宵娘之匿迹，同

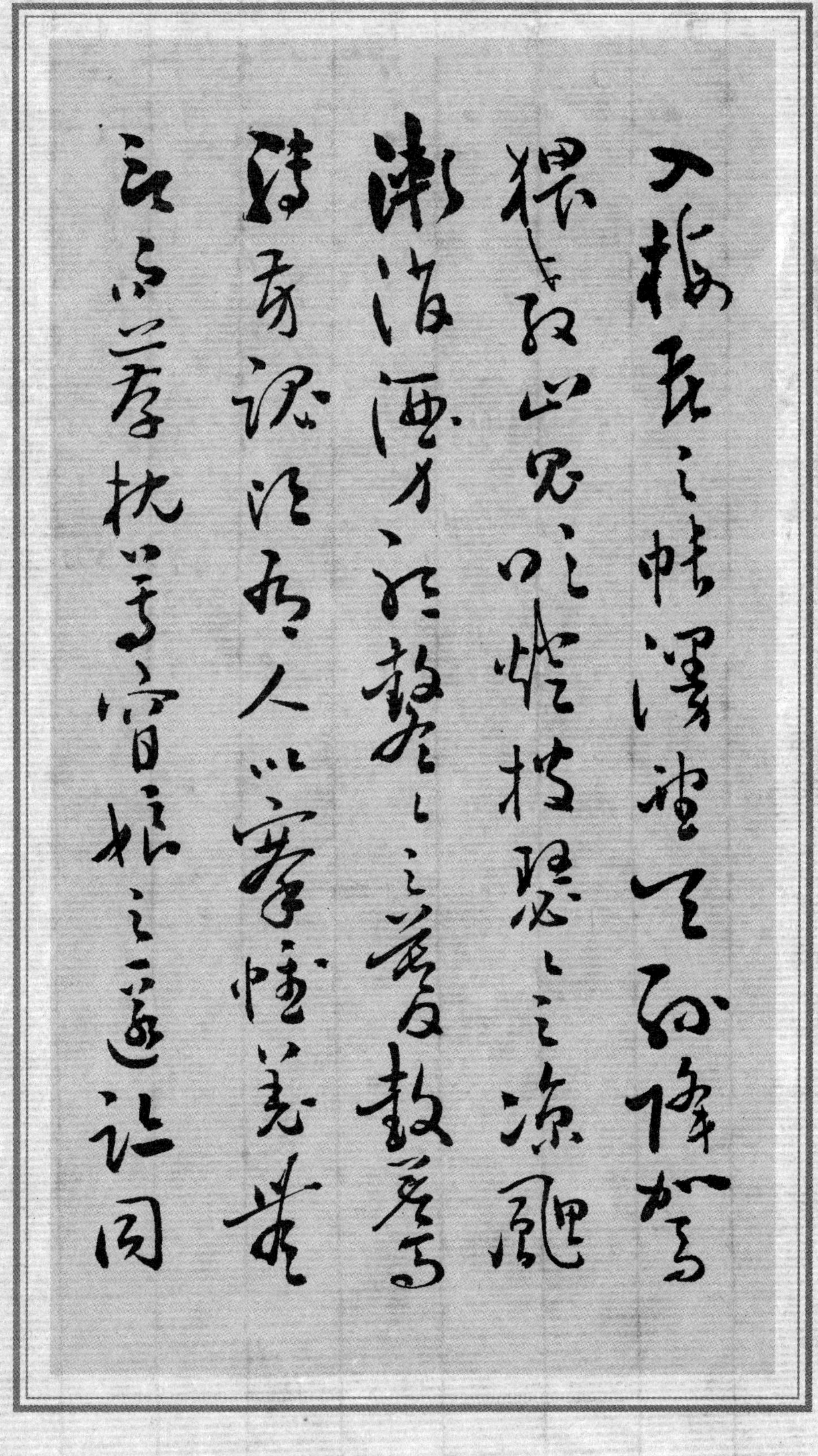

息媛之銷聲。生時玉石不分，驪黃莫辨。在沈酣之後，奚遑選柳評花；當渴想之餘，只望顛鸞倒鳳。乃倚處既非玉軟，偎時復不香溫。恍從剩水殘山，行出

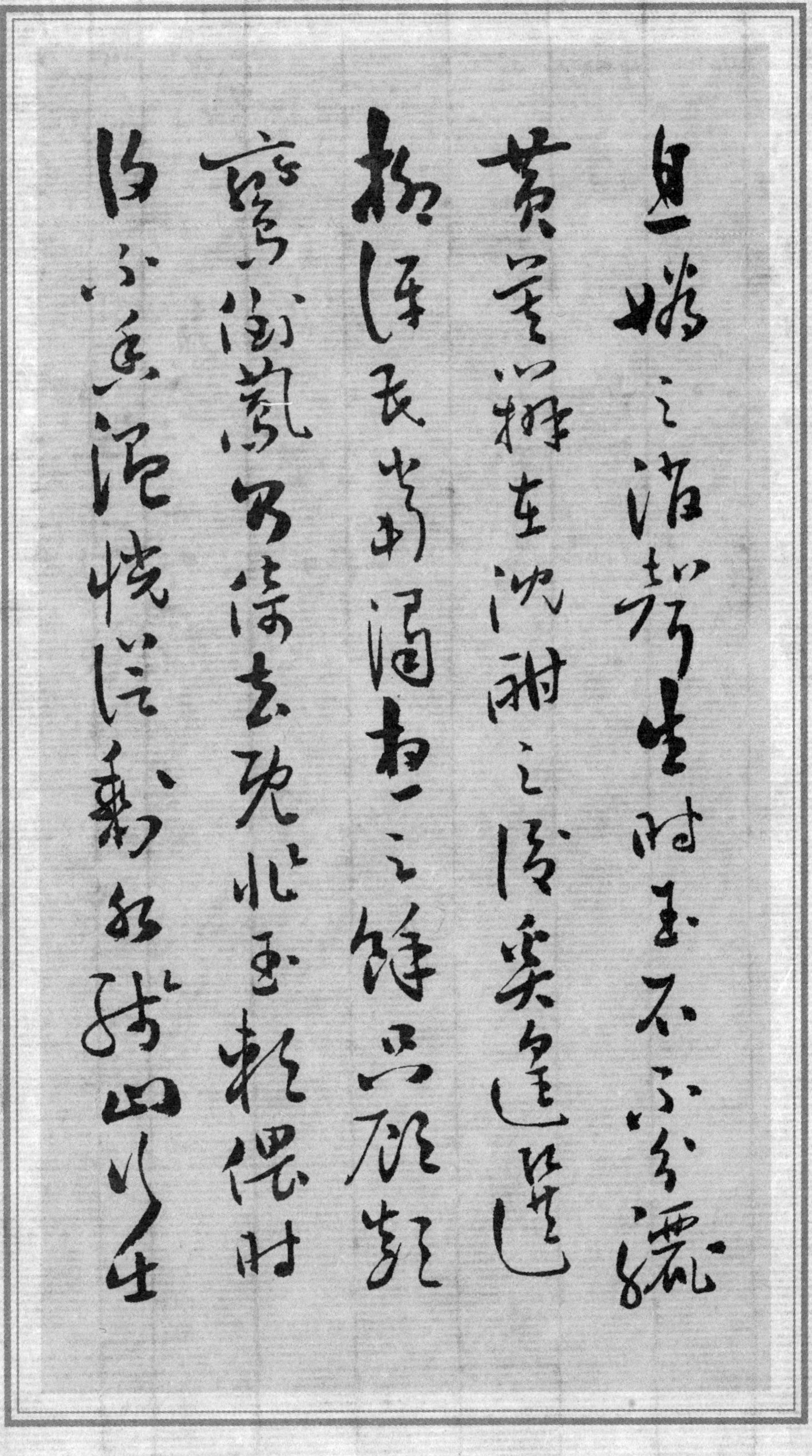

鑾雲瘴雨。此中摸索，格外模糊。一塊疑團，未能打破；三條明燭，不覺燒殘。懸秦鏡於螭庭，奸形悉露；燃温犀於牛渚，怪狀悉呈。絶非桃葉之明珠，却是

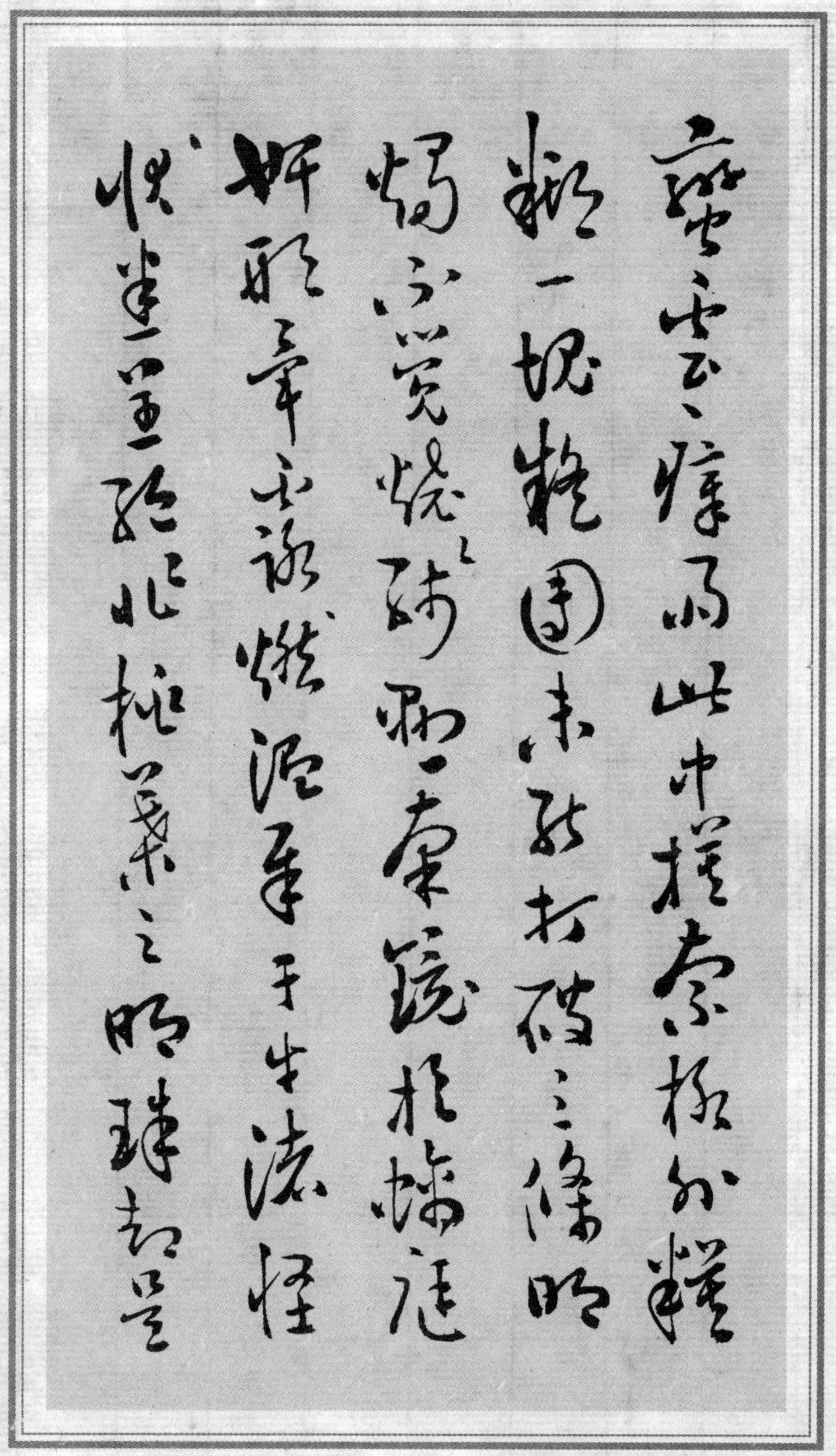

楊花之下妓。始望許飛，瓊向蕊宮謫下；豈知鳩盤，荼從鬼國飄來。孿耳蓬頭，備具非常之醜；塗唇抹靨，又蒙不潔之名。身住東施，音操北鄙。髮何種

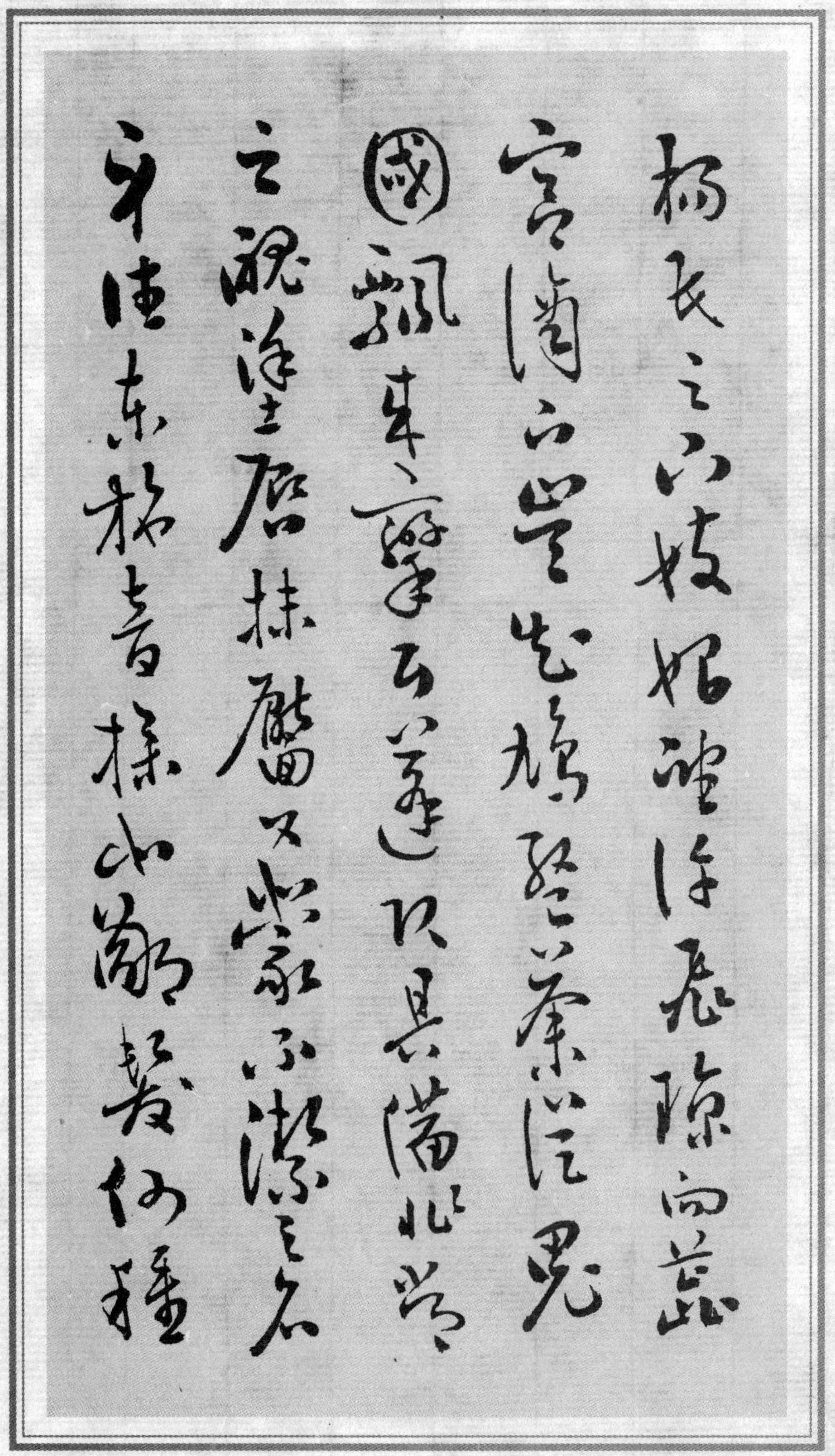

之曼倩好譏，陸雲善笑。詼諧滿座，喧成鼓掌之聲；嘔噱哄堂，聚就絶纓之態。傷哉生也，未醉仙桃，先嘗苦李。向誰分謗，祇自抱慚。竟如口受三緘，任

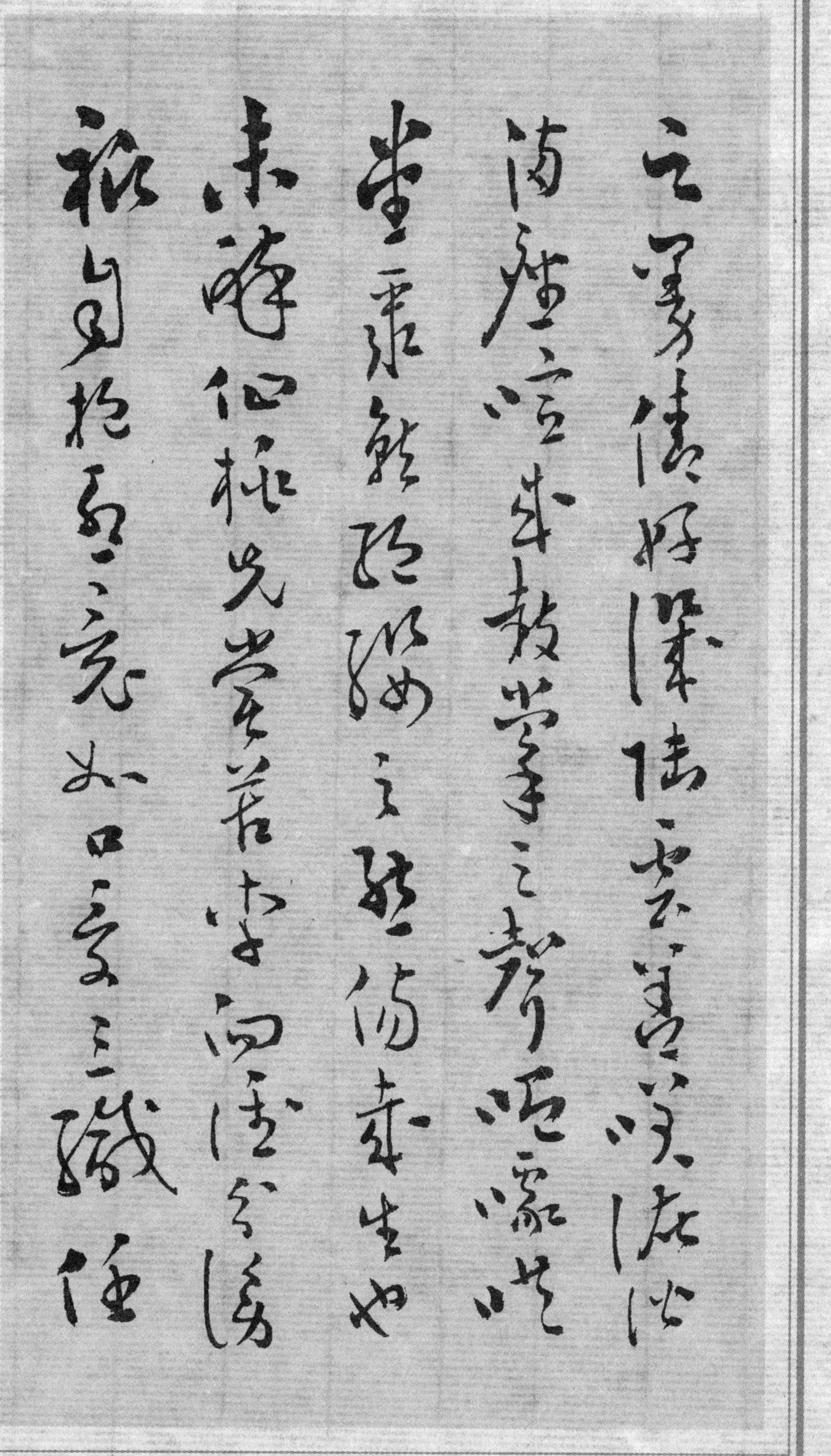

其浪謔；即使身添百喙，何以解嘲。由是，月性花晨，久疏歡伯；雲魂雨魄，長入睡魔。新愁鬱鬱以愈增，舊疾懨懨而漸甚。（力難舉羽，弱不勝衣。雖丹乞金仙，起疴未易；即投壺玉女，博笑殊艱。）一窗苦雨凄風，客魂斷續，半

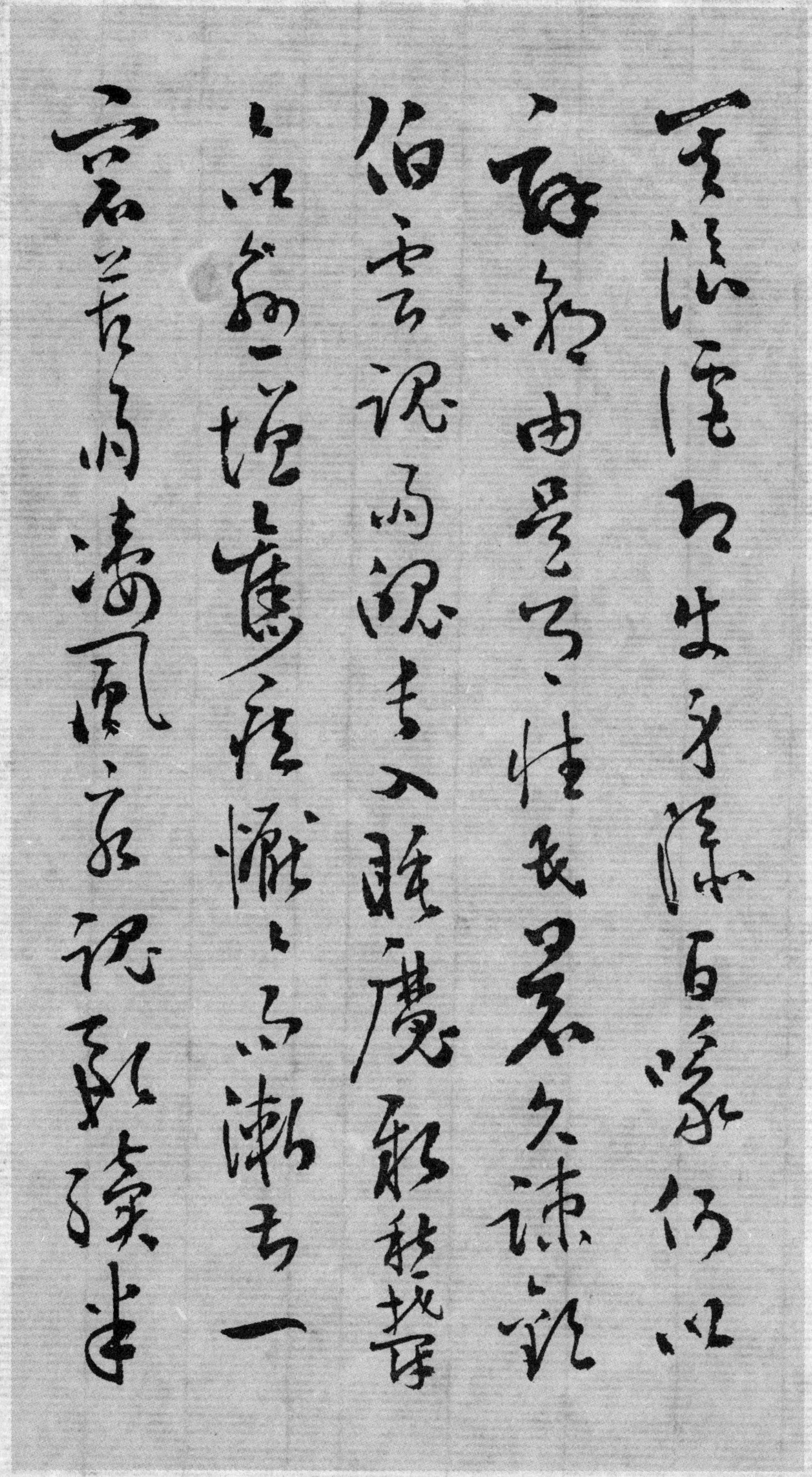

榻之殘香零藥，病骨支撑。孤影如鴻，我辰安在；瘦軀似鶴，人壽幾何。劇憐刺史之腸，惱時莫辯（解）；縱倩麻姑之爪，癢處難搔。嗚呼，無端成久病

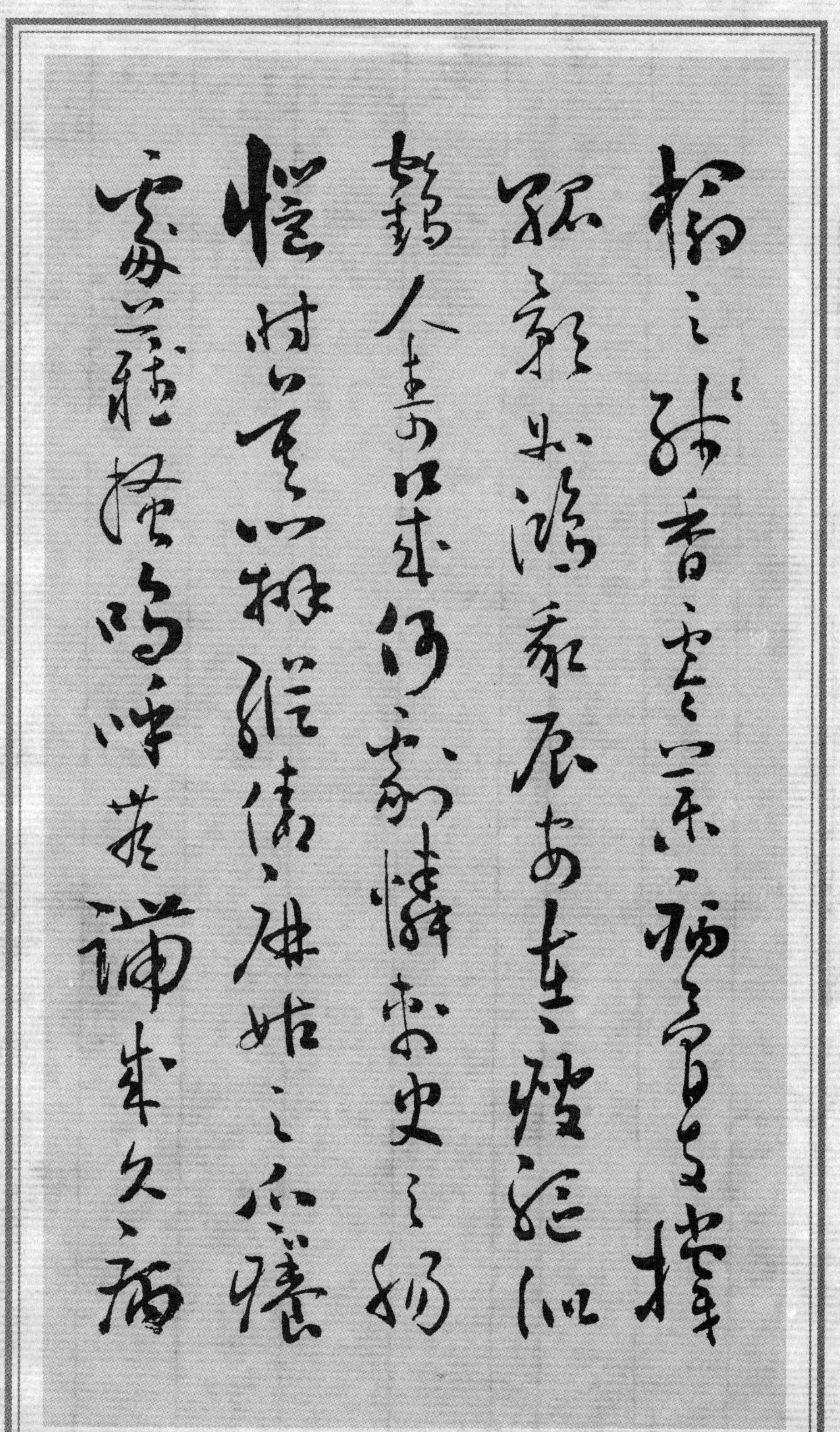

之根，病久而受磨靡盡；不幸爲多情之種，情多而負累何窮。斯誠湯（感）慰之所難投，針砭之所莫達也。

卷二

第是歌樓舞館，固多細骨輕軀；水郭山

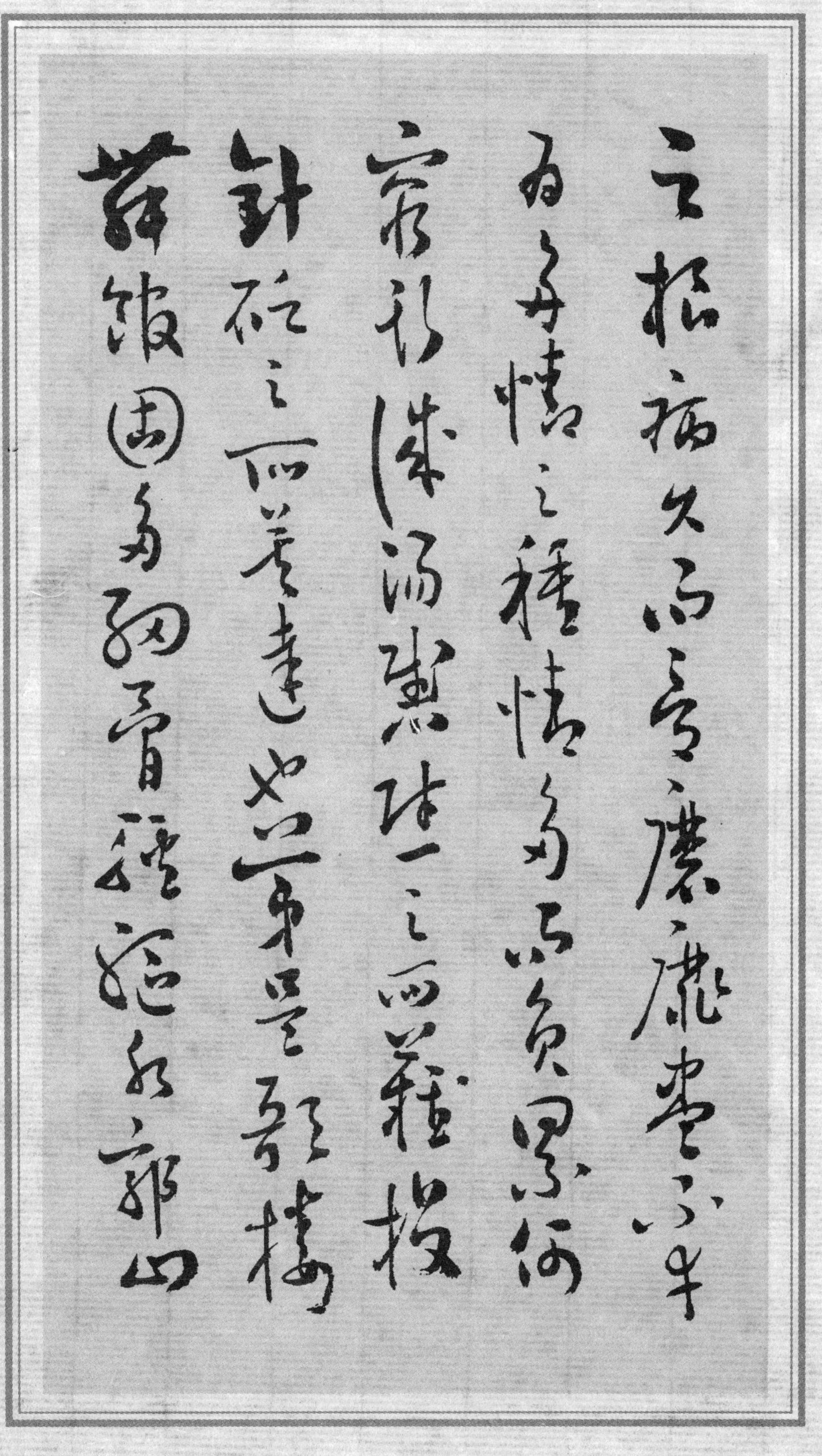

村，豈乏明眸皓齒。苟欲稱心而取，難如冀北之駒；脫令降格而求，易若遼東之豕。蠻腰素口，各有專長；燕瘦環肥，都稱盡美。色界之遷移靡定，詎

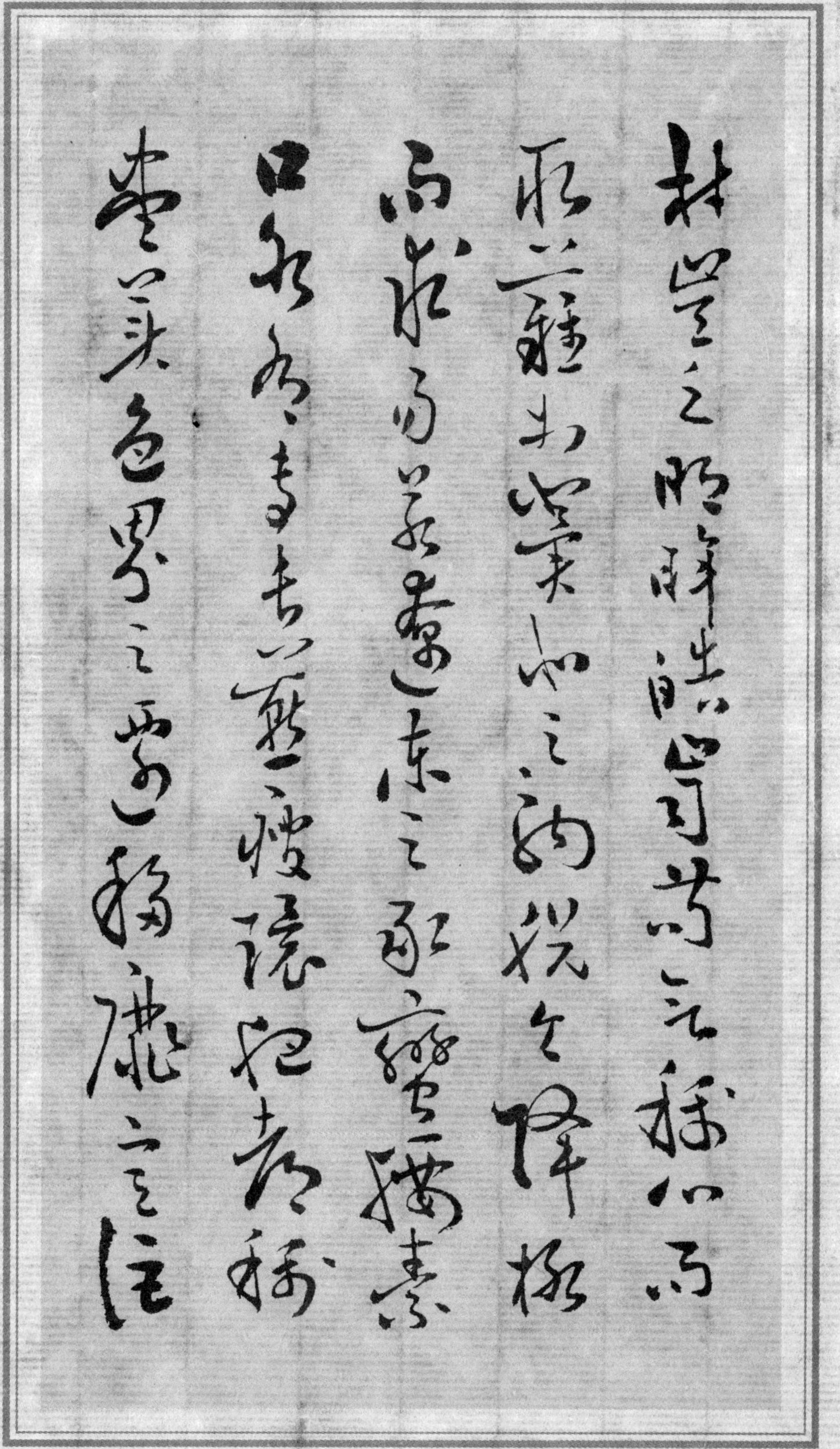

宜膠柱鼓瑟；情瀾之翻覆無常，安可刻舟求劍。然而庸人娶婦，事屬尋常；至於名士擇妻，談非容易。欲結同心之果，必栽稱意之花。試以裙笄，

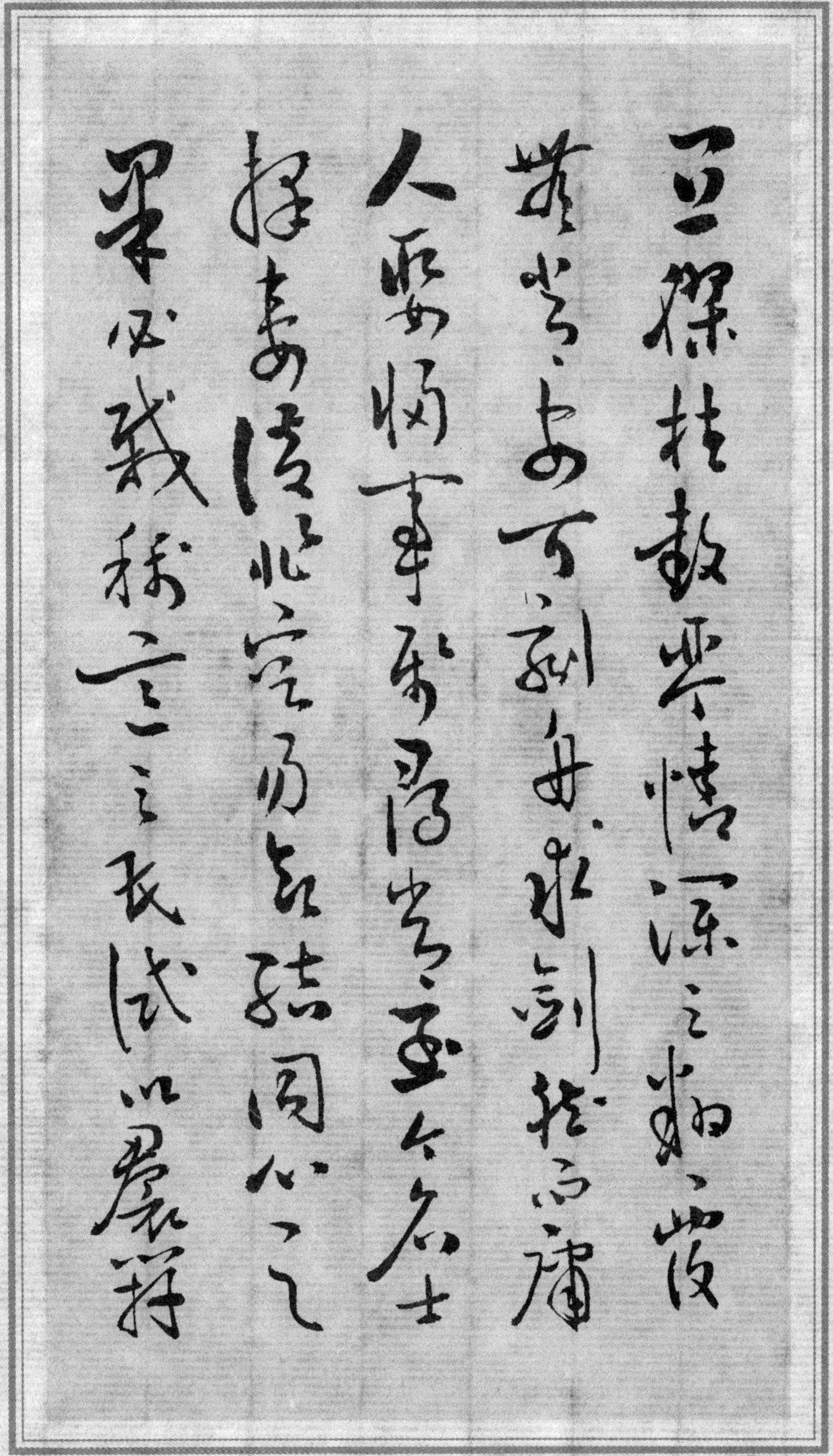

譬諸草木。有如桃生瑤島，子結千年；蓮植華峰，香飄十丈。日邊則栽紅杏，天上則種白榆。要難詩述夫(乎)仙葩，茲且略言夫眾卉。乃若三湘擷秀，

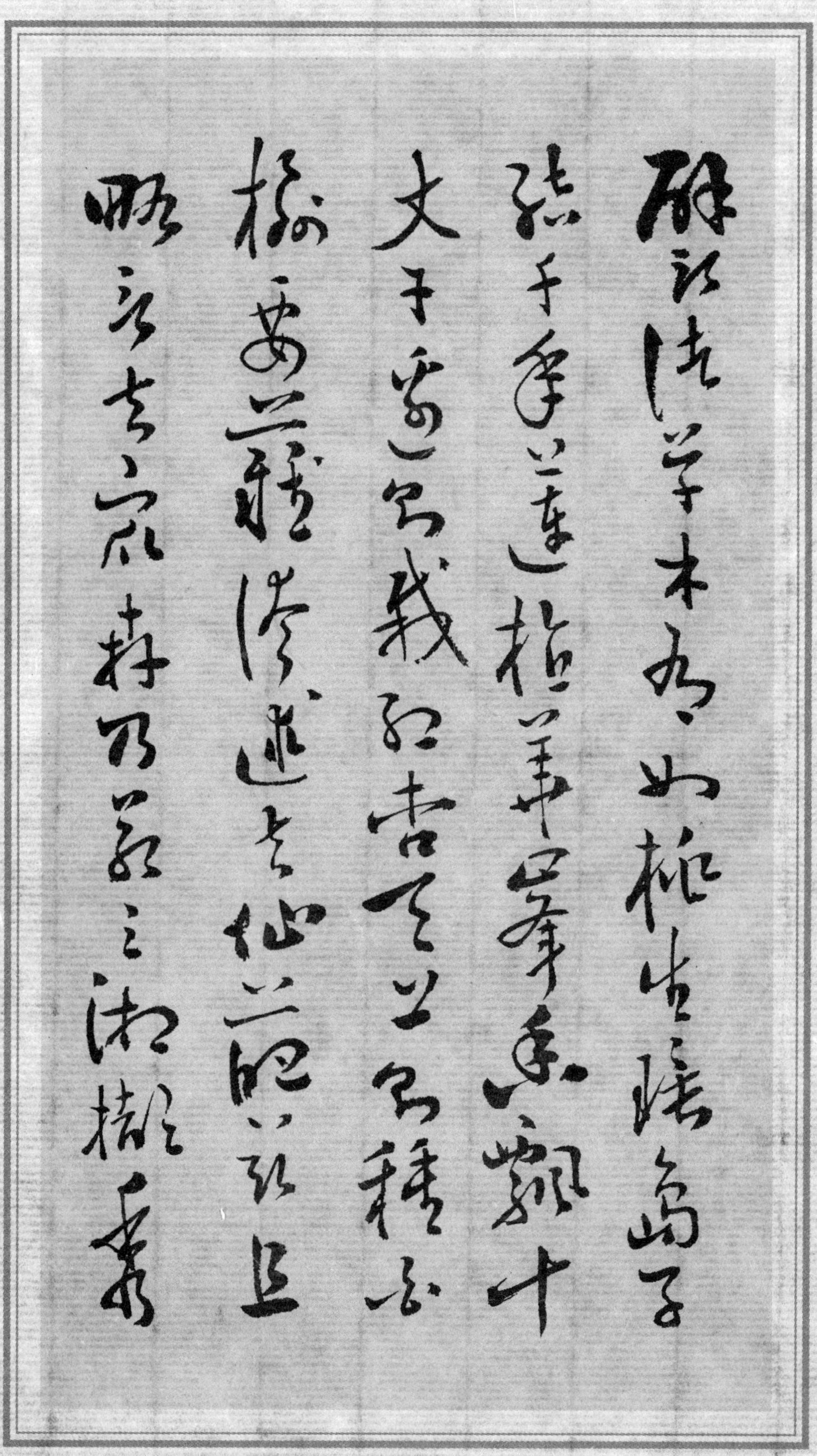

草書燕山外史

蓉可集以為裳；九畹滋芳，蘭可紉而為佩。籬間菊放，尋向雨中；嶺上梅開，探從雪後。洵托雅人深致，以抒君子遙情。無如藻鑑多情，塵氛易染。柳殊

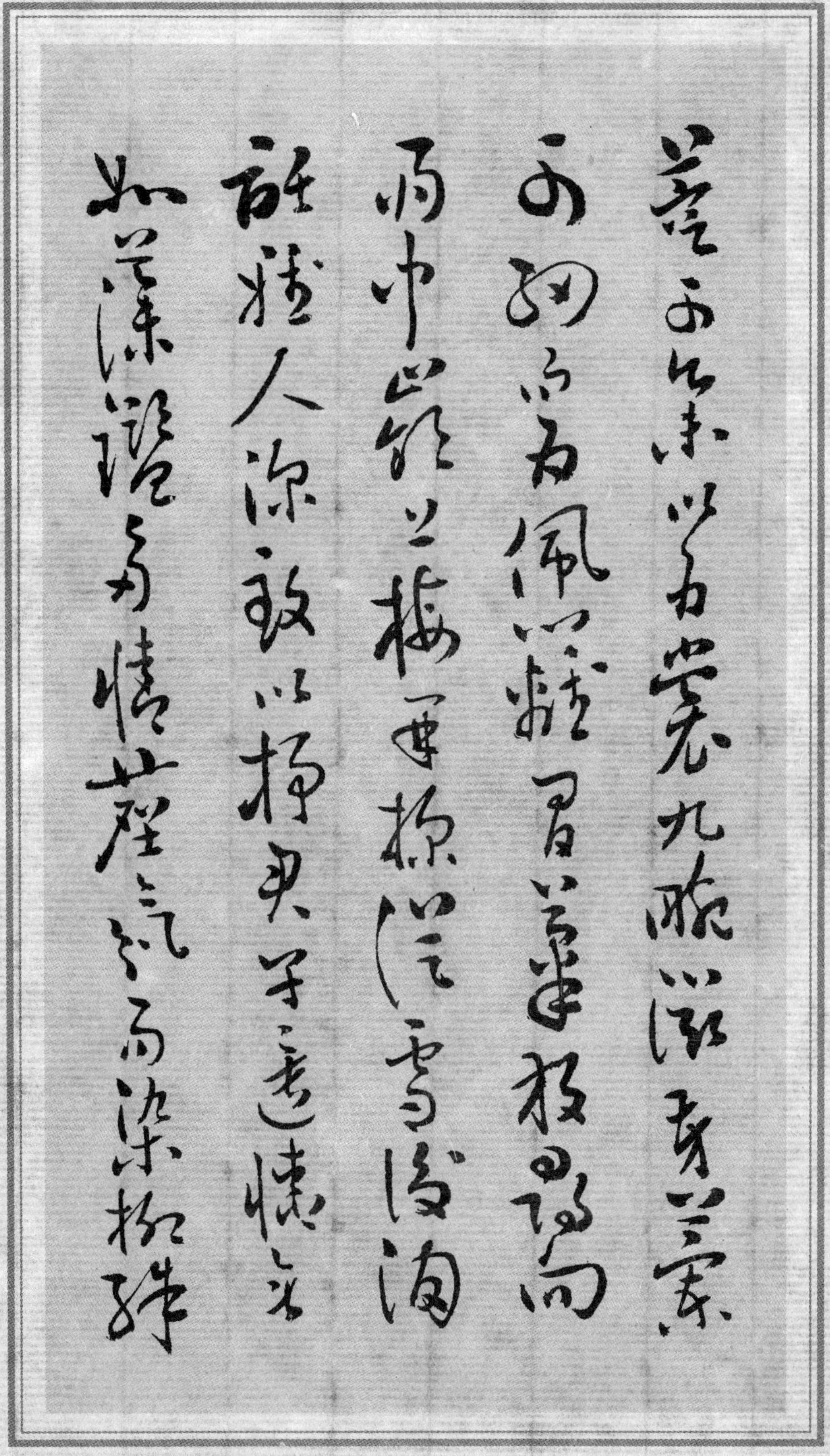

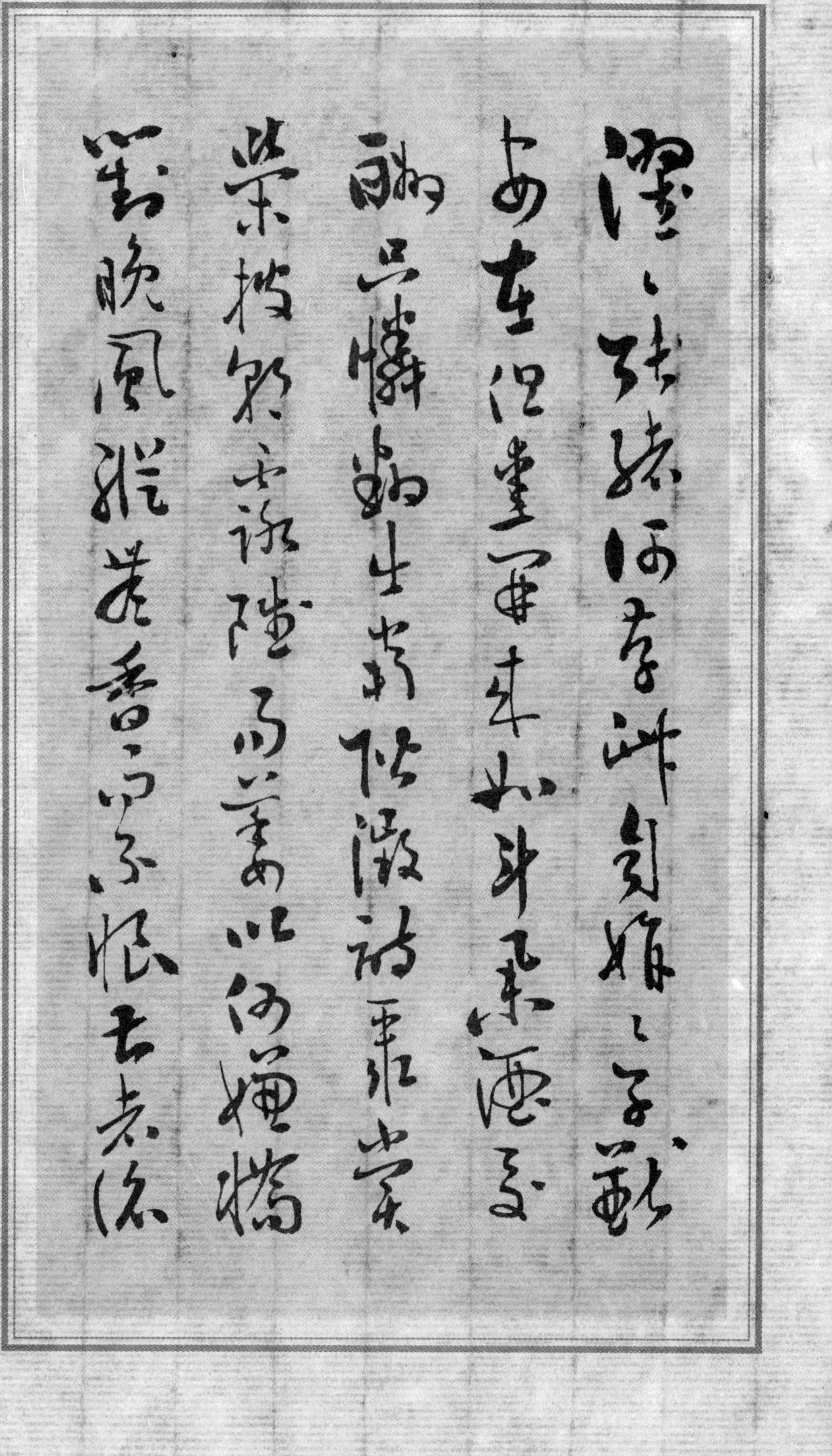

濯濯，張緒何存；竹自娟娟，子猷安在。但愛開來如斗，舉酒交酬；只憐翻出當階，徵詩聚賞。榮披朝露，雖易萎以何嫌；嬌對晚風，縱無香而不恨。甚者詔

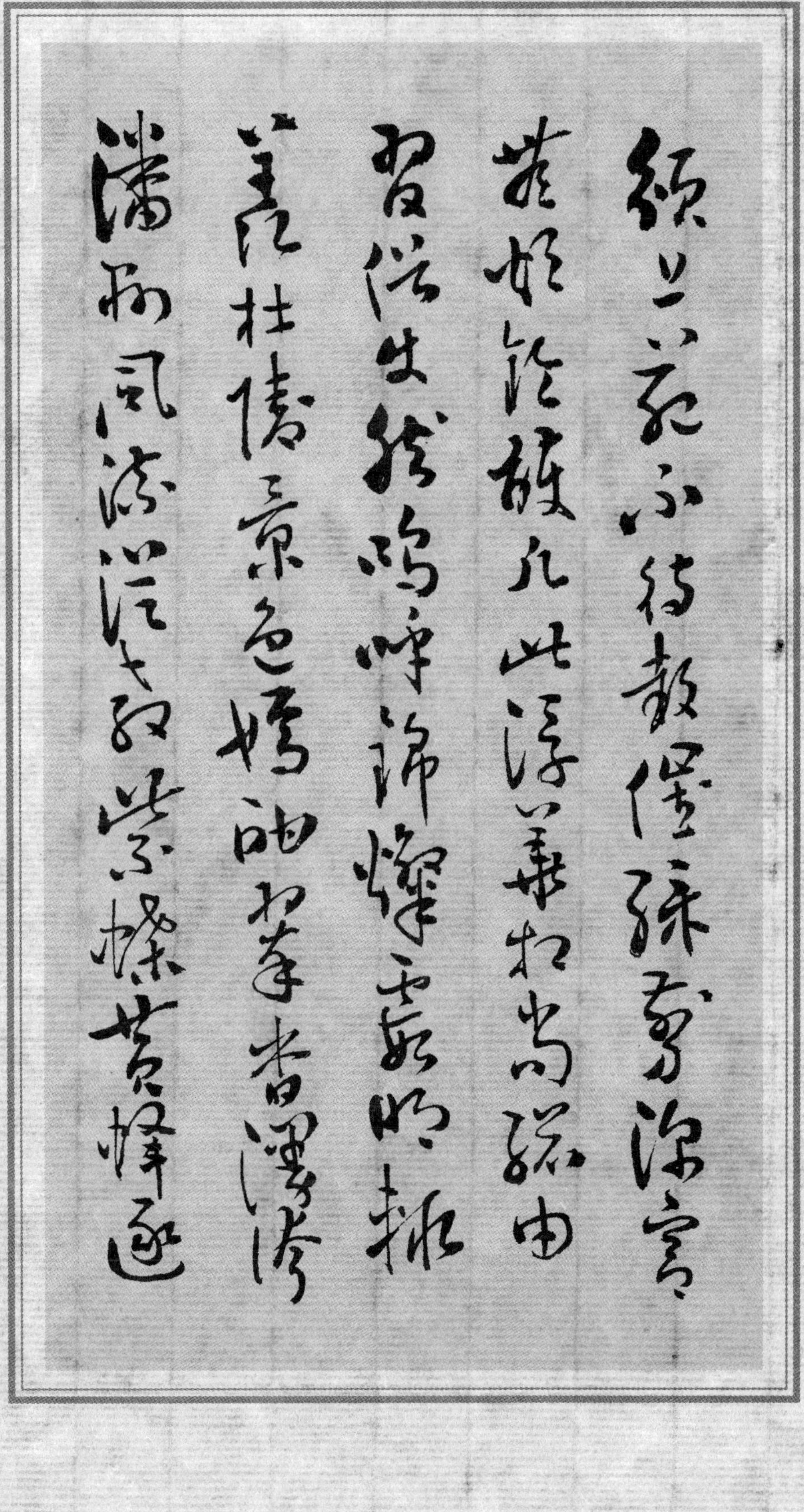

頒上苑，不待鼓催；綵剪深宮，無煩鈴護。凡此浮華相尚，總由習俗使然。嗚呼，錦燦霞明，輒羡杜陵景色；嫣酣翠杳(香)，漫詩潘縣風流。從教紫蝶黃蜂，逐

殘芳信；遂使紅桃白李，鬧盡春光。抑知拔俗孤芳，豈在施朱施粉；臨風獨秀，自然宜笑宜顰。《清平調》之連稱傾國名花，良有以也；《離騷經》之并舉美人

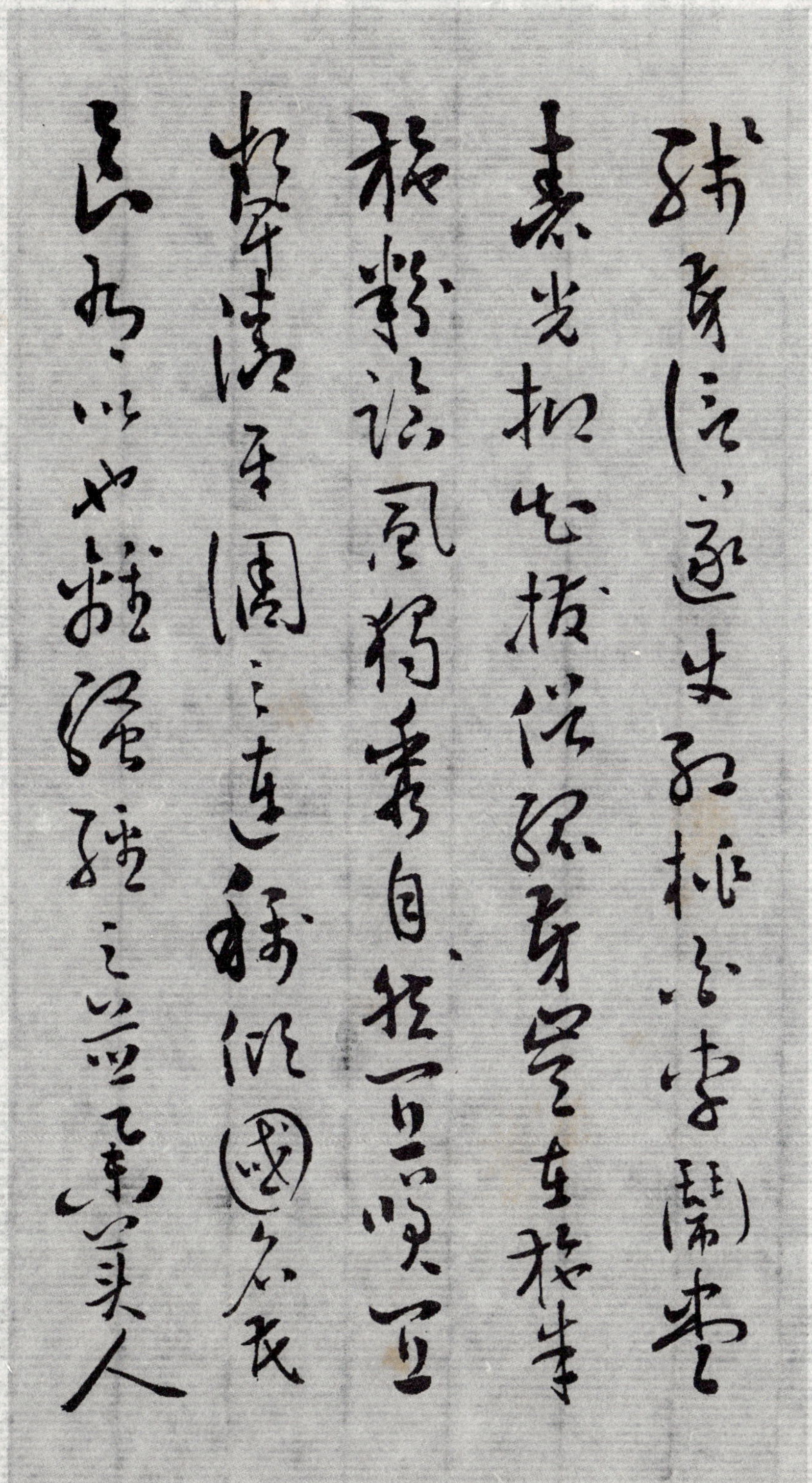

芳芷，而豈徒哉。賓生情有獨鍾，心無別戀。既覩出群仙品，對脂鉛盡若泥沙；曾逢壓眾天姿，視粉黛都無顏色。因是，掃除俗艷，挺立芳標。非絳

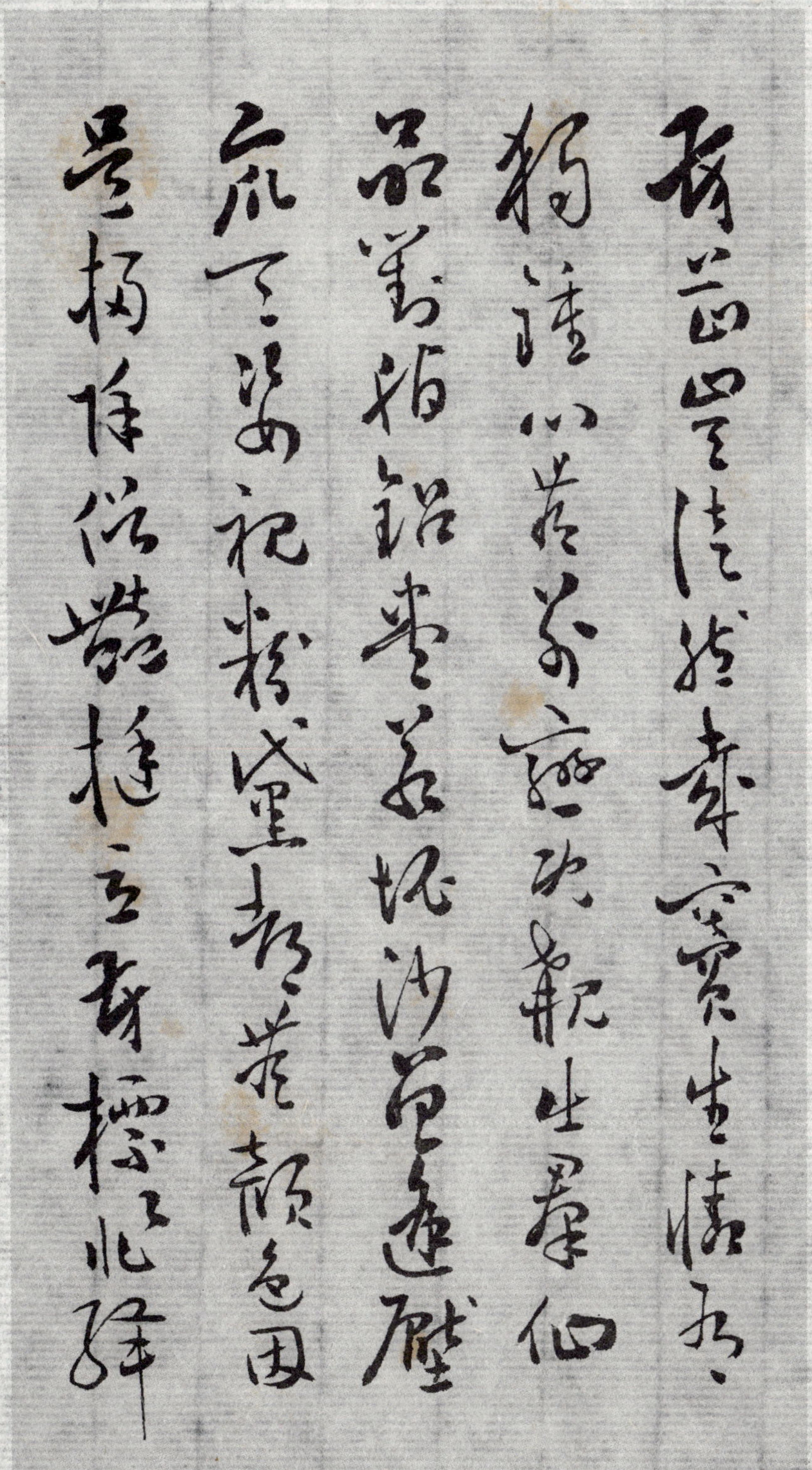

仙不可療飢，非卓女無由解渴，非趙姊莫教漫(舞)，非韋娘莫使輕歌。獨是縹緲巫峰，寓辭行雨；潺湲洛水，托想凌波。幾回彤管空回，令人凄絕；一切

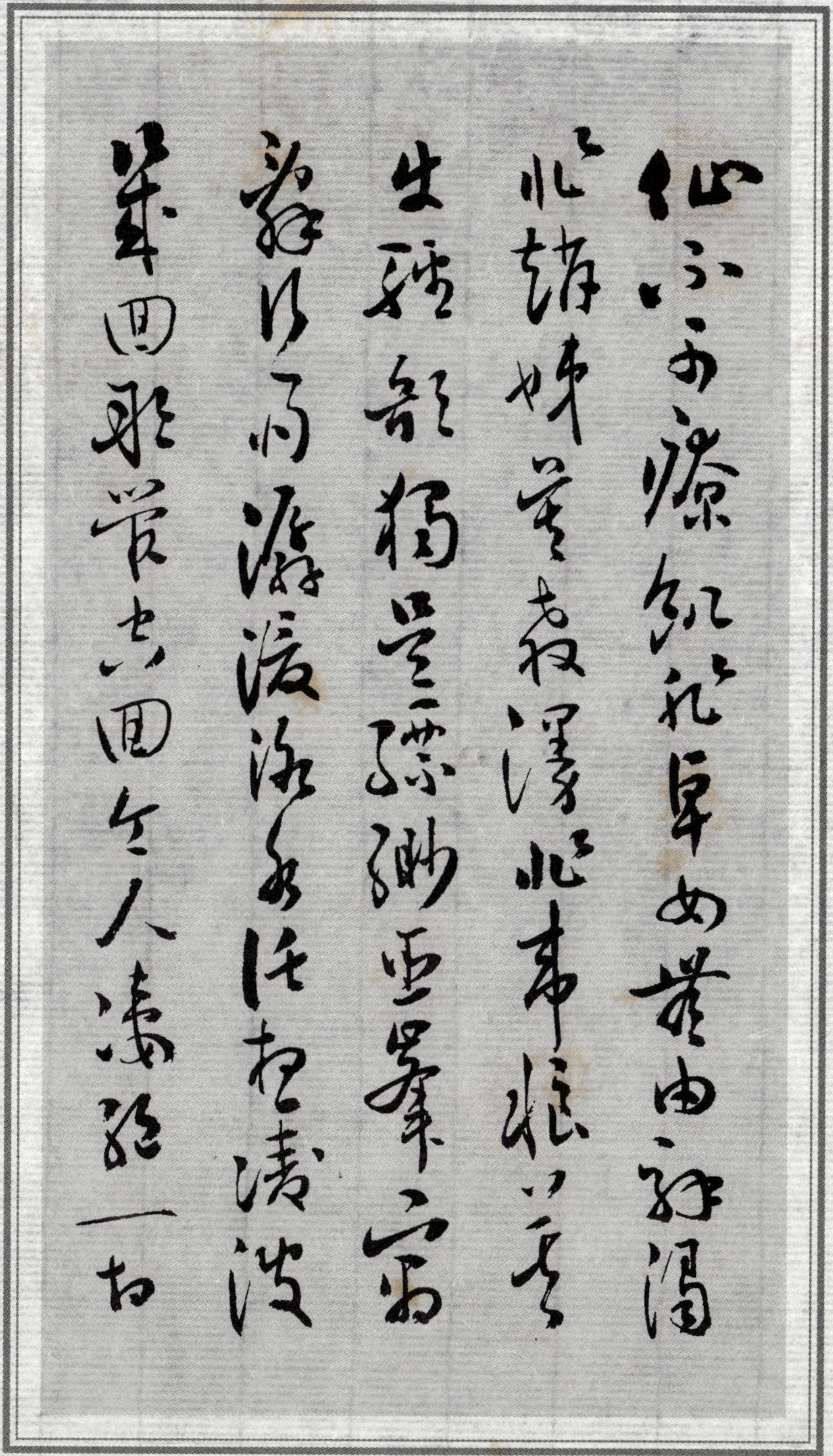

青樓薄倖，匪我思存。更有異途進誘，餘派邀歡。碧月流輝，玉茁後庭之樹；薰風吹暖，香飄別種之花。桃以餘留，啖之益美；魚從前葉，泣乃增

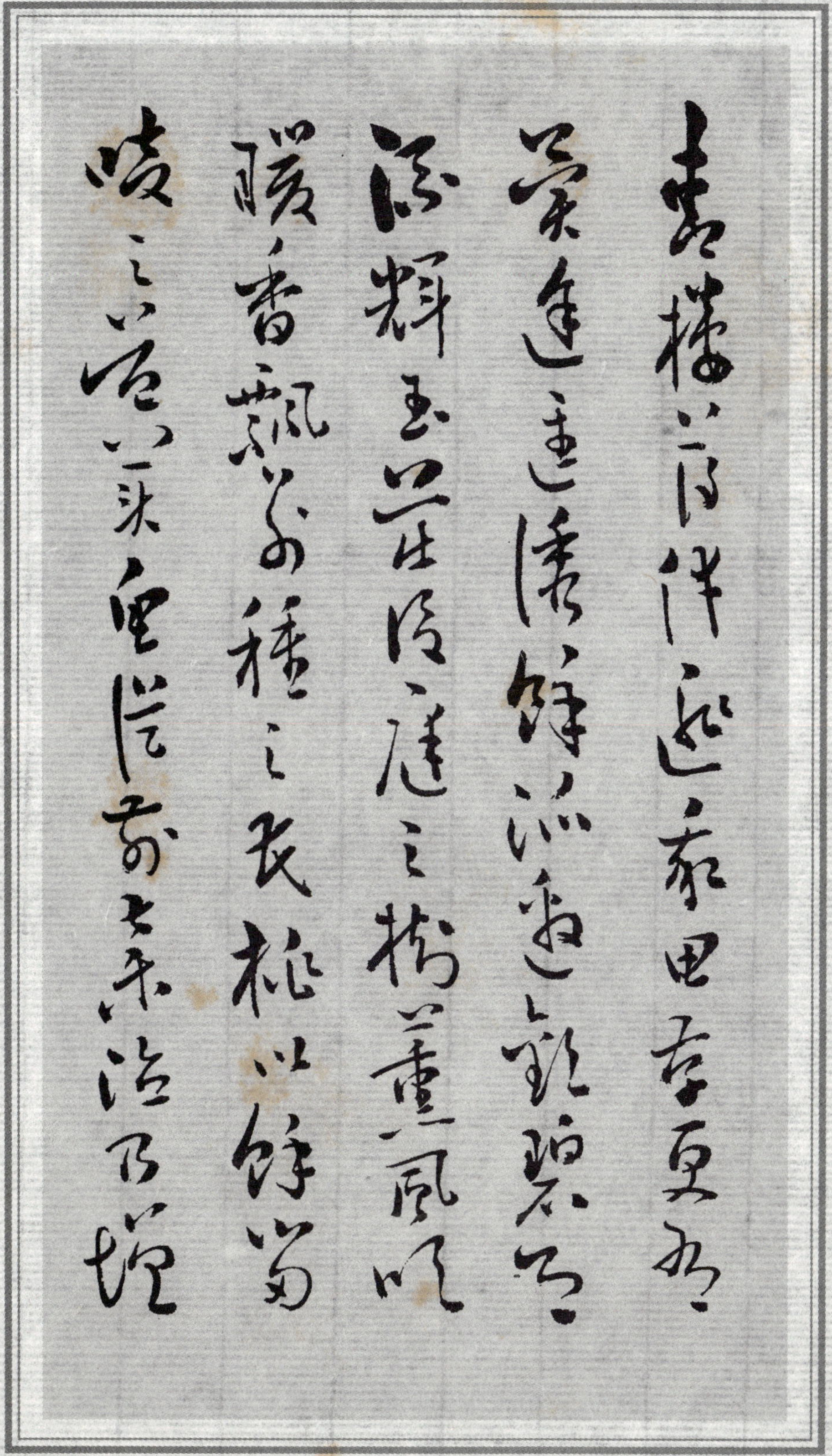

憐。入自宮中，莫辨雙飛采羽；活於花裏，翻疑連理芳枝。名駒素無牝牡之分，嬌鳥又乏雌雄之辨。猥以頑童爲比，漫將媚子相從，（豈意生也，莫肯

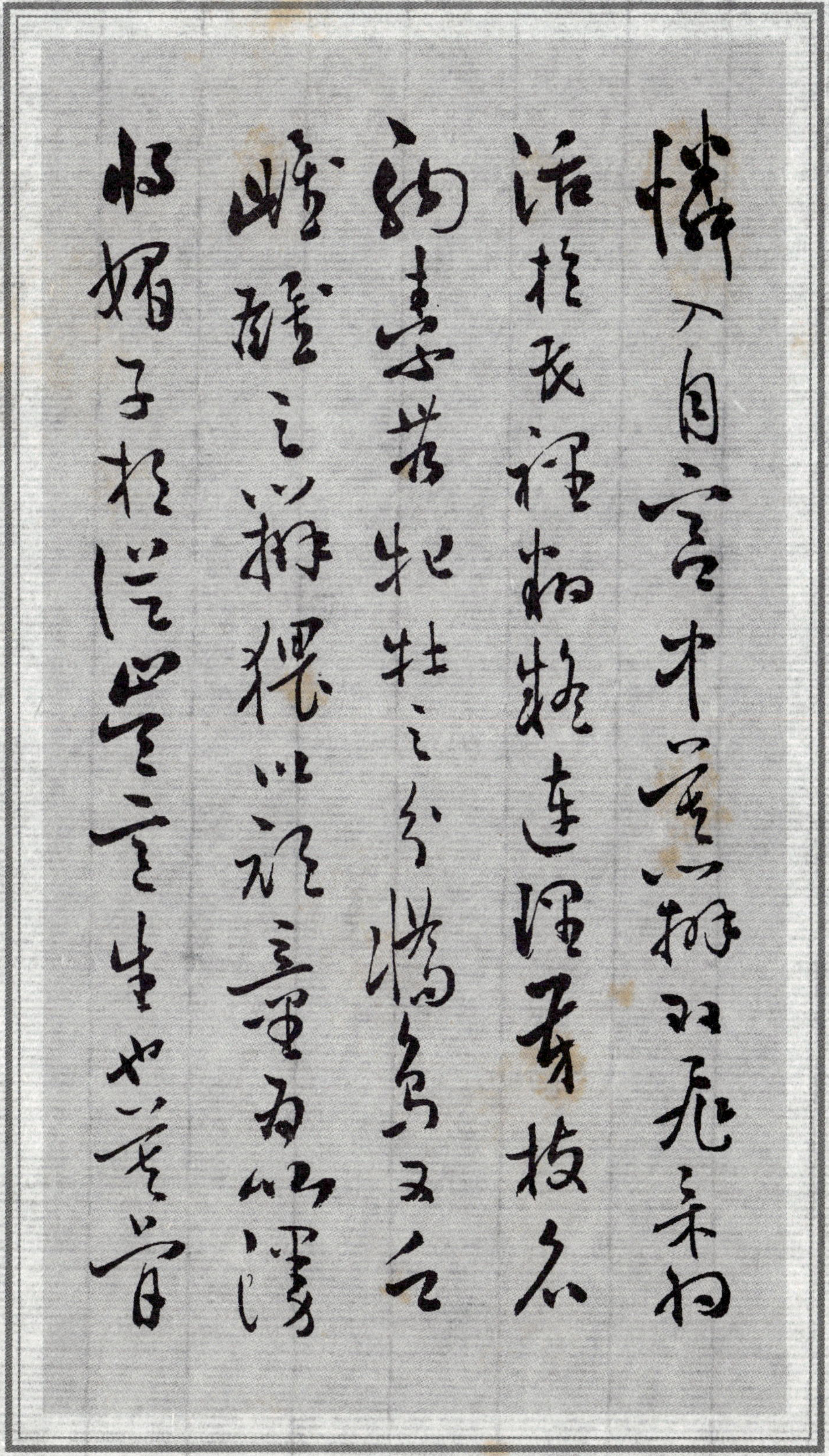

褰裳泛好，詎甘斷袖分歡。曾鑒前車，）已識宵人之伎倆；不圖故轍，又逢路鬼之揶揄。由他優孟衣冠，來千去百；任彼狙公面目，暮四朝三。而辟火靈珠，

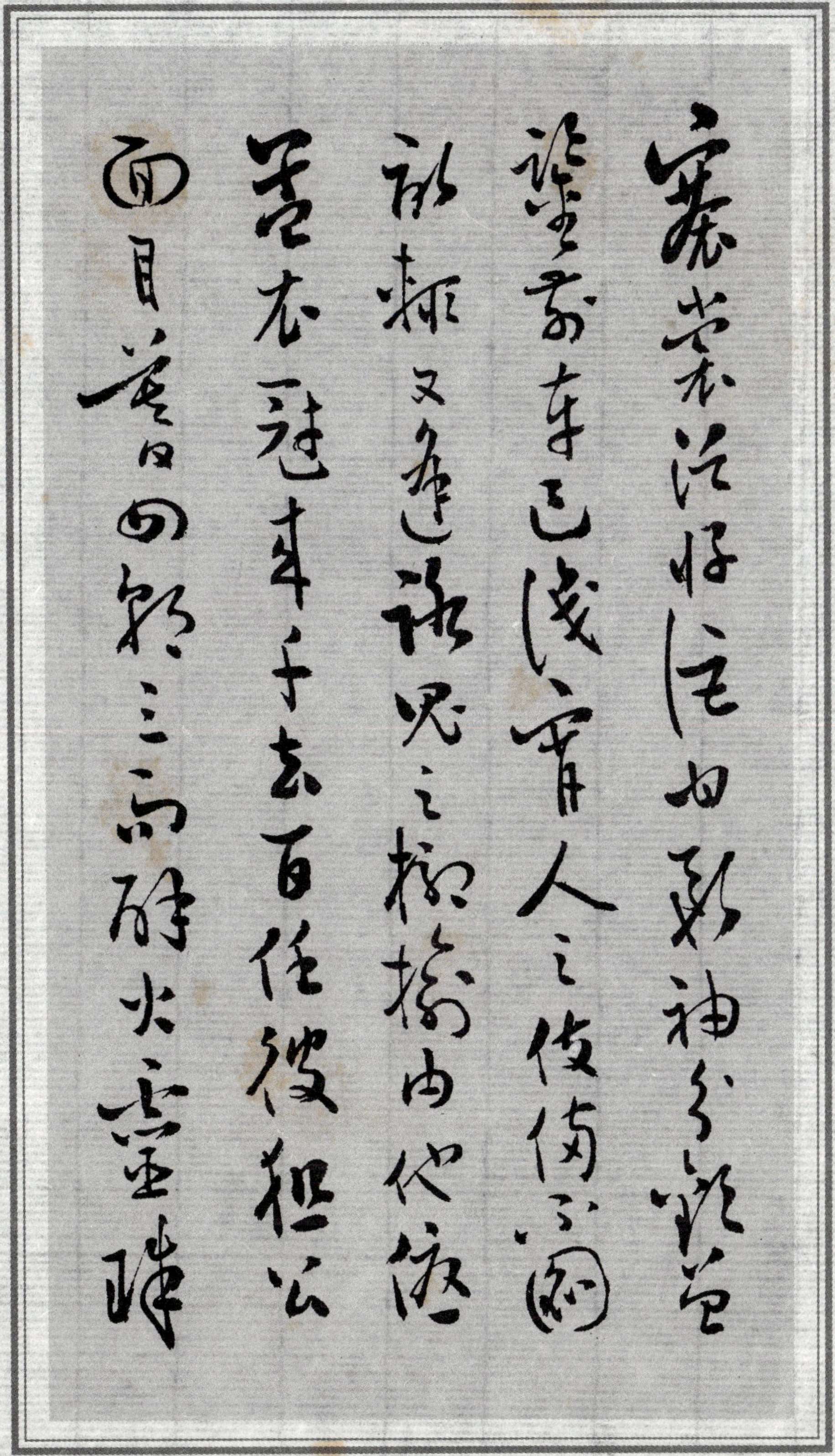

豈甘彈雀；截犀神劍，何屑驅蠅。固知若輩利財，原同奴輩；孰曉吾徒好色，迥異登徒。於是，藉口求醫，再訪玉真之宅；托辭采藥，重游雲液之區。

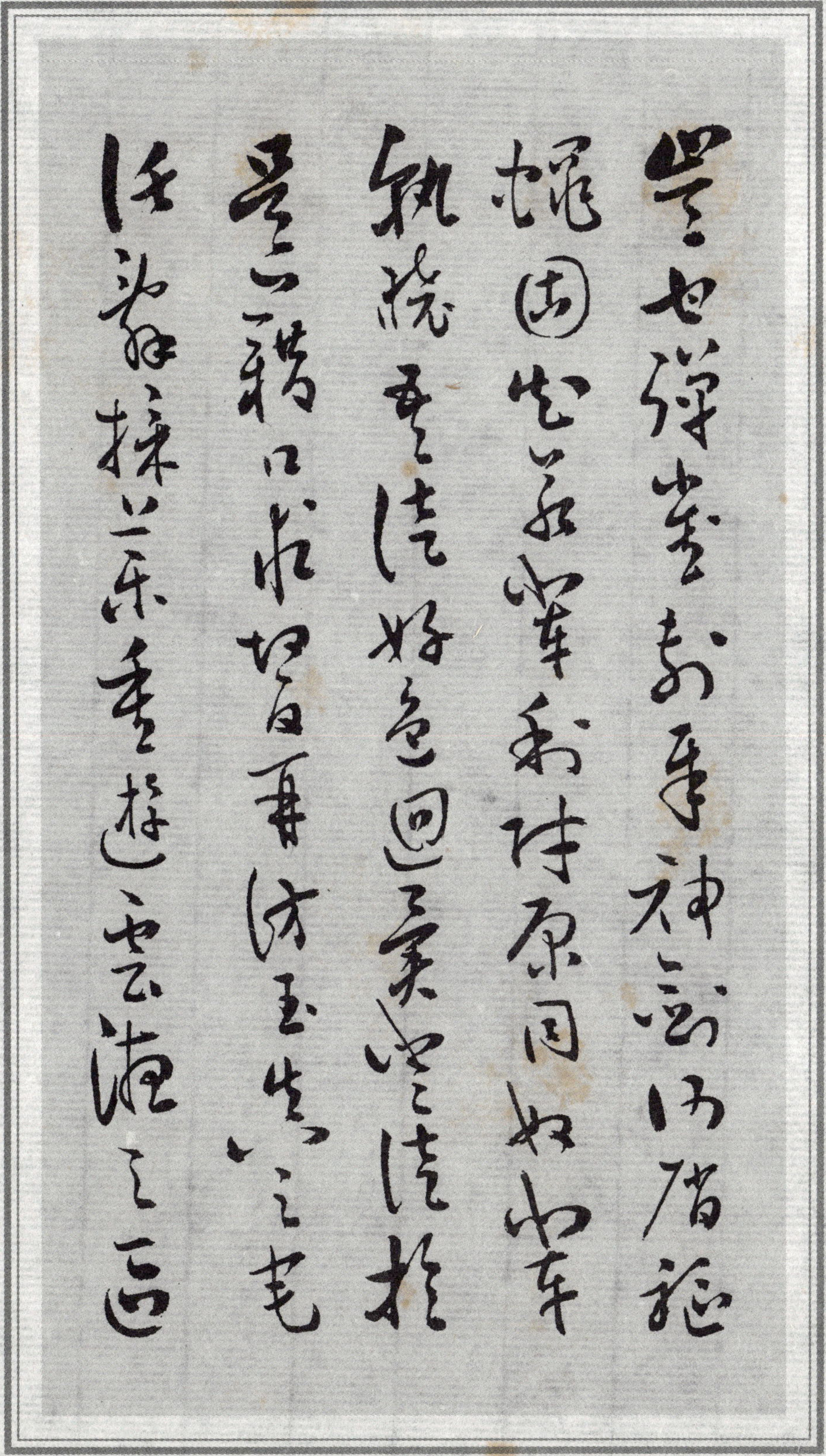

自知一息僅存，雖生不久；還誓兩情未定，到死(方)休。追隨無間寒暄，躑躅不辭風雨。特以行同鑽穴，事等踰墻。豈宜東宿西餐，險遭聞見(風)；只自

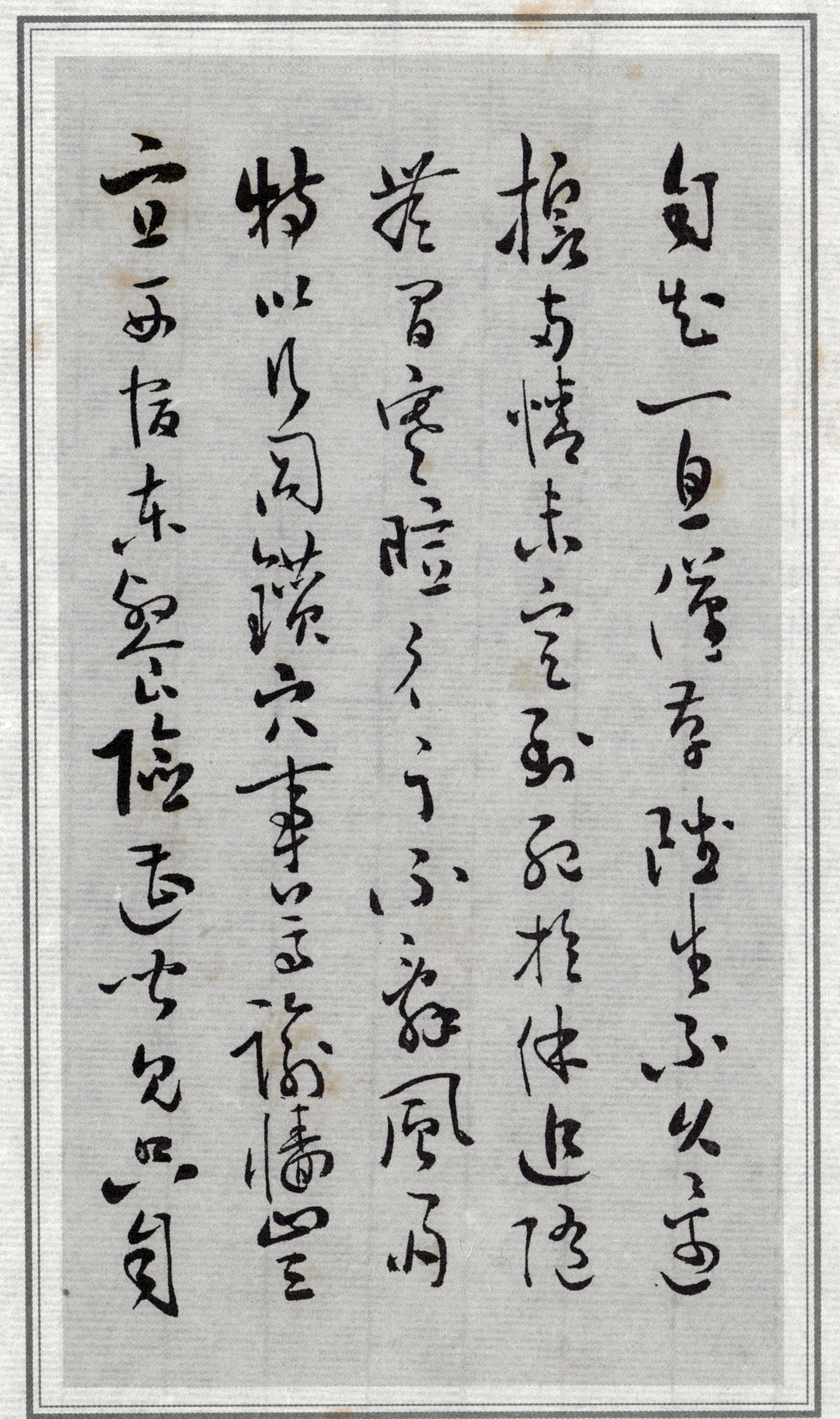

南旋北轉，密作往來。徒步以行，行皆窘步；擇途而往，往必紆途。心到苦時，稱痴亦願；力當竭處，負病都忘。列子身癯，本有尫羸之態；韓郎脚軟，尤多勃窣

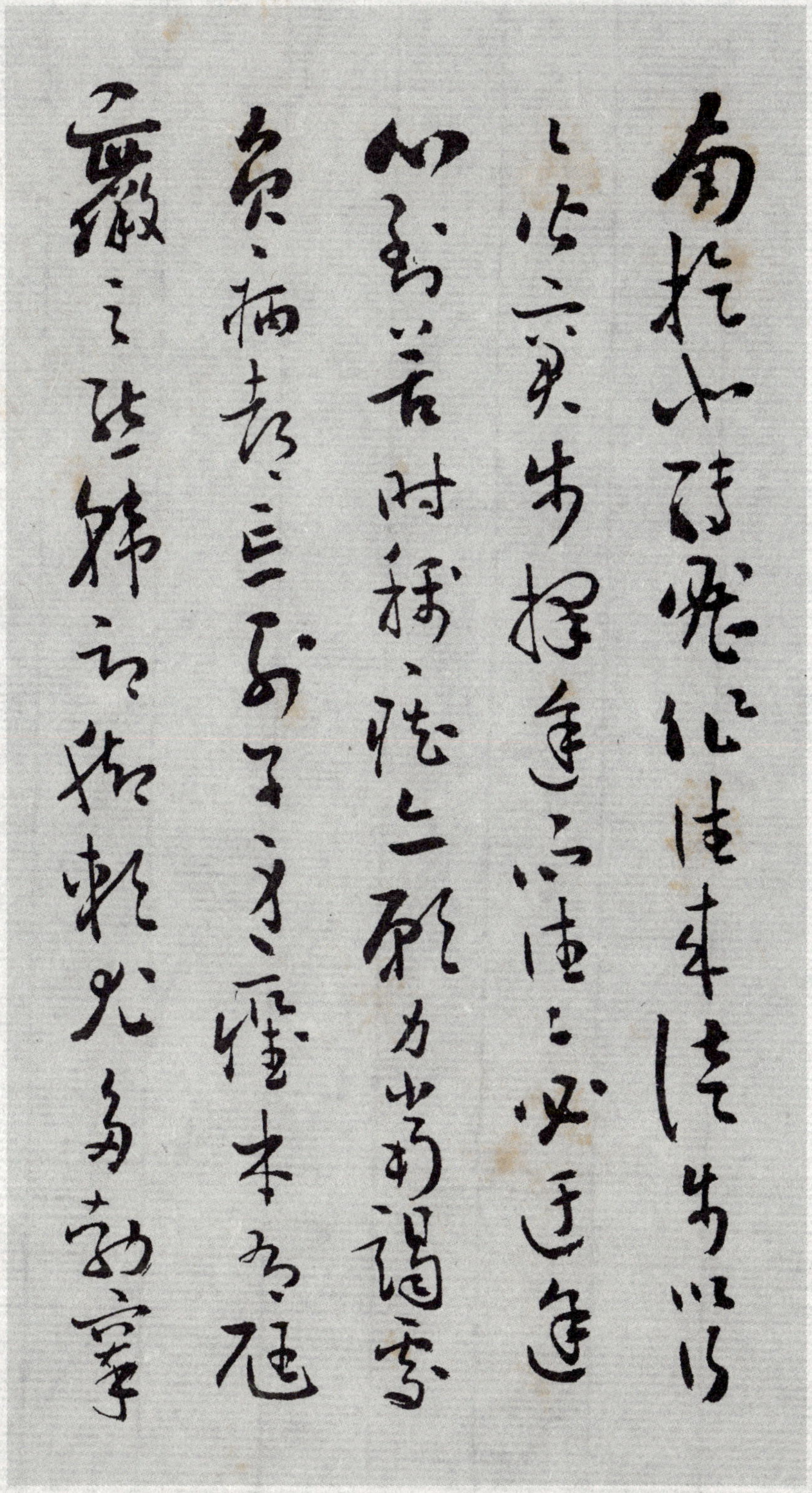

之形。氣憊神疲，就道之孤踪僕僕；膚銷骨立，造門而餘喘吁吁。嗟乎，背未褪黃，那知蜂苦；尾非變赤，不曉魚勞。在愛姑，初聞其感傷於夢寐，將信

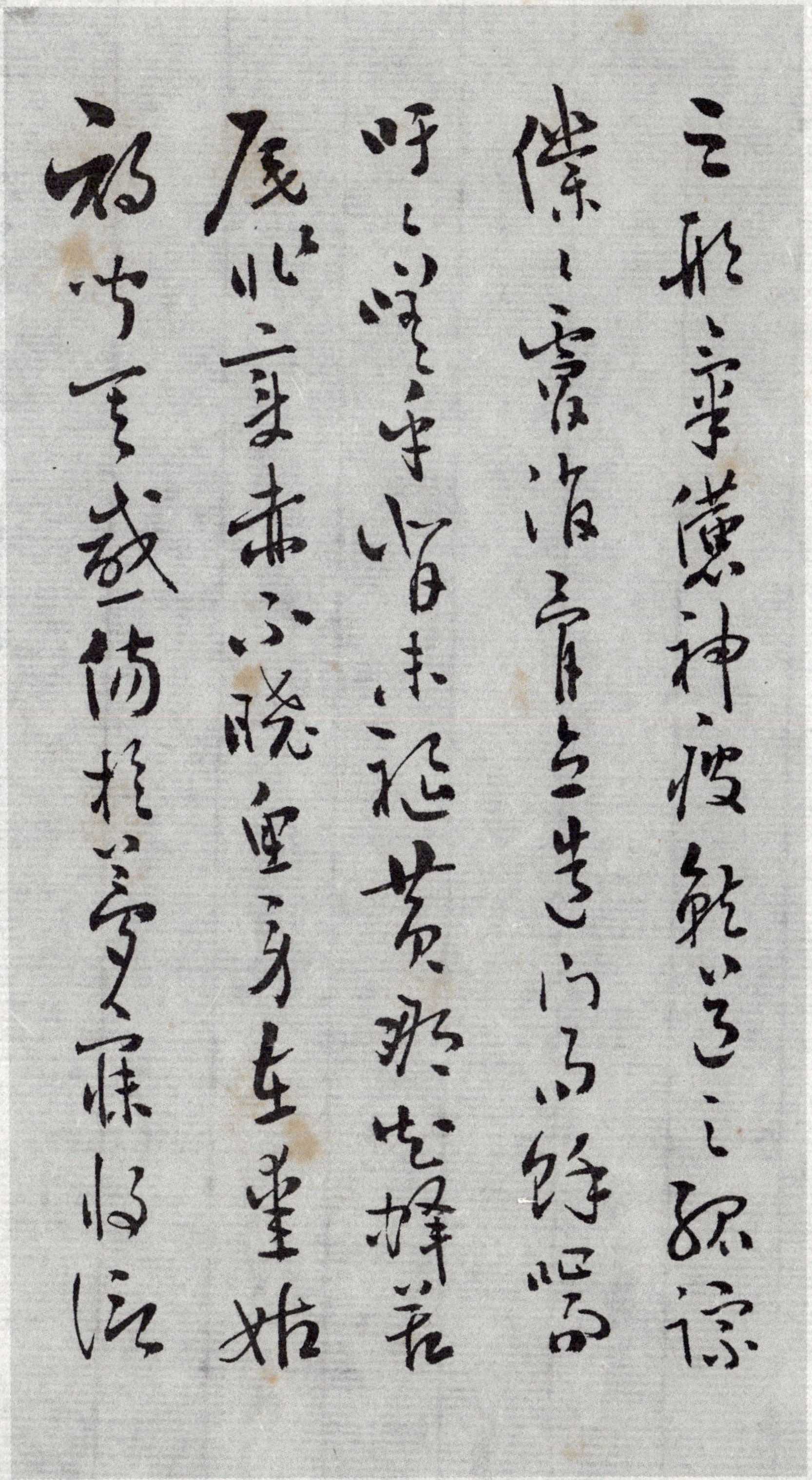

將疑；及見夫消瘦之容顏，殊憐殊惜。蜀帝之春魂乍返，鵑血猶流；巴山之夜話未終，猿腸已斷。第念儂身似玉，豈同汶汶可污；孰知渠命如絲，祇自

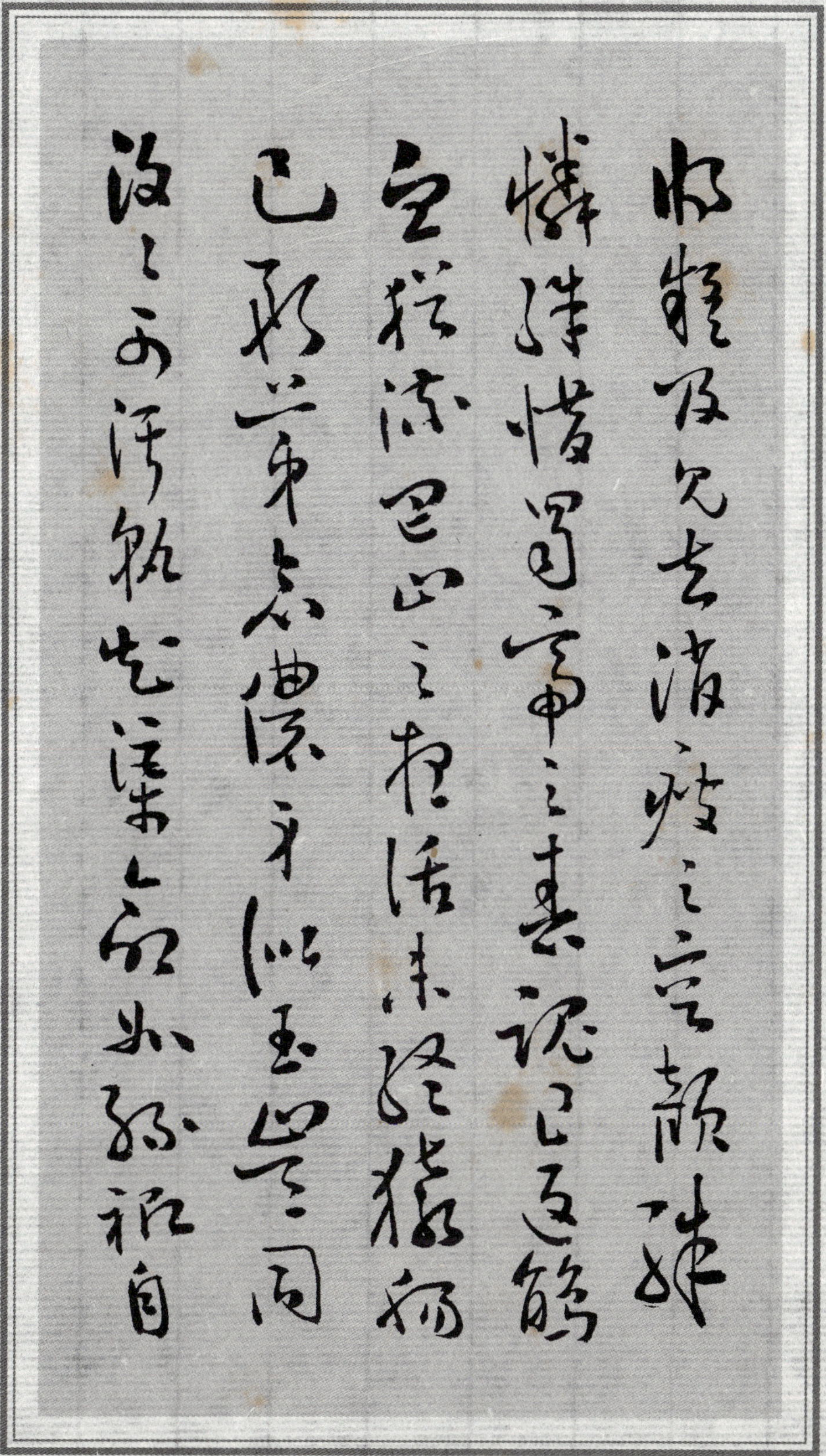

奄奄欲絕。未得往還通隔膜，終教日夜繫柔腸。即今仲子頻來，洵屬人言可畏；倘後伯仁忽死，實由我殺無疑。因此，烟柳凝顰，露桃含淚。托香腮

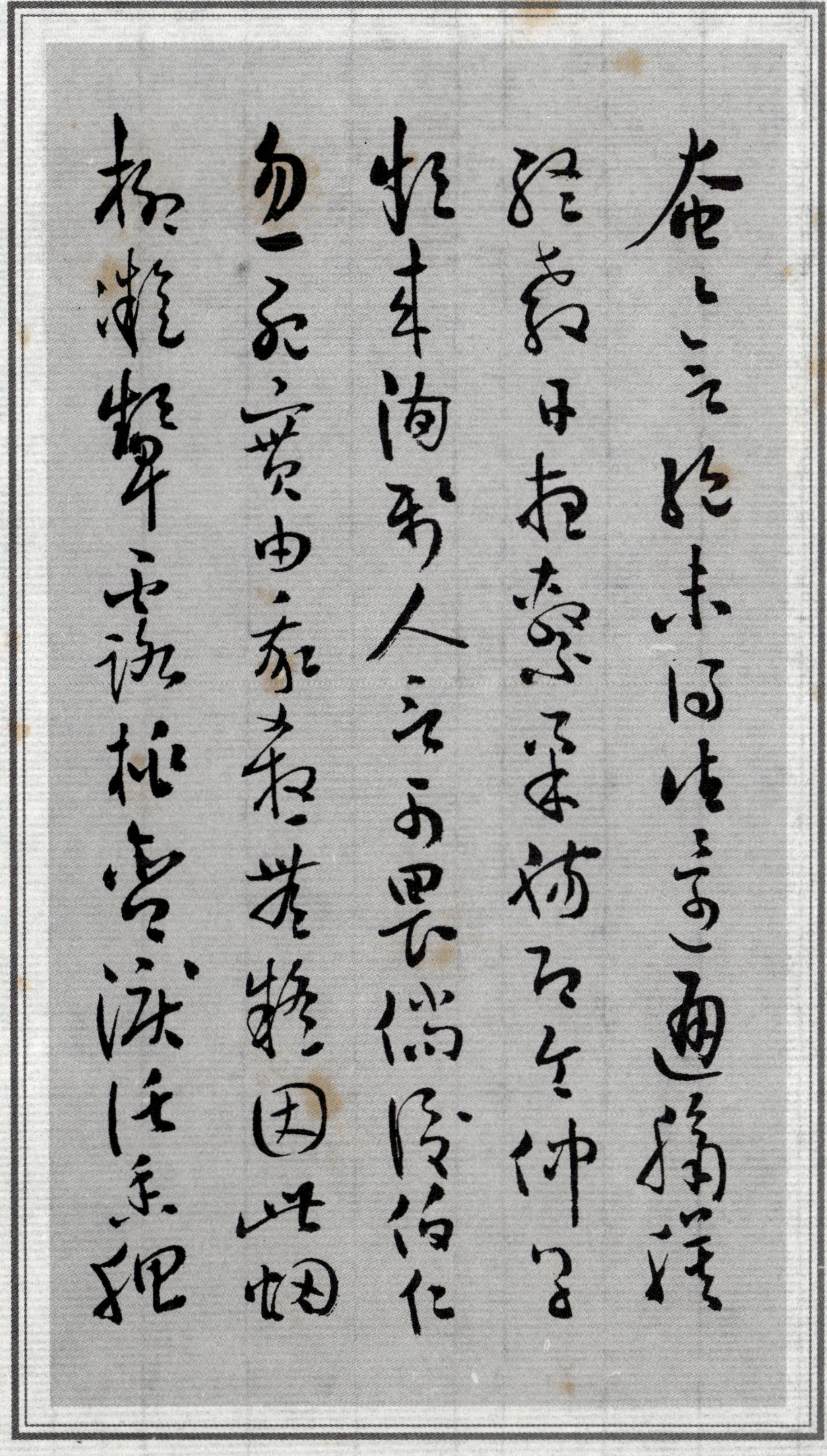

而惆悵，扼玉腕以徘徊。寶篆薰殘，默默暗祈奚事；金錢擲遍，喁喁細卜何辭。鎮日憑欄，密意常同花計較；終宵却枕，幽情每與月商量。一片心中，撞來

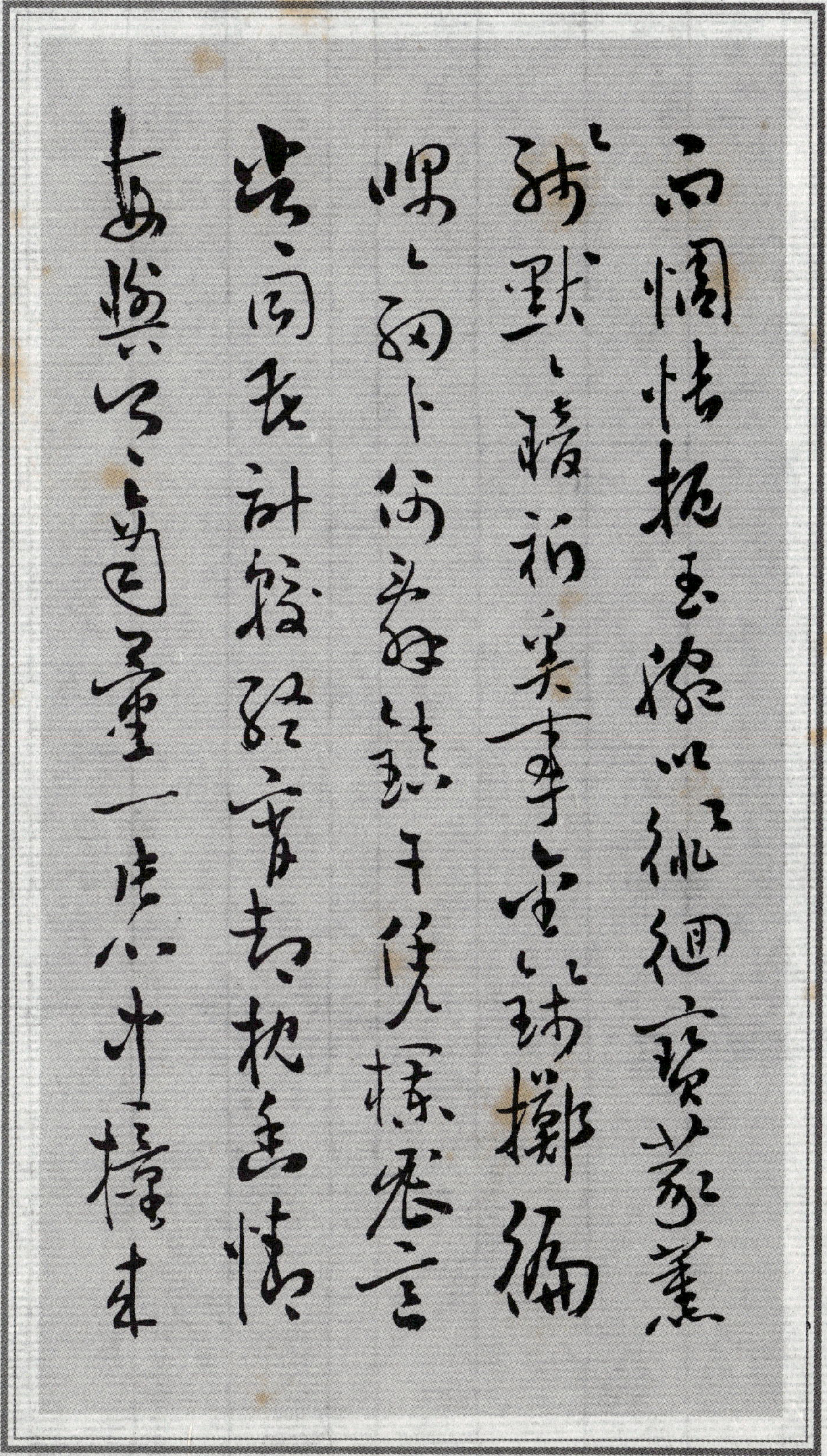

小鹿；兩灣眉上，蹙盡新蛾。口縱不言，心能無感歟？加之，其母百計圖成，千方撮合。每謂承恩在貌，最難一顧傾城；常謂悦己爲容，何必十年勿字。白髮

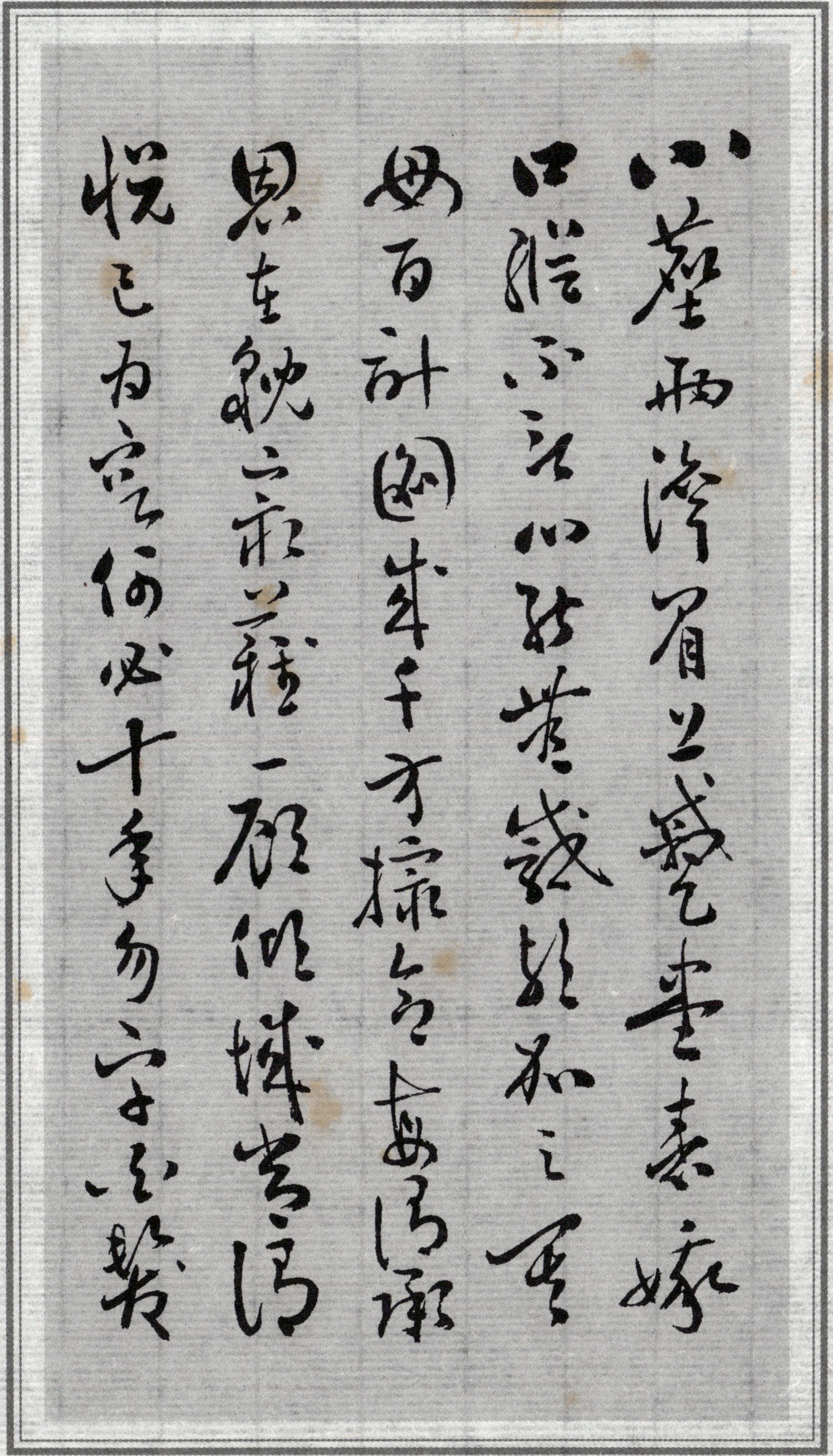

頓添吾老矣，青春不再汝知乎？冷語温辭，咨嗟不已；朝唆暮聒，慫恿無休。姑也，平時謹守《女貞》，久矣無言可惑。今日敬聞母命，似乎有理難違。

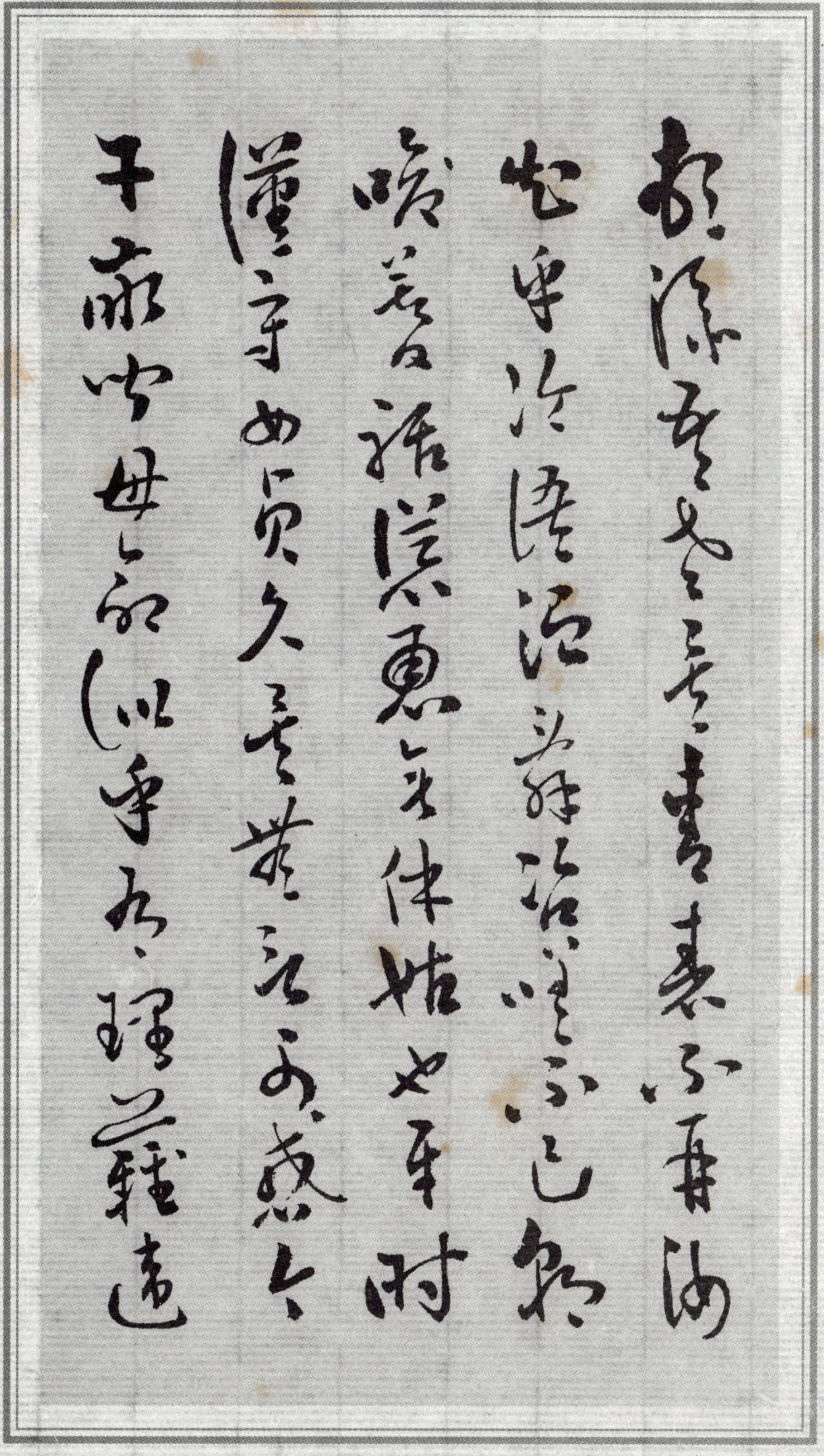

即志若松筠，亦爲轉意；況心非木石，豈得無情。由是，風和日麗之時，粉暖脂融之地，荷絲難殺，柳綫易牽。業知惜玉之人，原思完璞；無奈憐香之客，每欲

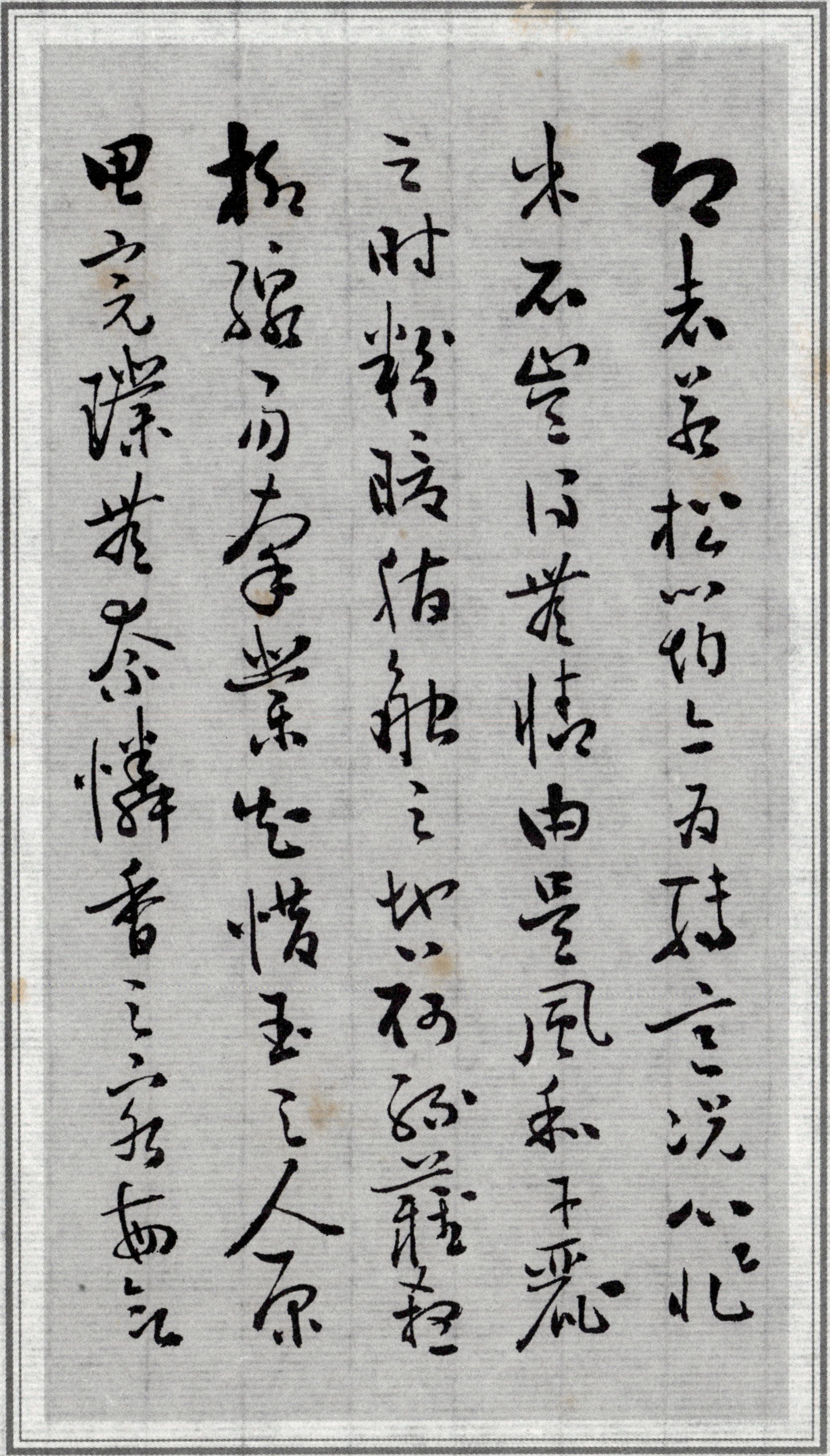

攀枝。雨闌晴窗，淹留竟日；花晨月夕，徙倚兼旬。莫顧驚龙，專思跨鳳。生似梁間忙燕，常常自去自來；姑如水畔閑鷗，漸漸相親相近。吁嗟乎，世間漫

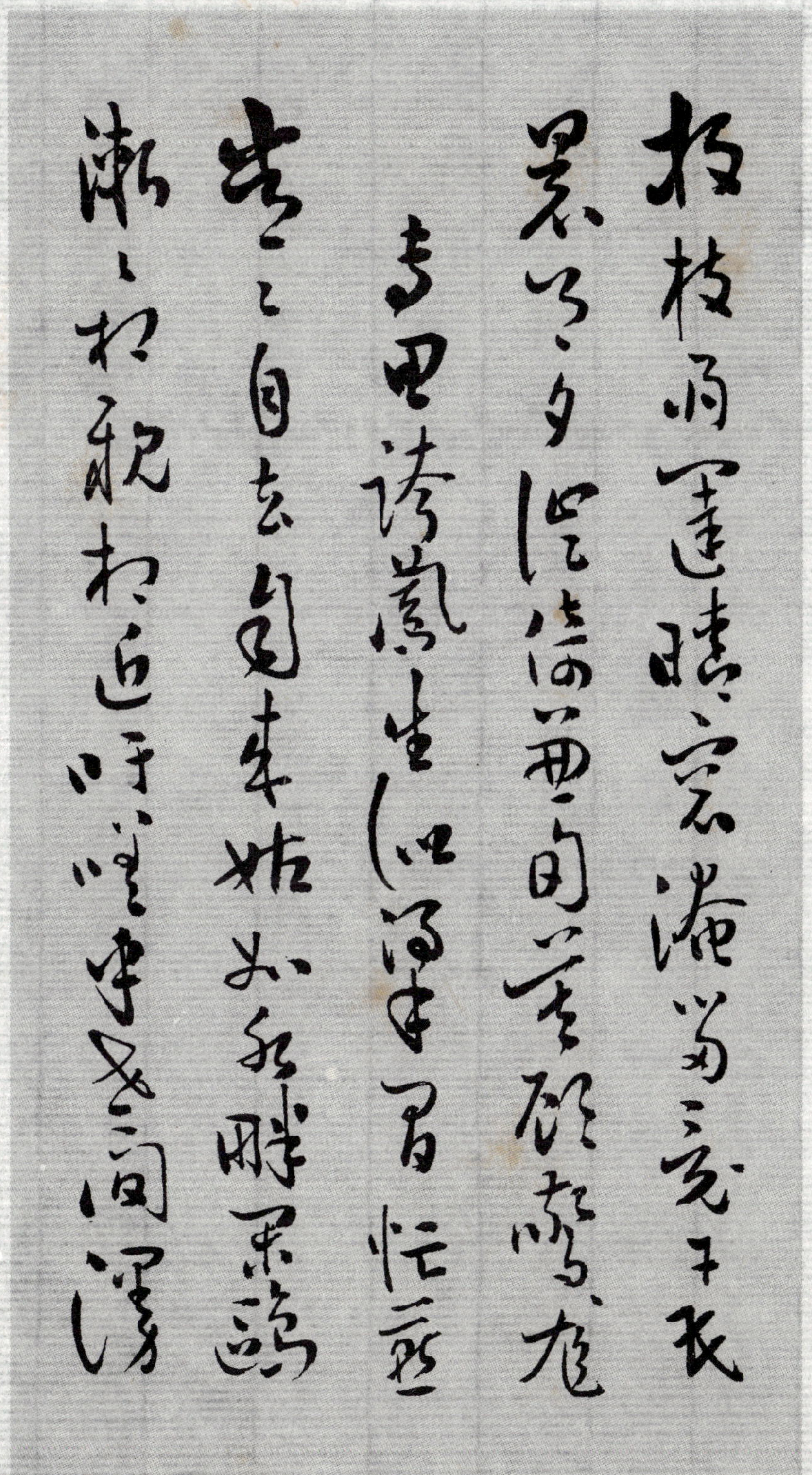

說多情，豈知滋味；天下本無難事，只在工夫。謀利謀名，學仙學佛；不求胡獲，有志竟成。果能發憤爲雄，將相何曾有種；苟不因循坐從，富貴未必在天。竭

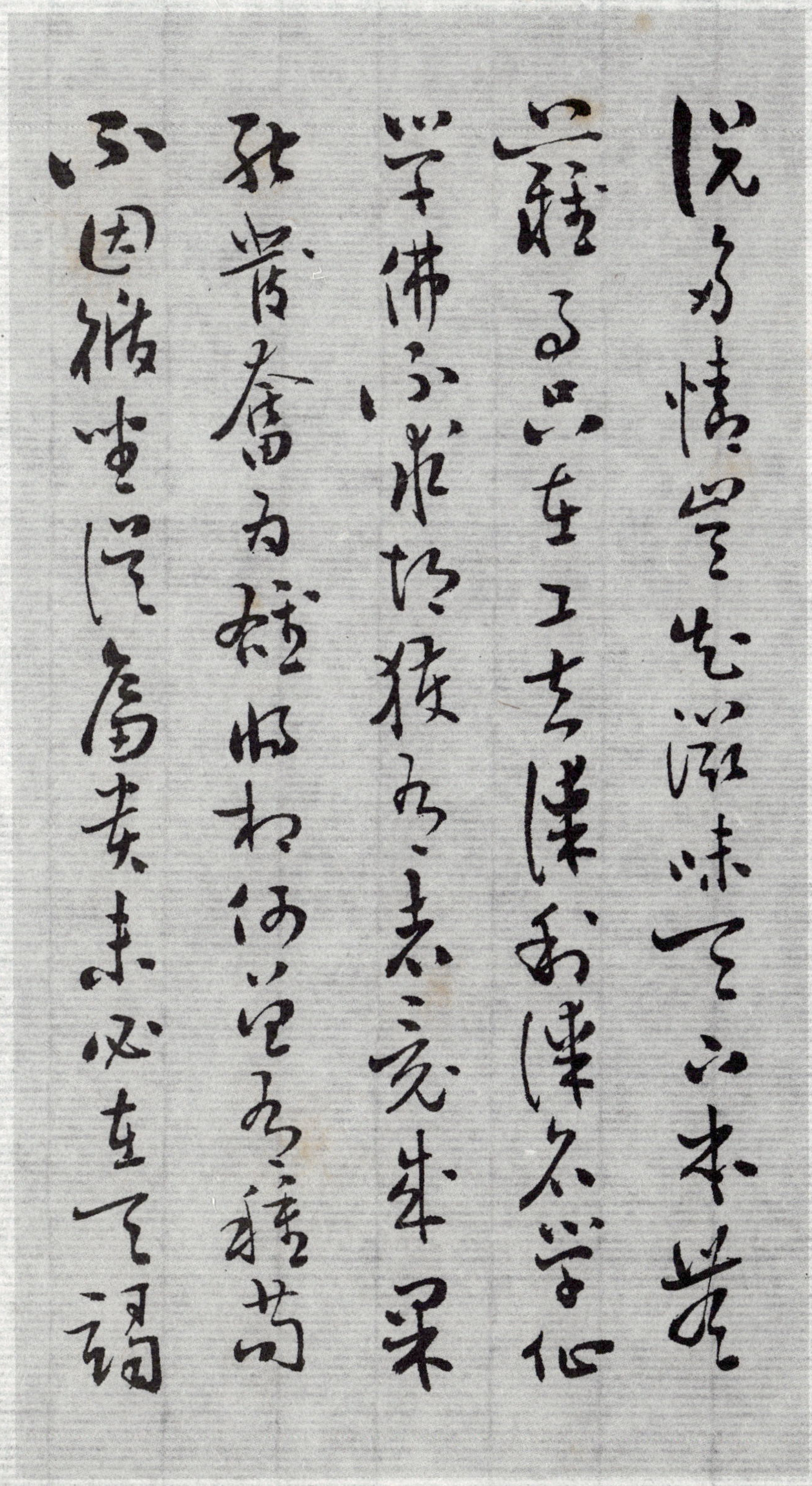

力磨磚，尚期作鏡；誠心點石，真(直)欲成金。賢豪刻苦之功，類皆如此；士女交歡之事，何獨不然。誼若深交，天女奚難下嫁；緣如固結，月娥豈肯上奔。縱有

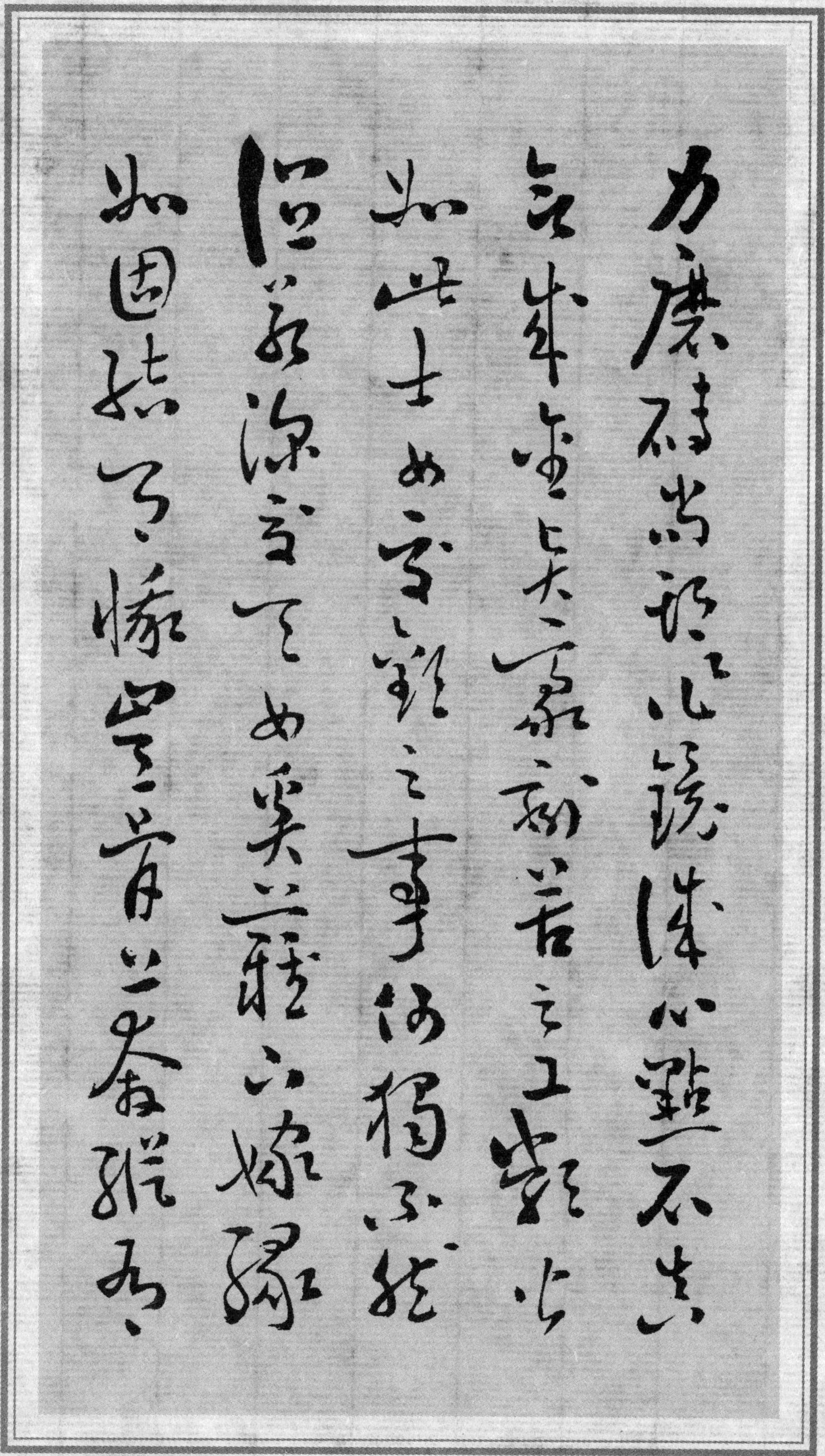

忍人，安能絶物；從無尤物，不足移人。羅什吞針，猶涉魔緣之擾擾；姜嫄履拇，尚感神道而欣欣。何况樓上緑珠，原知報主；座中紅拂，夙解憐才。成千古之

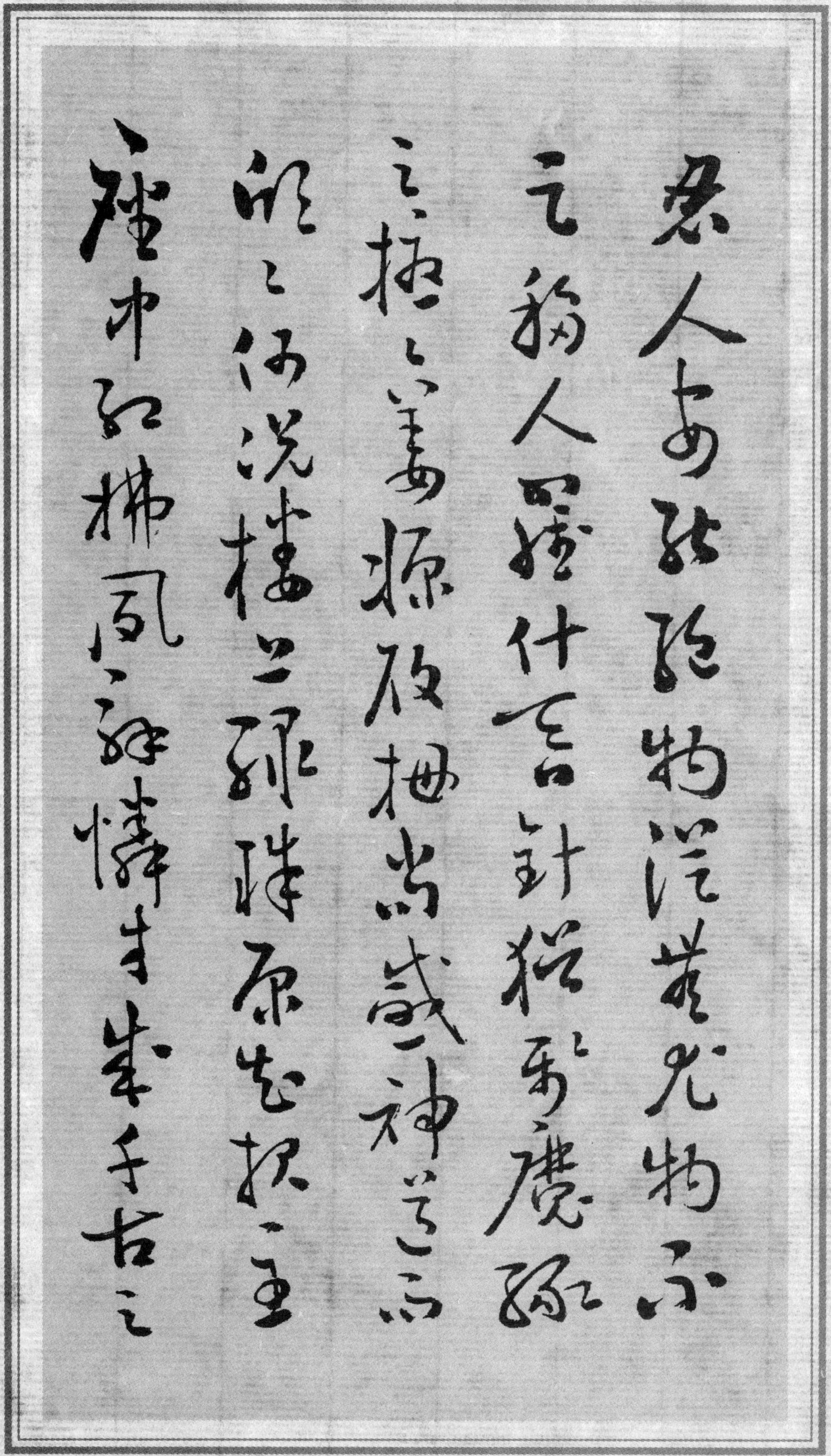

美談，總屬至情相結；秉五行之秀氣，誰無大欲所存也哉。嗣當落帽佳期，插萸令節，菊籬黃綻，楓徑紅堆。生乃探晚艷，攬寒芳，過待月之廂，入迷香之

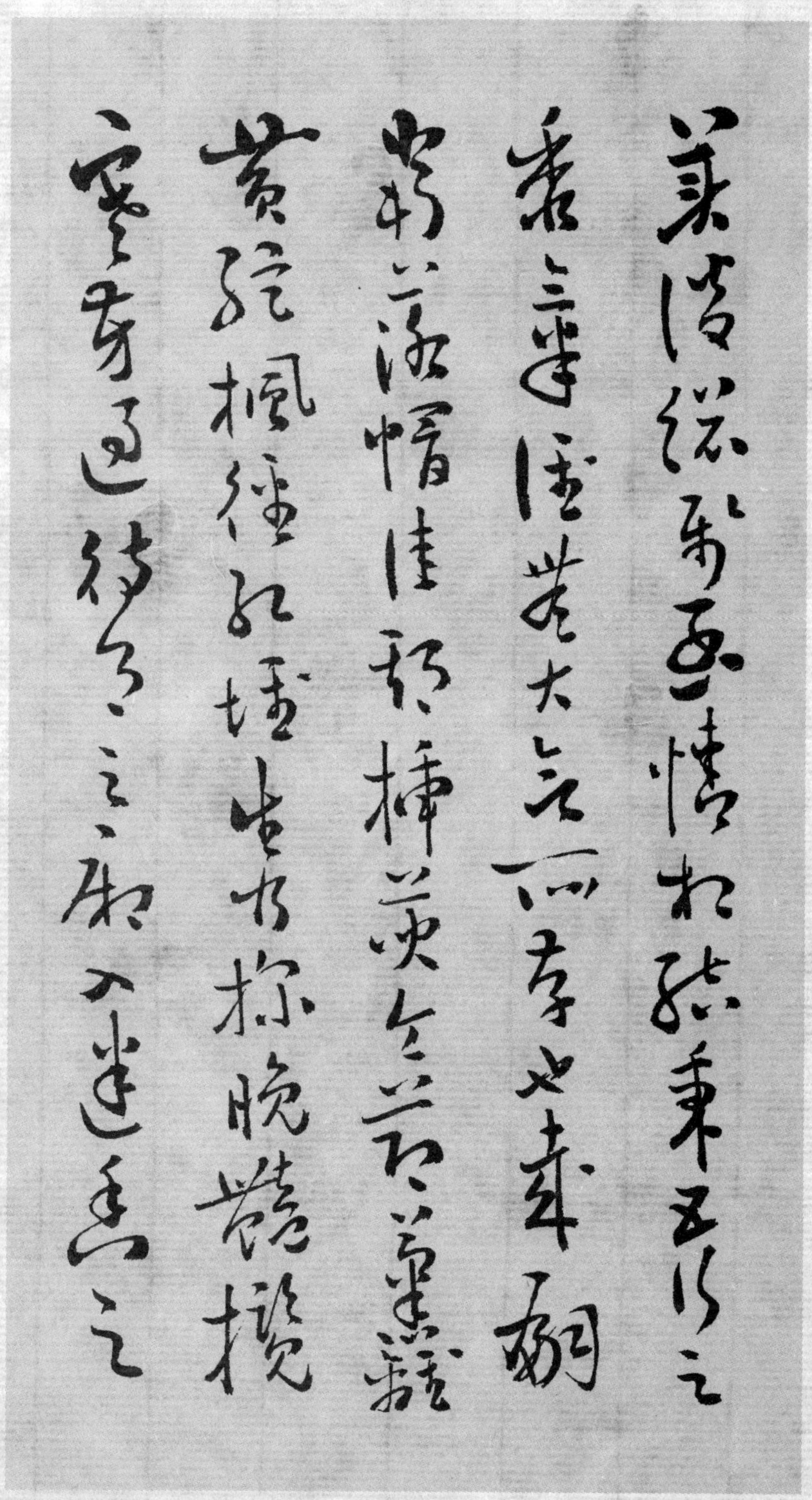

洞。詩留錦軸，何暇題糕；酒索銀屏(瓶)，轉憐雪藕。沽取鵝兒美酒，煩翠袖以頻斟；擘來燕子新箋，按紅牙而迭唱。芳心微逗，蘭乍生芽；清韵徐

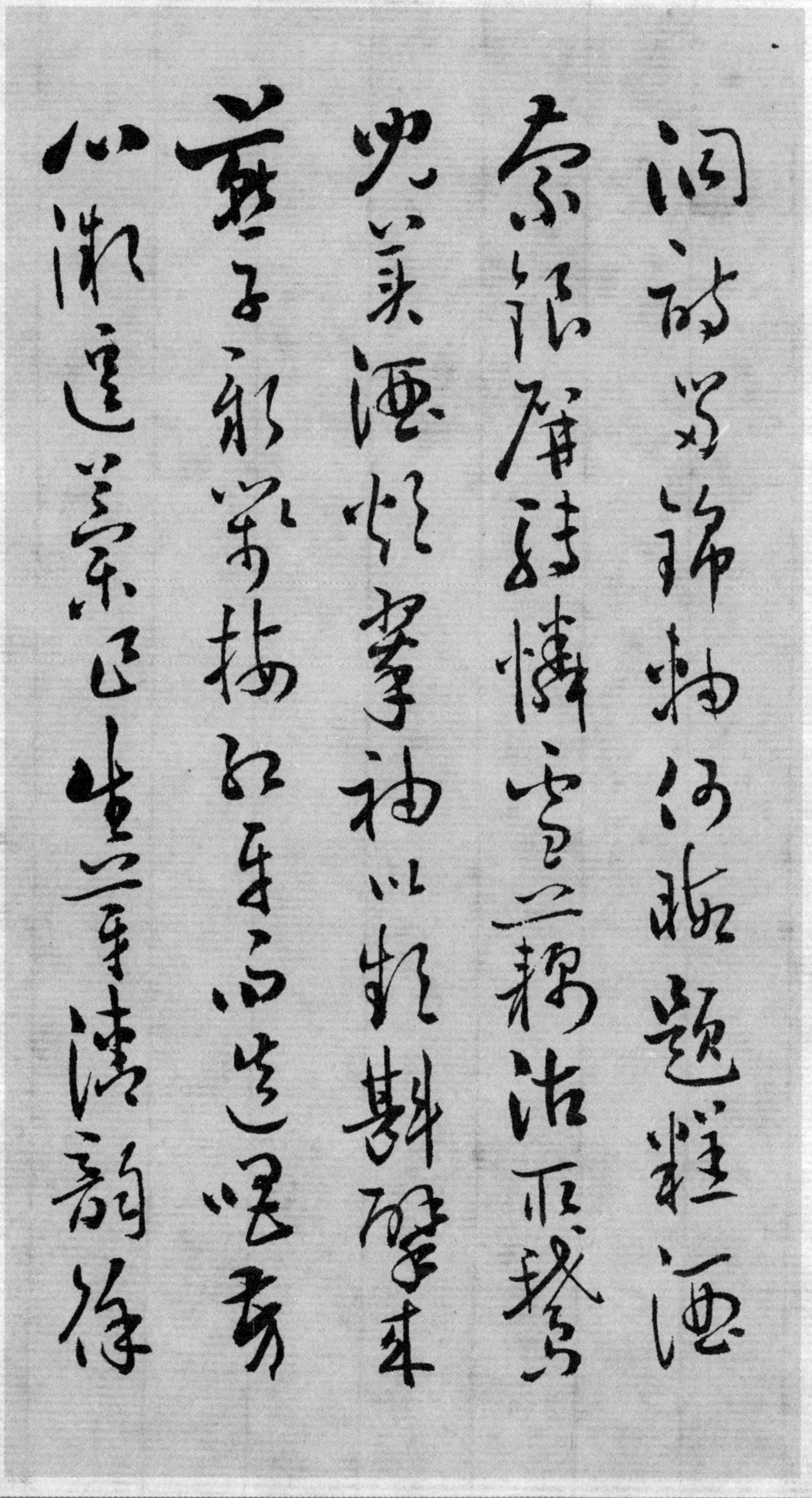

揚，鶯初調舌。夭桃舒瓣，將成含露之形；嫋竹抽枝，漸起迎風之態。盈盈秋水，眼角傳情；淡淡春山，眉梢露語。雖屬紅羞翠怯，已知柳傍花隨。何昔日之生

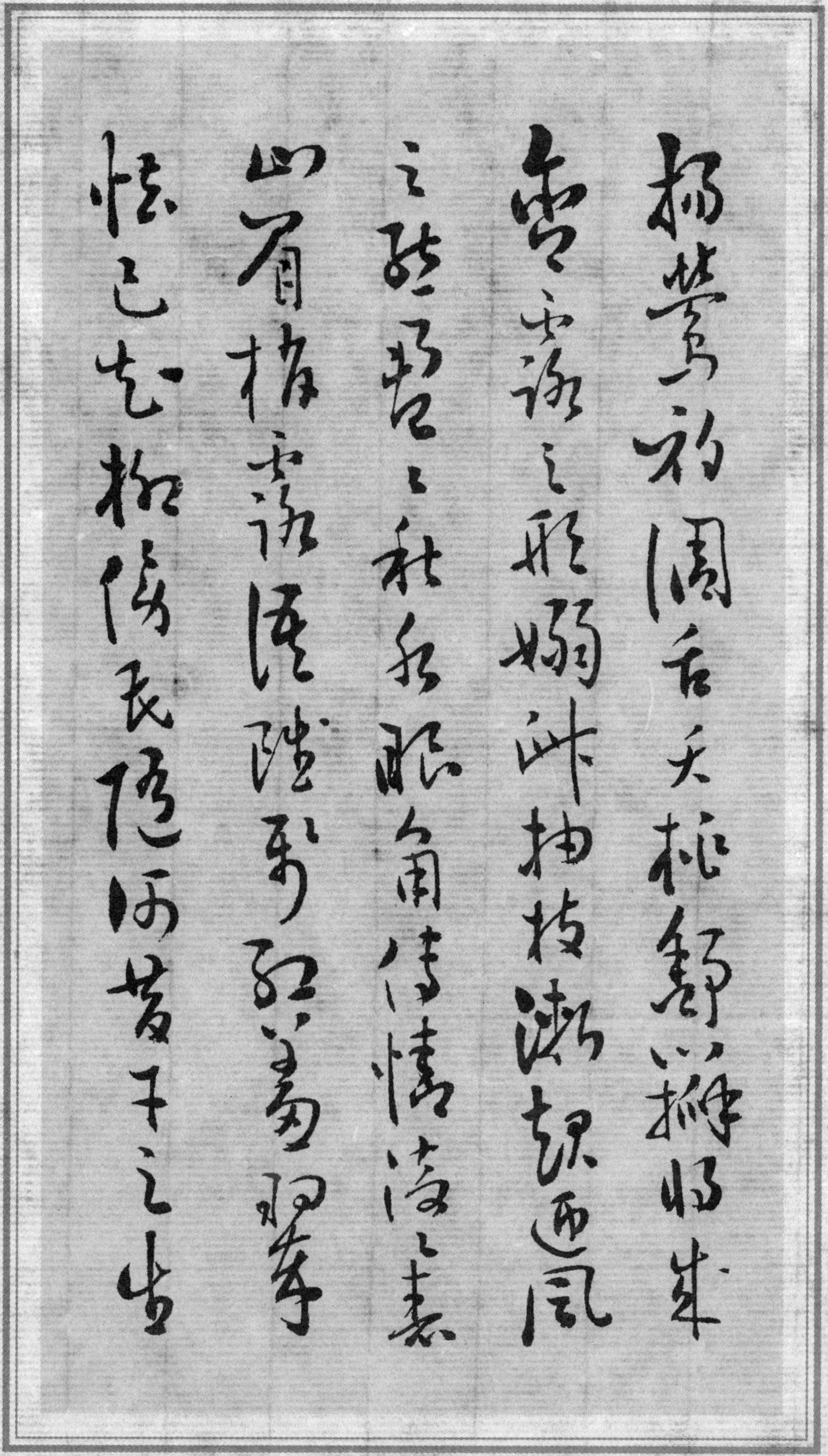

疏，未能爾爾；而今時之習熟，驟得卿卿。未幾，月映緗簾，酒酣錦瑟。犀卮淺酌，銀燭高燒。碧霧籠鬟，玉粟初寒之候；紅潮暈頰，璧人并醉之時。俄驚銅漏

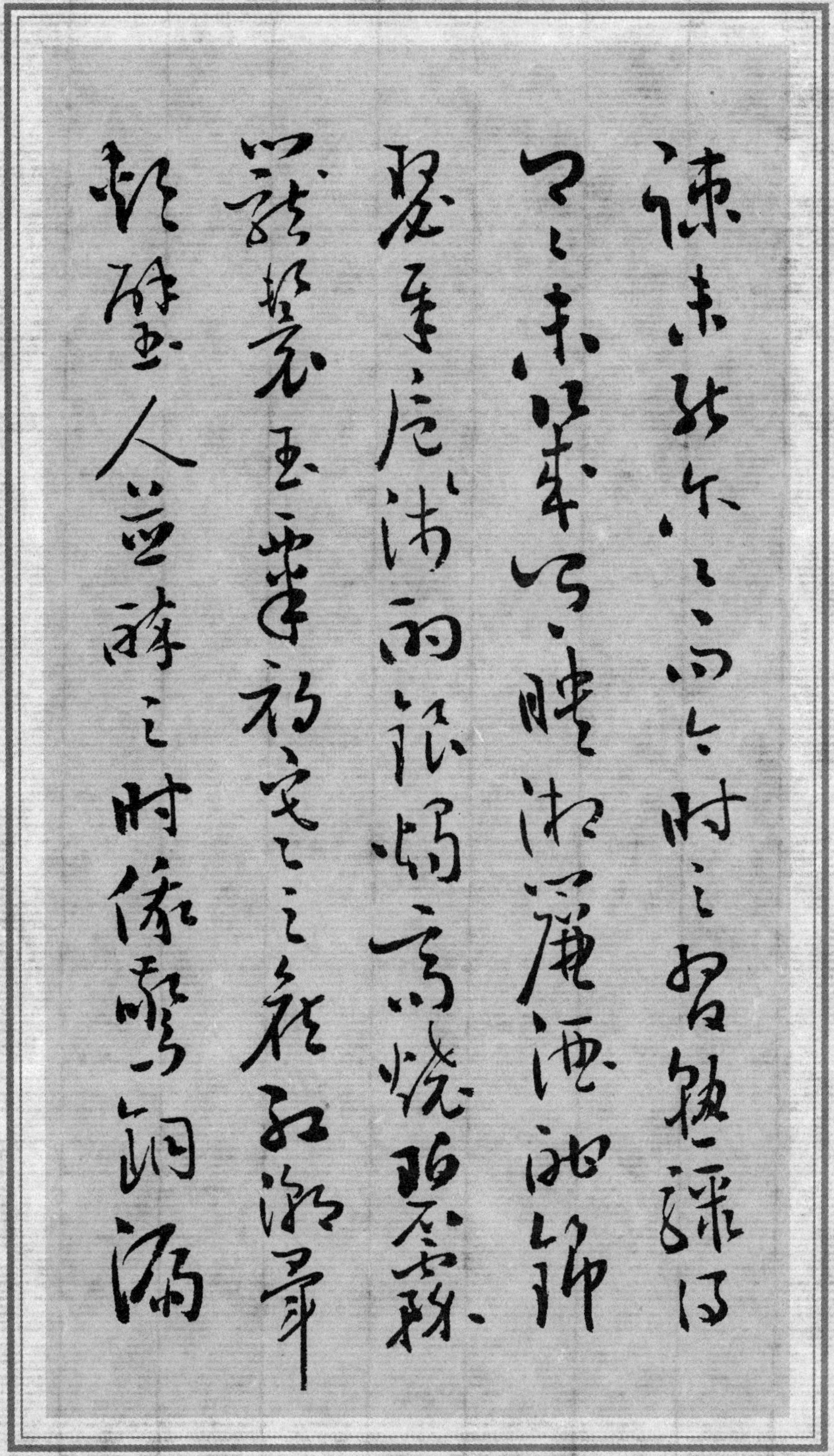

催更，却怕金吾禁夜。起屧於留香之座，漫教客子心忙；牽裾於響屧之廊，尤見主人情重。媪曰少安無躁，女曰且住爲佳。未識他心，那知彼意。念東君之款洽，

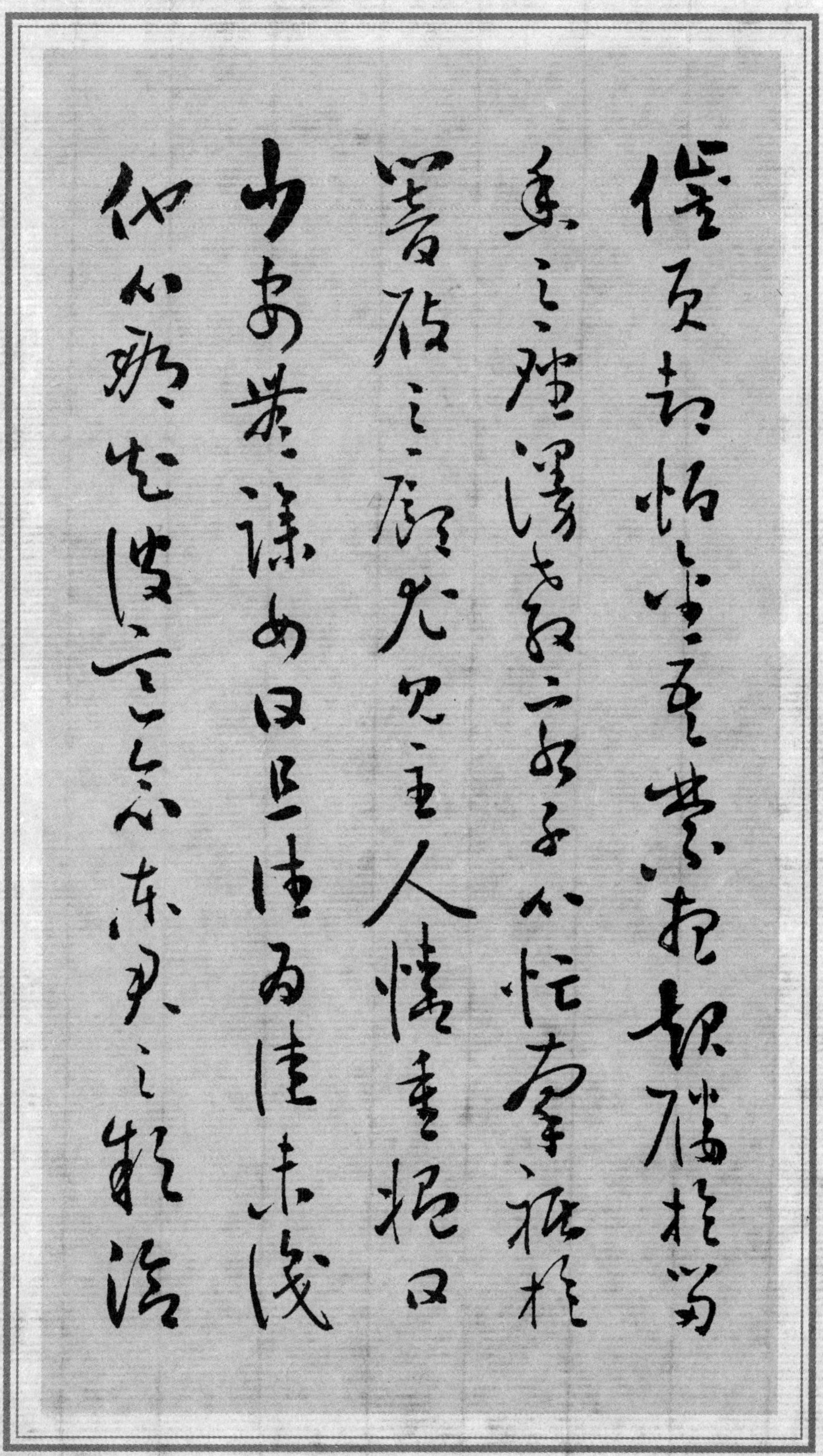

曰歸曰（不）歸；偕西子而流連，今夕何夕。訂成密約，無煩燕妁鶯媒；合就佳期，恰好花眠柳寐。費盡閑愁幾許，纔從此夕爲歡；羇教美意兩諧，還恐今

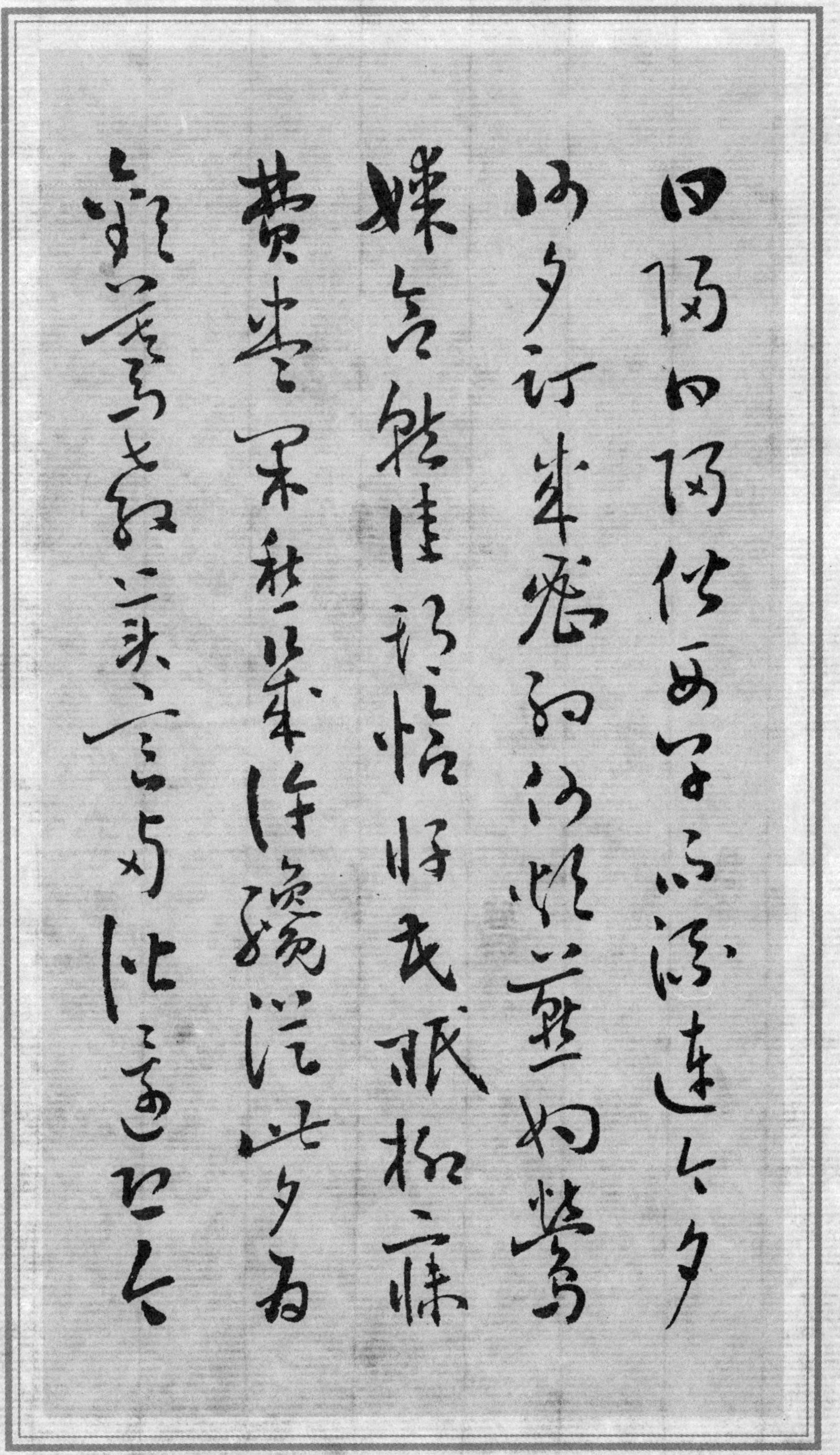

宵是夢。迄乎漢皋雨霽，湘浦雲消。（蝴）蝶夢方回，懶嗔奴喚；海棠睡未足，嬌倩郎扶。著枕畔之衣裳，夜香深染，驗鏡中之眉黛，春色平分。從此，東南日

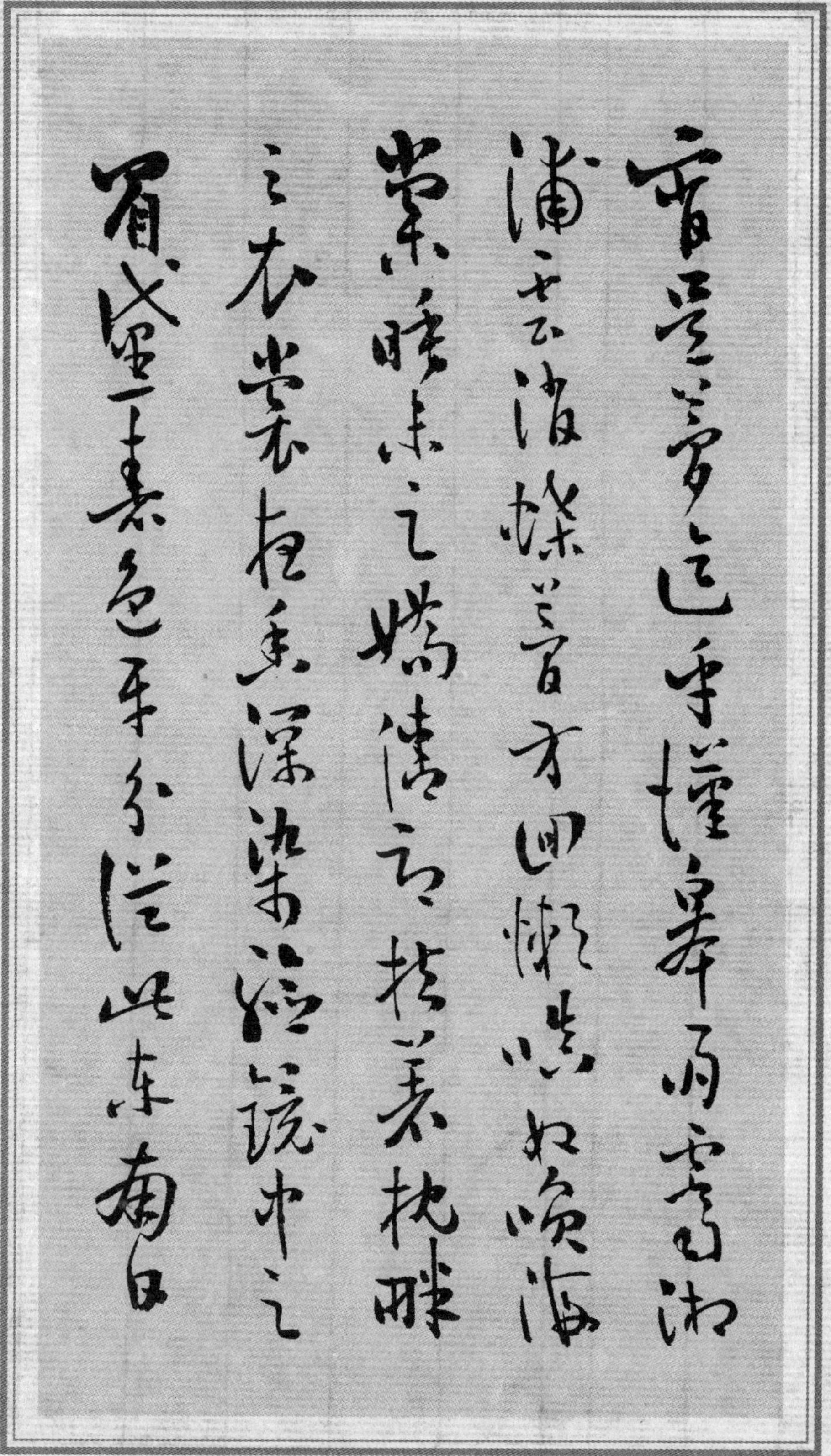

出，只照秦樓；朝暮雲興，總歸楚岫。在竇生，曾閱萬千艷色，非陰麗以何求，在愛姑，適當十五芳齡，必王昌而始嫁。嚙臂之盟辭鄭重，指心之誓

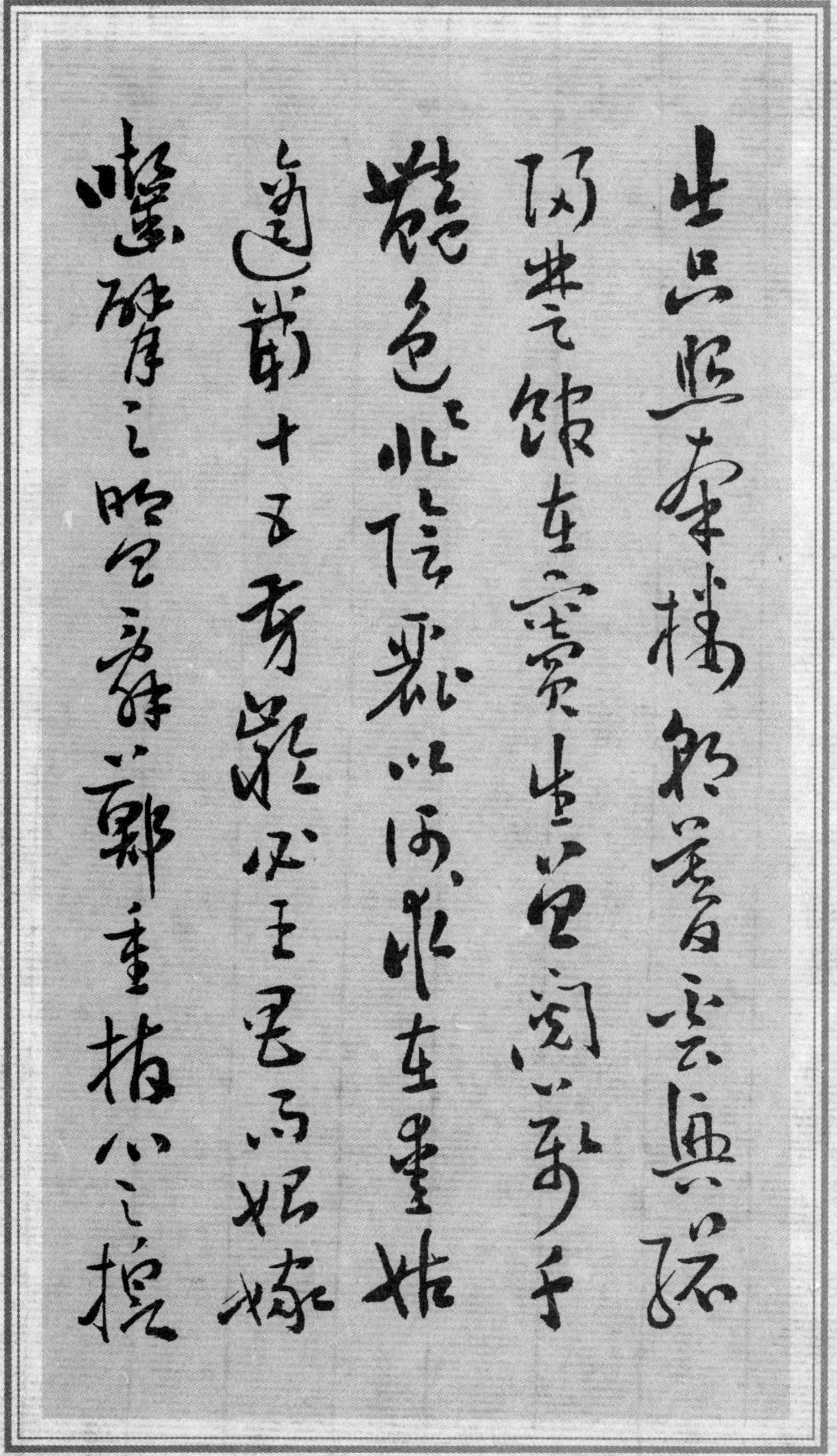

語週遮。密密交枝，綠沼蓮頭常并蒂；鶼鶼比翼，碧梧鸞語未嘗孤。更喜夫婿多能，女郎好學。將青厢之業，作翠館之師。扇取聚頭，戲爲夏楚；脂

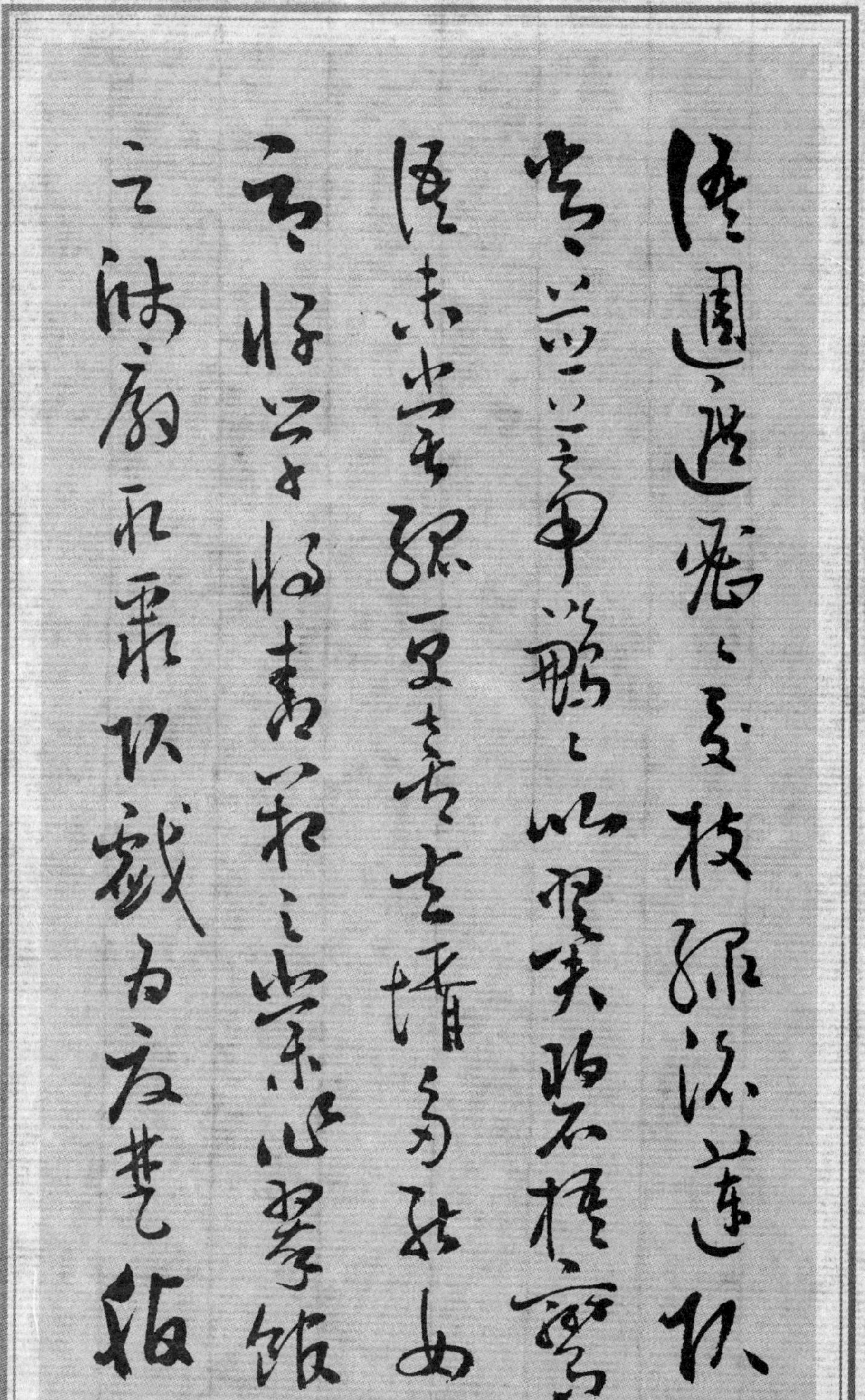

分點口，權作丹鉛。調來厨下羹湯，忝具先生之饌；檢出奩中釵珥，敬陳夫子之脩。劇憐斂衽受經，無異垂髫請業。習郝鐘之禮，願聞其詳；讀鄭

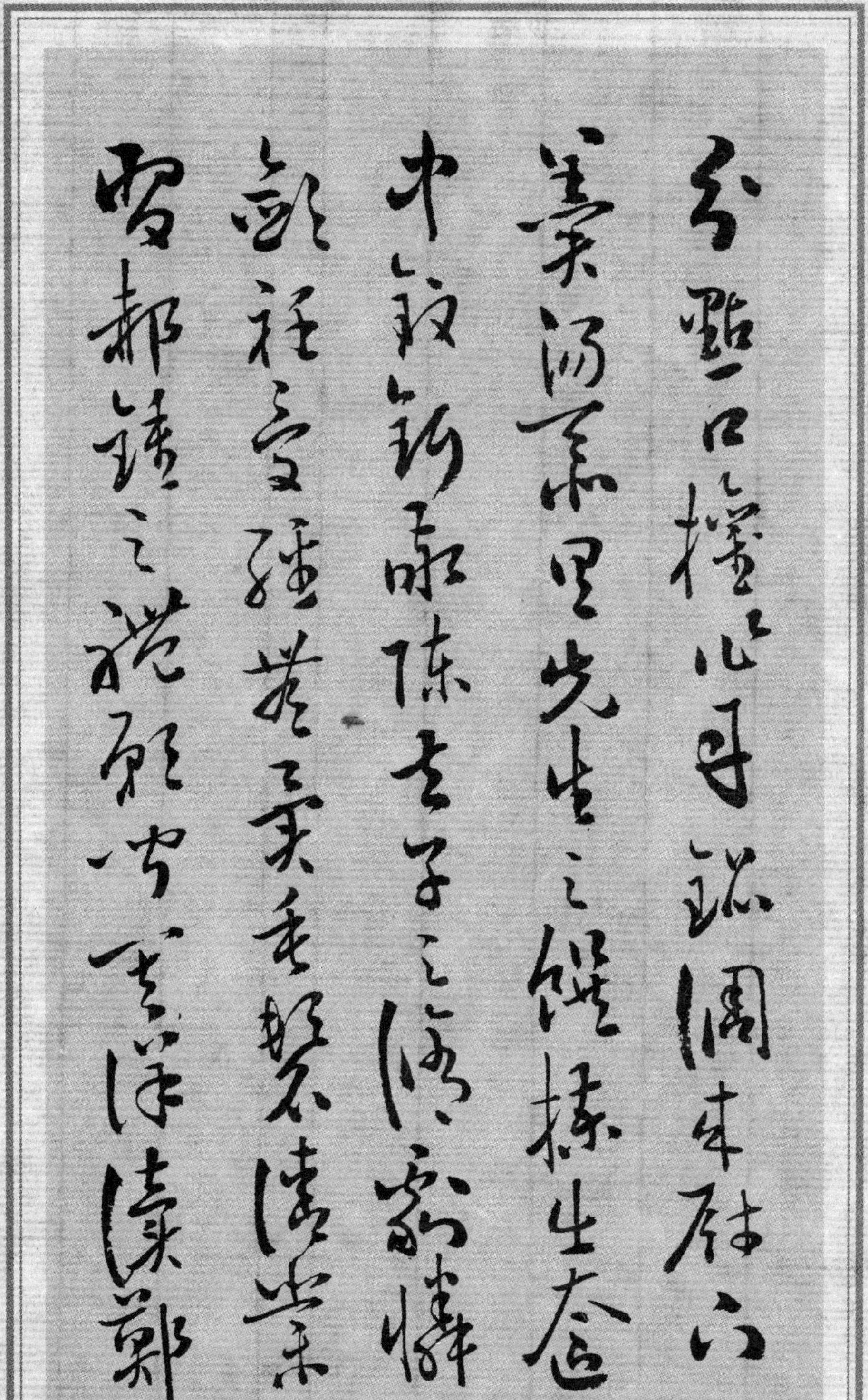

衛之篇，不求甚解。詩情畫意，俱爲繡閣薪傳；曲譜棋枰，悉向妝臺指授。而姑秋時銘菊，春日頌椒。句織繡腸，思綴同功之繭；韵諧檀口，氣勻百

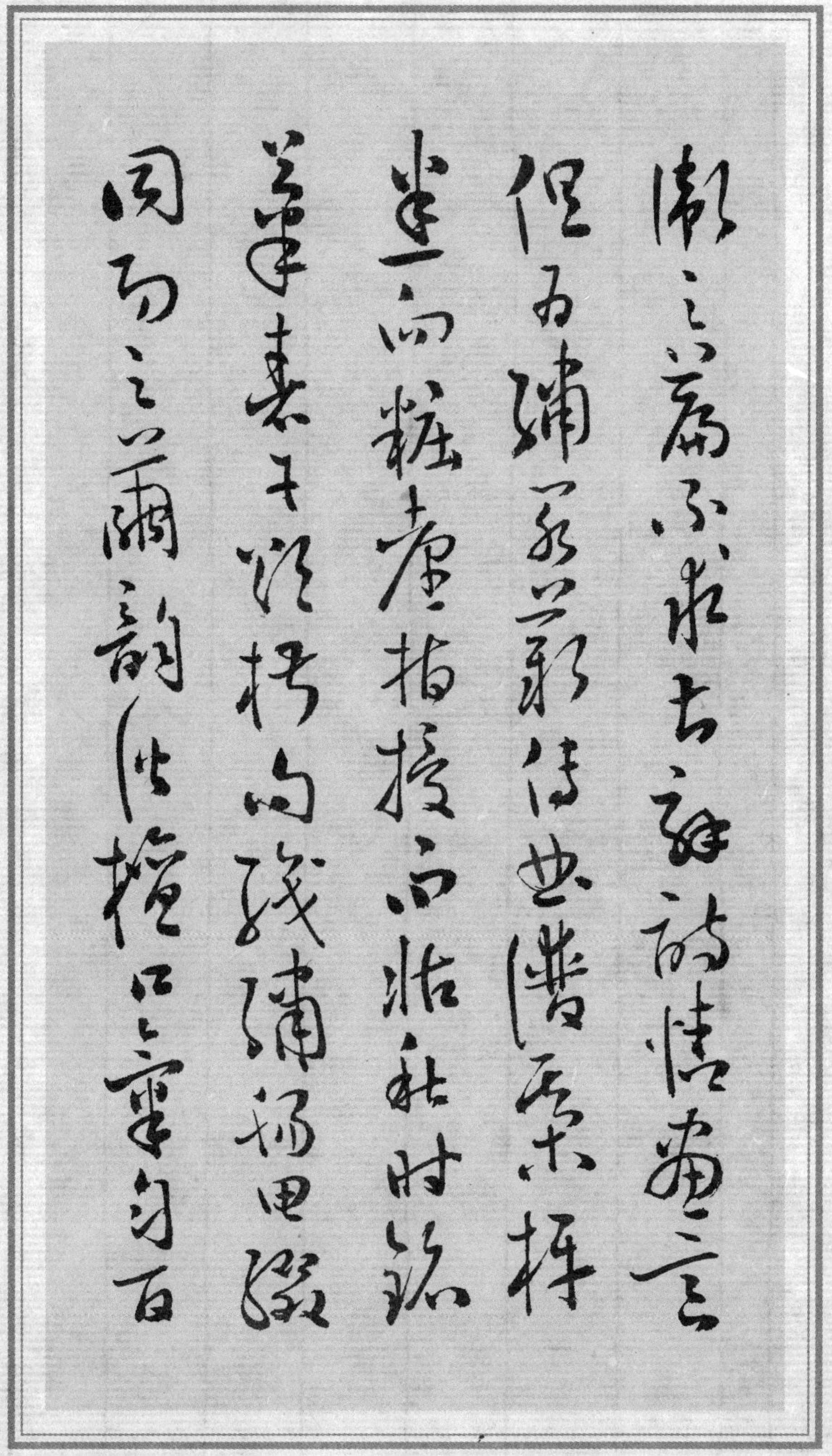

和之香。衛茂漪格妙簪花，謝道韞才高咏絮。析鴻文於枕上，問鴛字於機邊。異藻奇花，允矣白堪受采；靈心慧舌，幾乎青欲勝藍。弄月吟風，無非

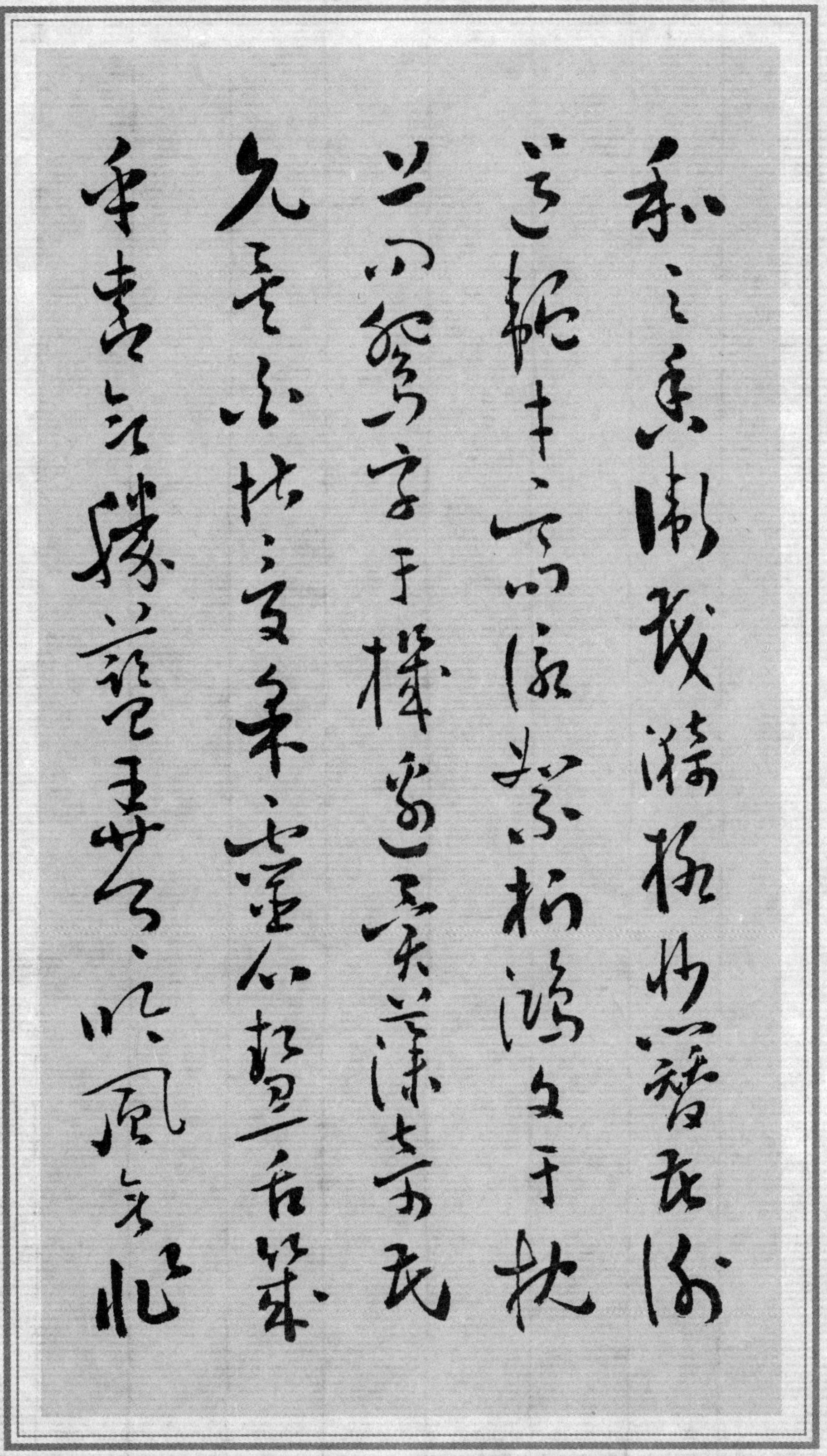

詩料；啼鶯語燕，都是書聲。洵蕙幄之閑情，蘭房之韵事也。嗣是烏飛兔走，歷屆卯年；燕去鴻來，時逢酉月。舉賢書之典，景運鴻昇；開鄉選之

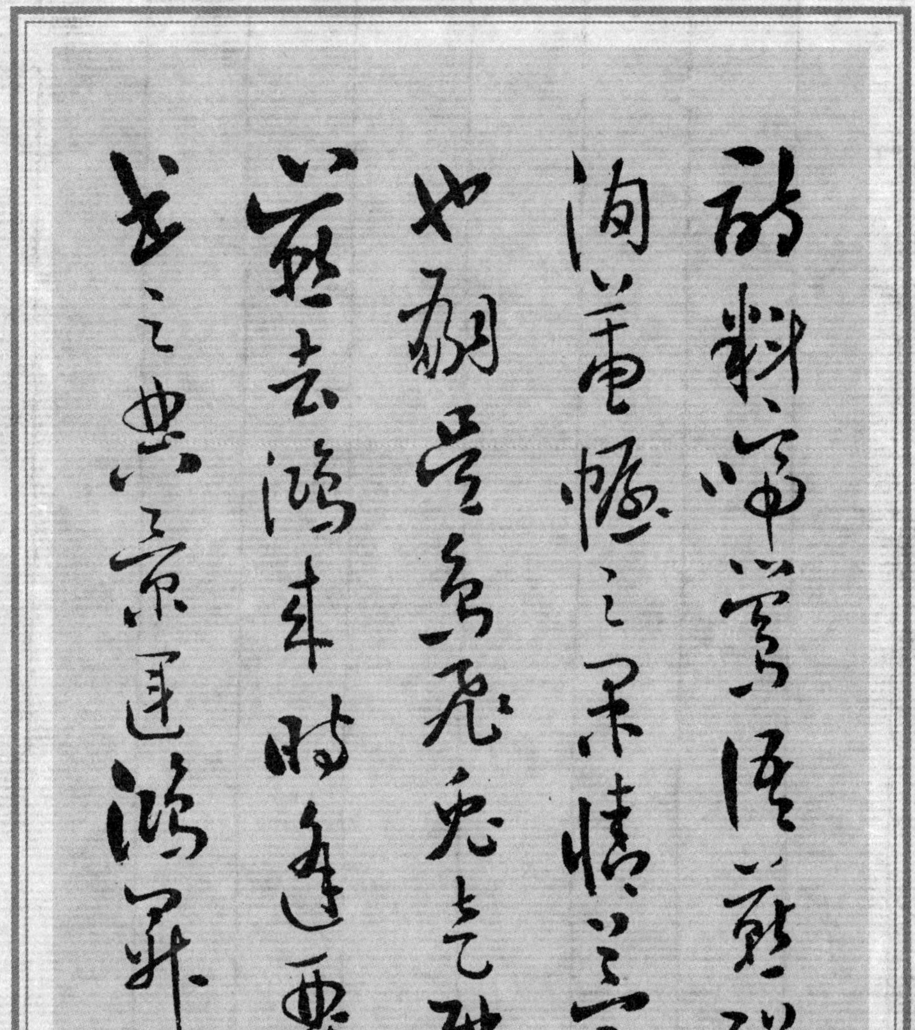

之科，英才鵲起。名韁逐逐，文旆悠悠。生將往奪其錦標，姑乃餞行於繡闥。妾尚年少，不知離別之端；郎路無多，須赴功名之會。雖當暫別，詎免過虞。

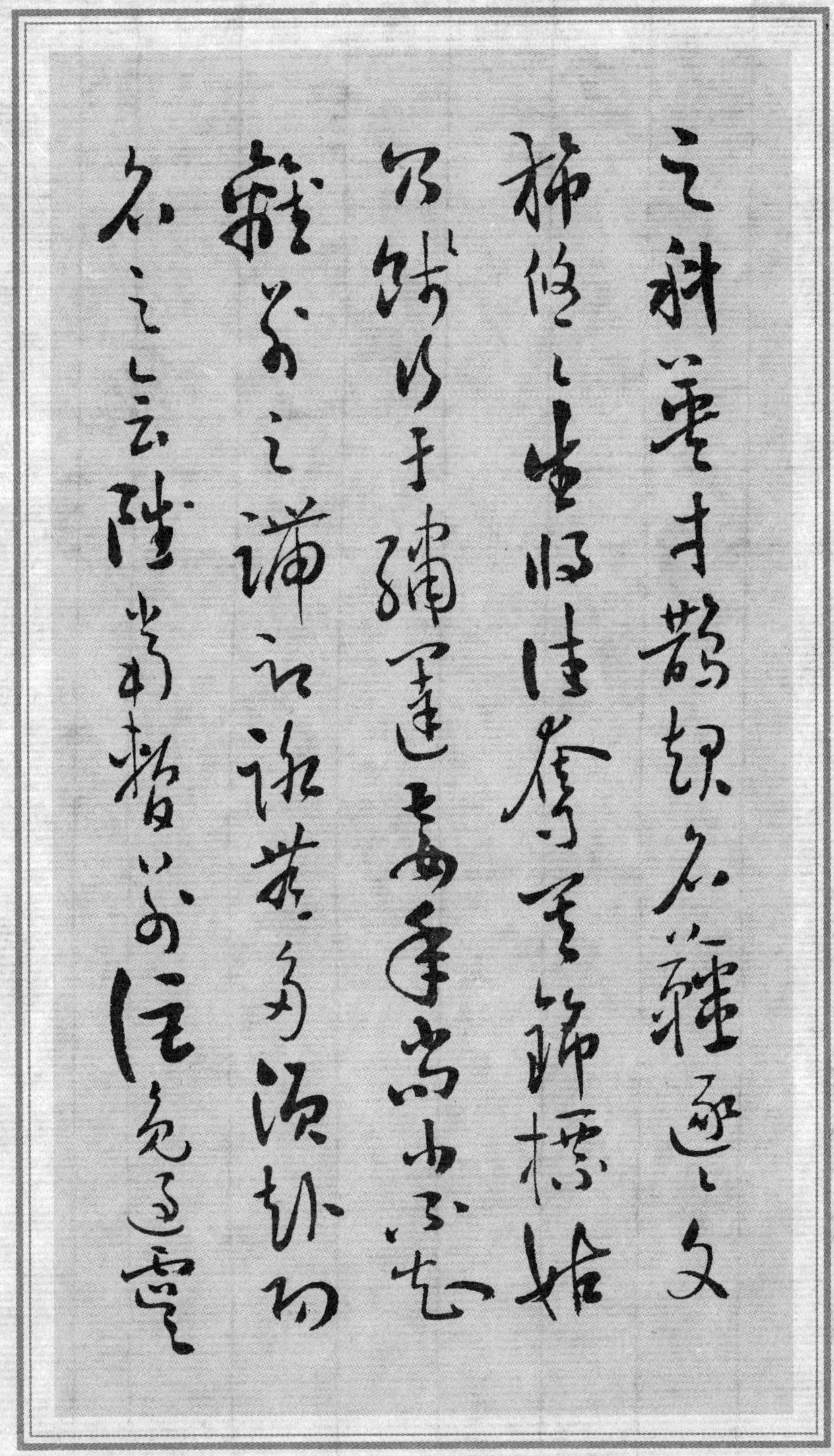

應知君到棘闈，定酬壯志；假使人逢油壁，母結同心。夜冷露凝，早眠纔好；秋高風勁，强飯爲佳。唯期蕊榜先登，還望吟鞭早起。於是，纖手擎來，酒

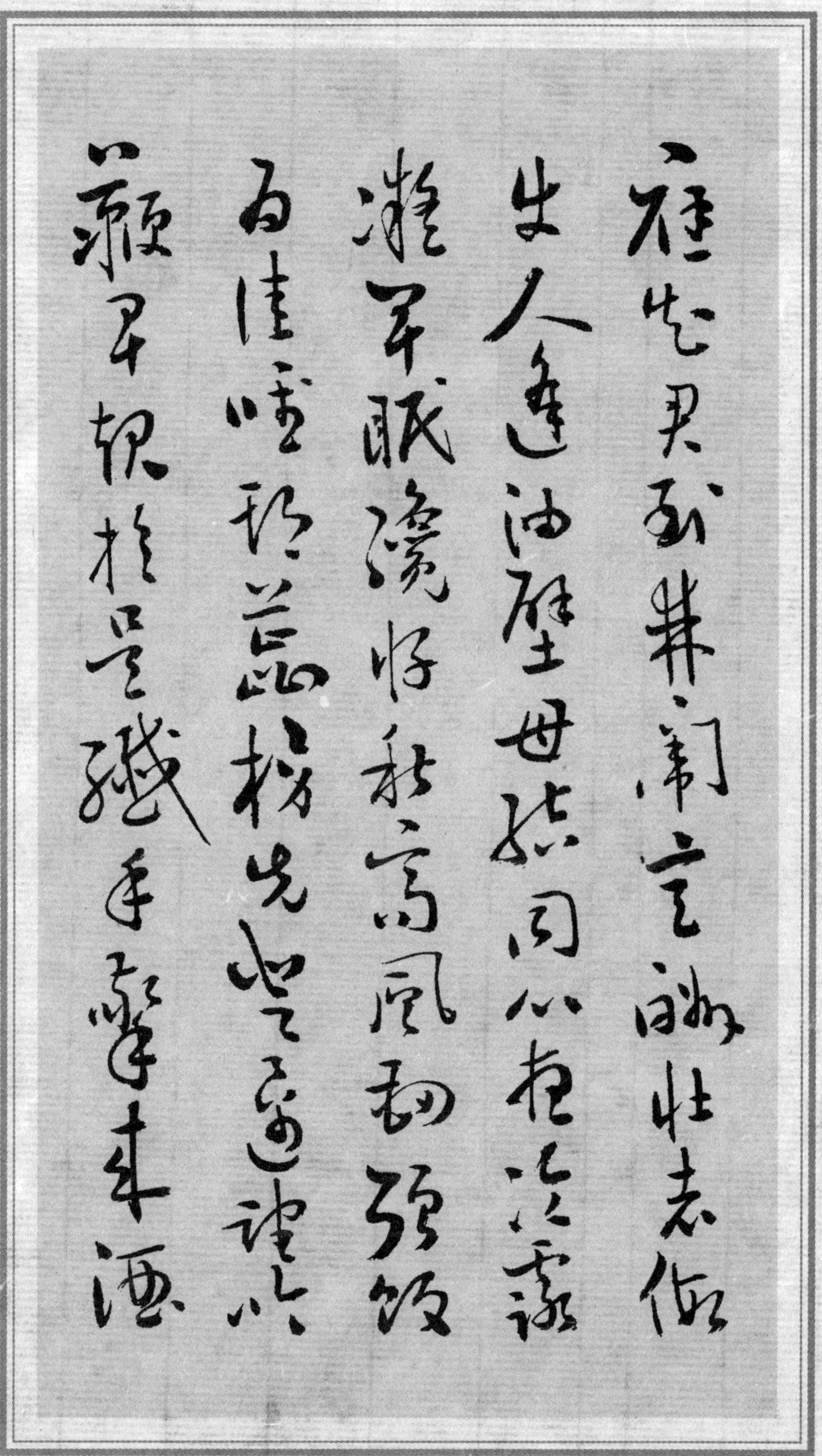

名繾綣；平頭放去，船號孝廉。人分南浦之筵，客到西泠之路。琴書瀟灑，裘馬輕肥。觀十里之風荷，紅衣纔落；攬六橋之烟柳，碧縷猶濃。藝苑

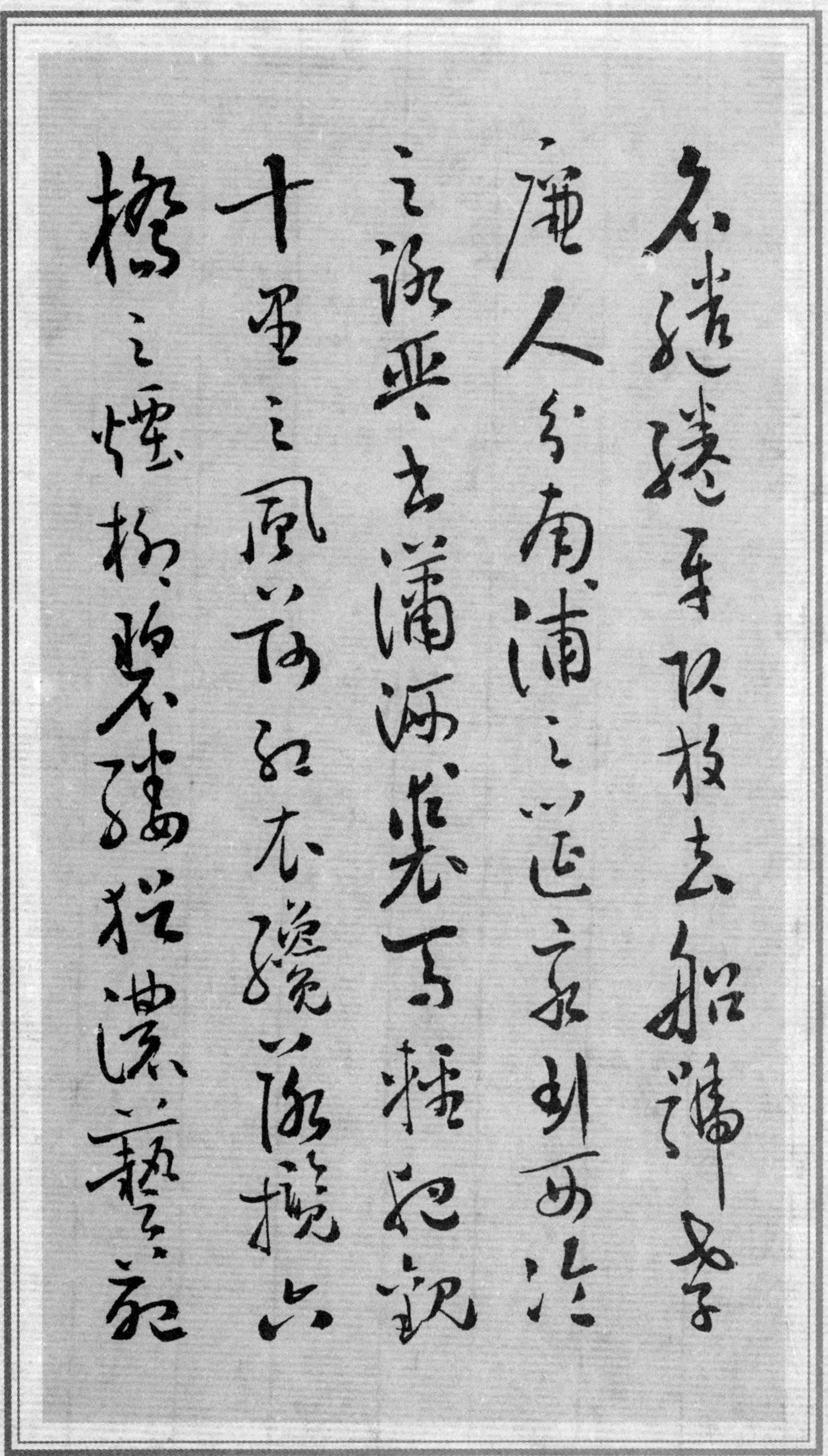

鍾靈，燦兮輝聯奎壁；士林懷寶，煥乎器盡璠璵。生固詞社仙才，文壇飛將。胸有成竹，立就雲蒸霞蔚之篇；目無全牛，群推虎繡龍雕之技。奇士

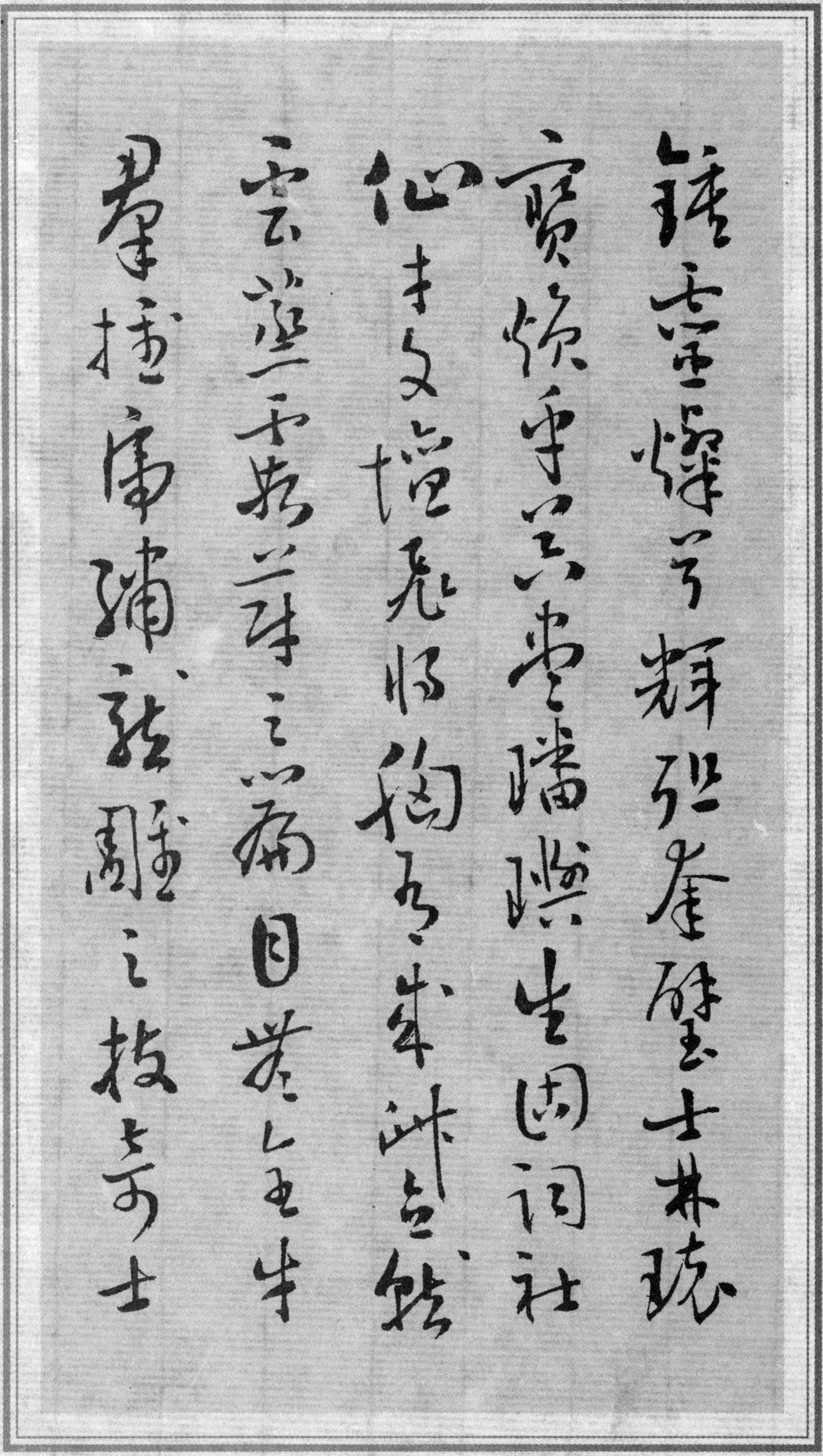

自存大志，直探驪窟明珠；素娥若愛少年，何惜蟾宮丹桂。豈意文星易晦，士運難亨。適當秋令而賓興，偏遇冬烘之主試。紅紗罩面，安知班馬

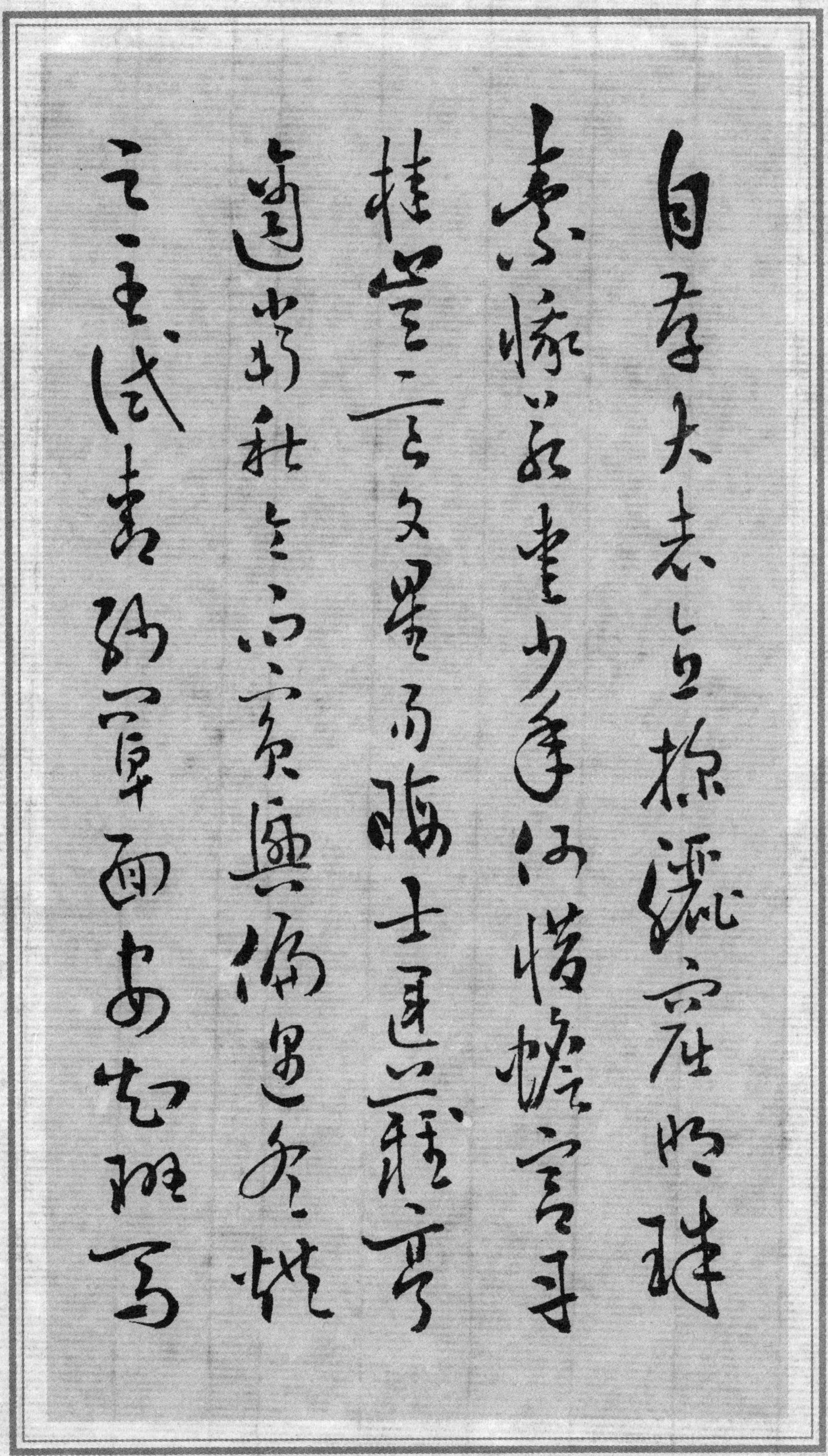

文辭；白蠟存胸，詎曉匡劉經義。秦庭得璧，却吝償城；滄海求珠，翻遺照乘。徒使生也，雲翮莫蹇，霜蹄遽蹶。杯邀明月，適爲下第之劉蕡；帆挂

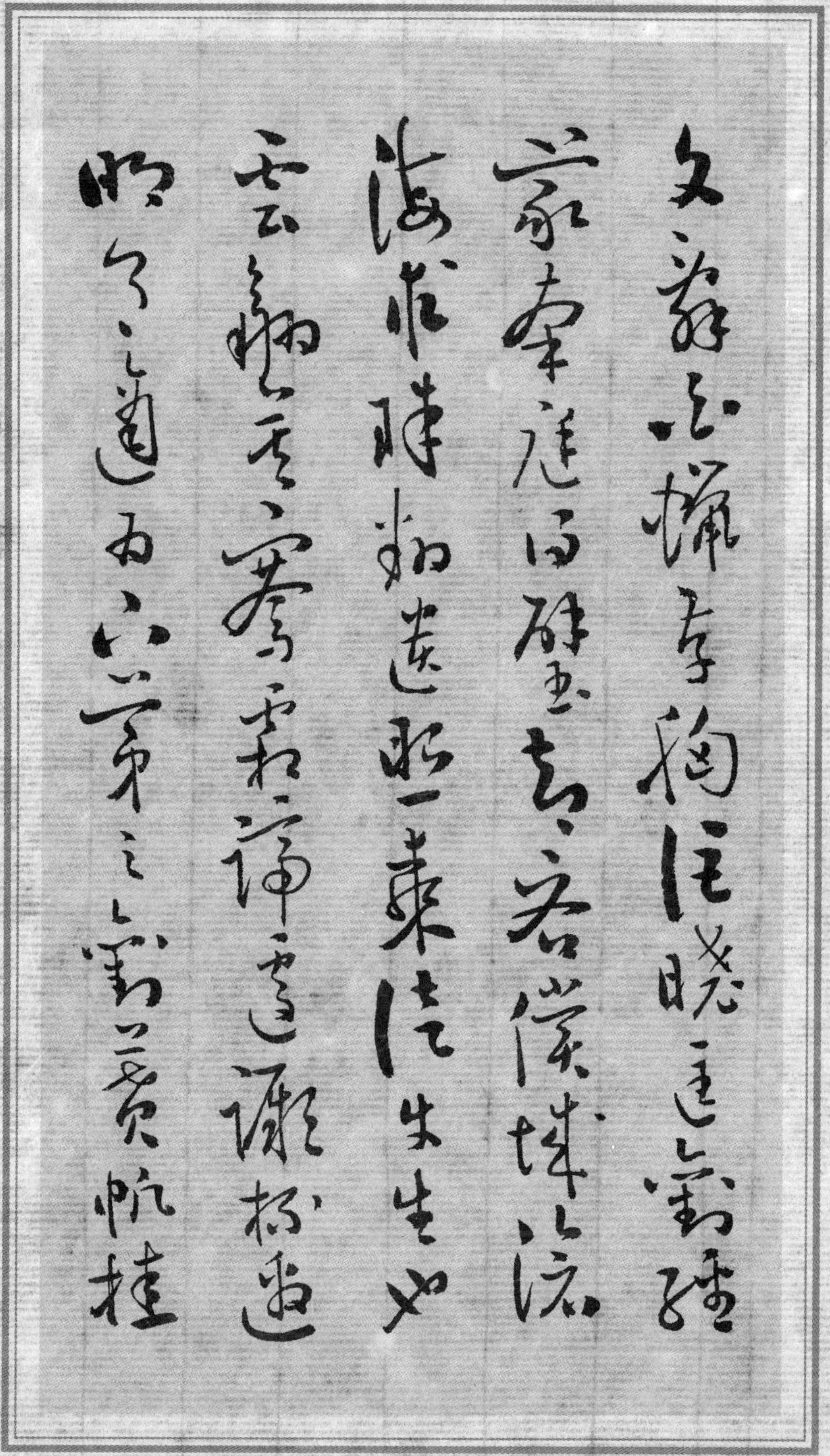

秋風，輒作歸家之張翰。惜哉，鏖戰三場，碌碌空忙舉子；促歸一棹，匆匆急泛鐭兒。時則學繡村前，鴉背斜留日影；傾脂河畔，馬蹄暗帶花香。榜落孫山，何須

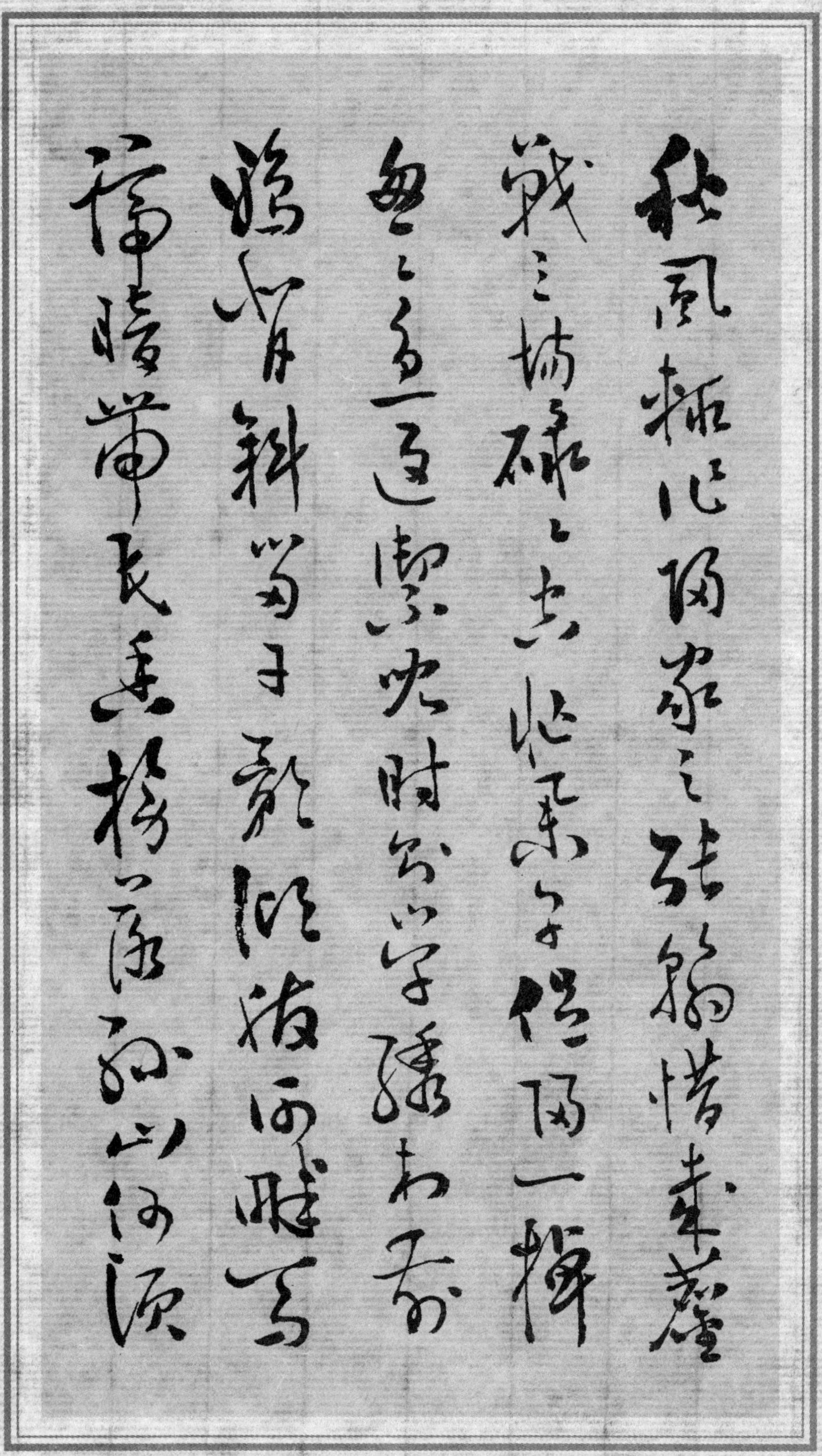

縈慮；舟經秀水，最是關情。造門則鶴髮歡迎，入室則翠眉款接。鵁溪雅士，風度翩翩；鴛渚妙人，容華濯濯。玉軸牙籤之側，雜陳眉墨唇脂；錦衾

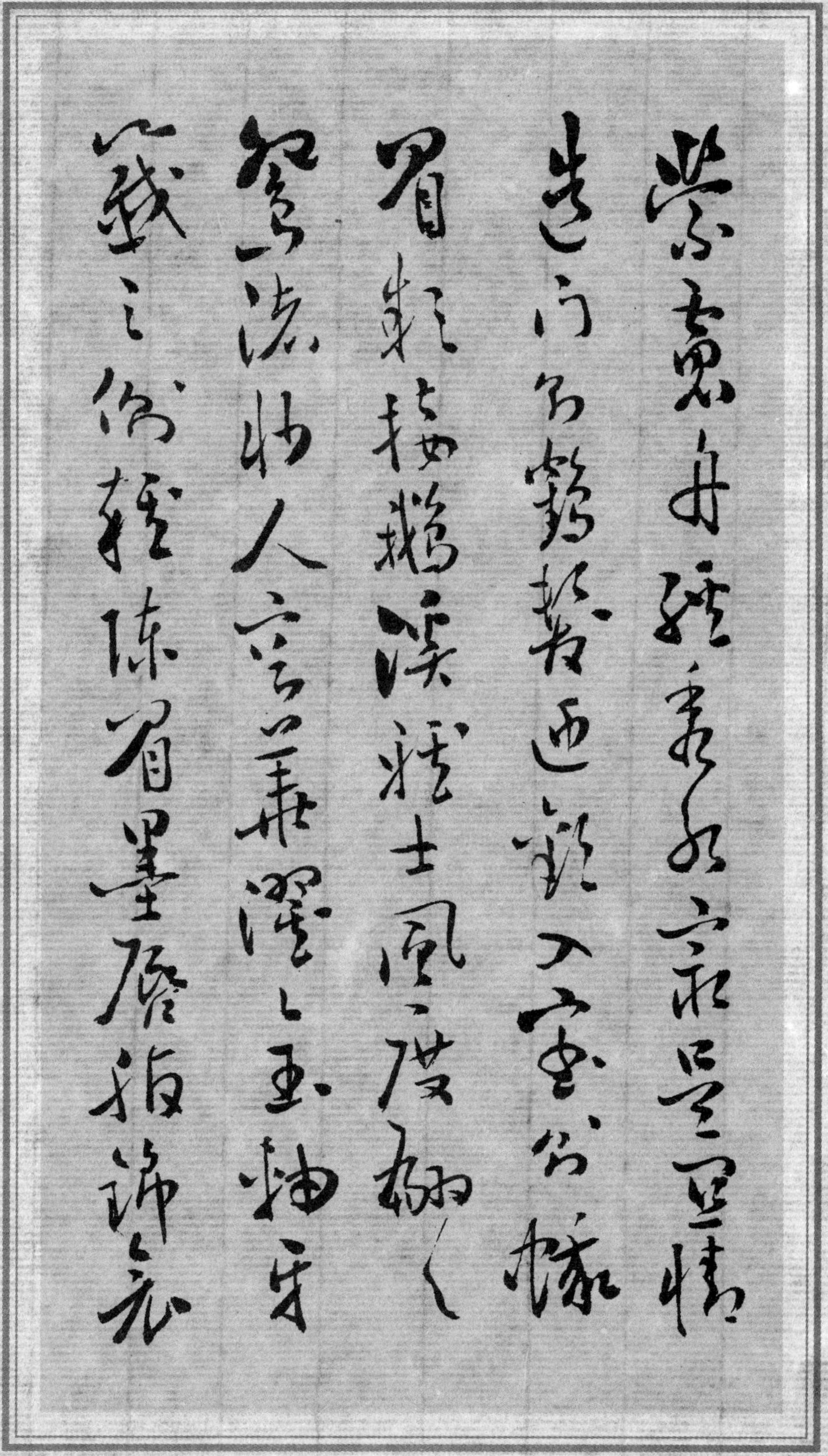

角枕之旁，羅列詩筒酒盞。逢場作戲，逐景成歡。倚曉紅，偎晚翠。琴調桐月，茗門松風。香貯賈閨，韓壽之私携不少；箋分蜀井，韋皋之密

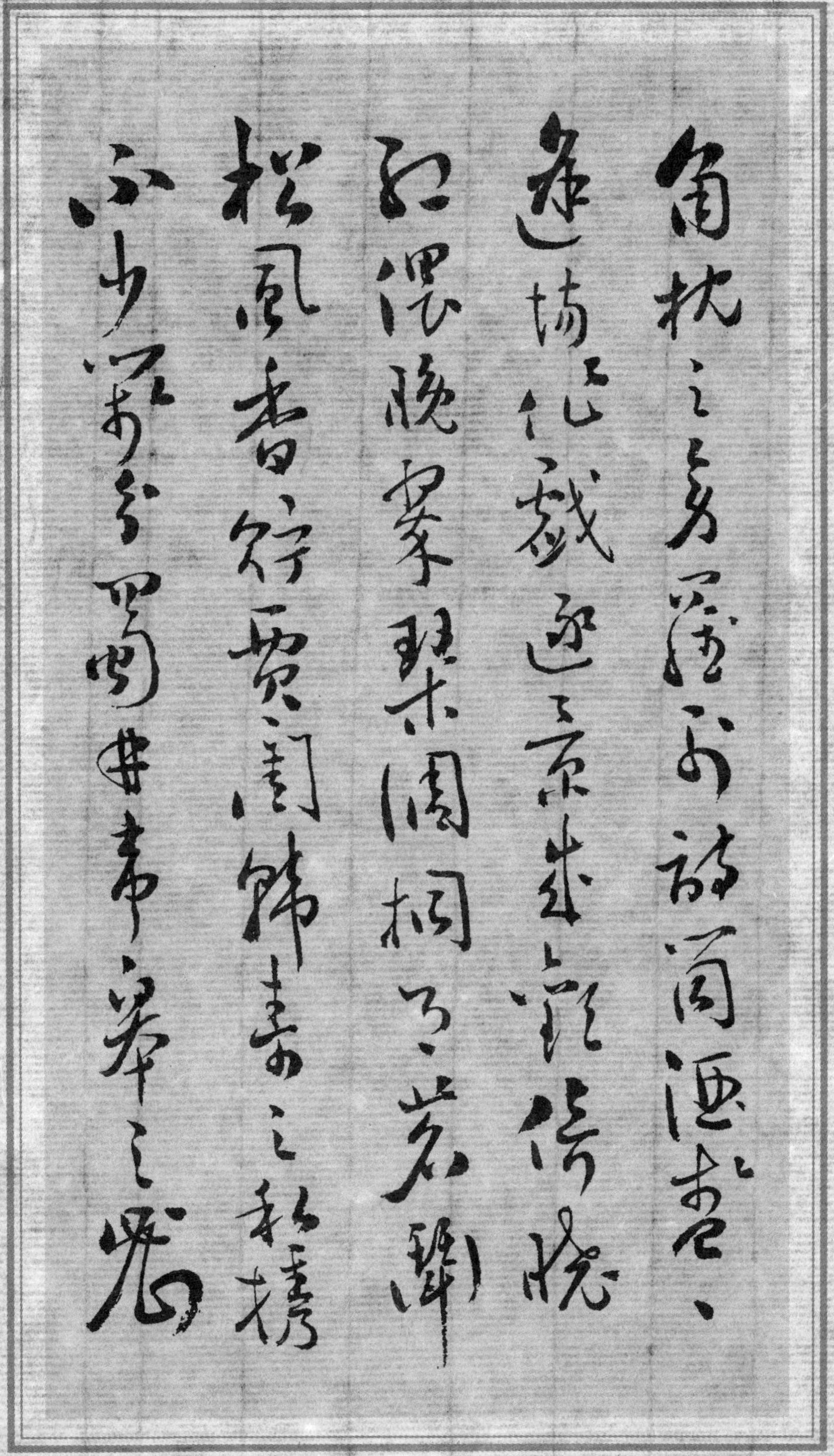

贈居多。柳織金梭，鸝來並坐；花裁玉剪，燕至雙穿。鷀交鰈合之時，何難耗日；雨窟雲巢之內，最易殢人。乃樂此不疲，遂流而不(忘)返矣。抑知圓月必

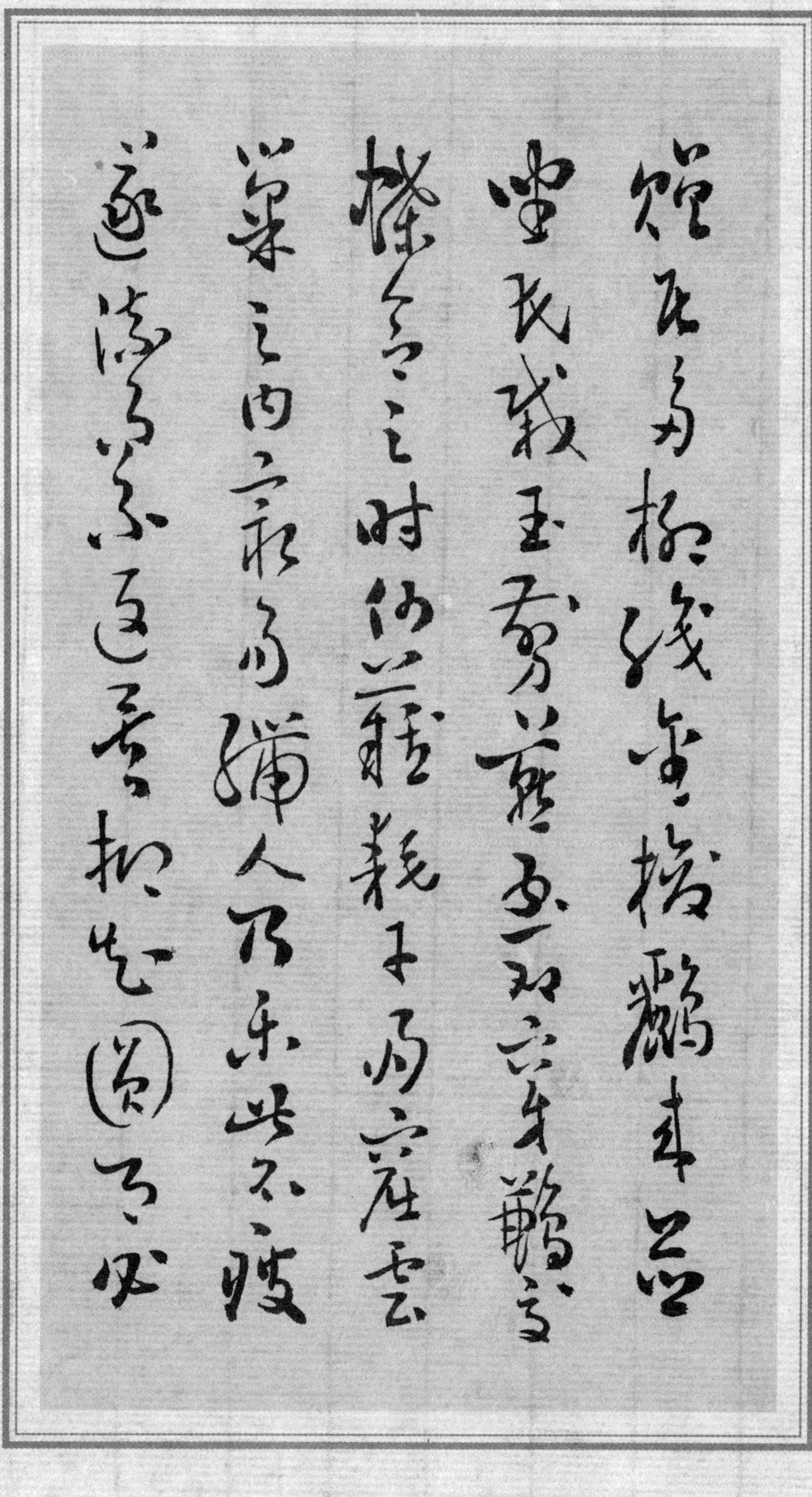

虧，彩雲易散。小草劇憐爲獨活，好花最苦是將離。鶴語堯年，鶴非無恨；石言晋地，石豈忘憂。登愁棧之千重，難同蜀道；溯清源於九派，險等

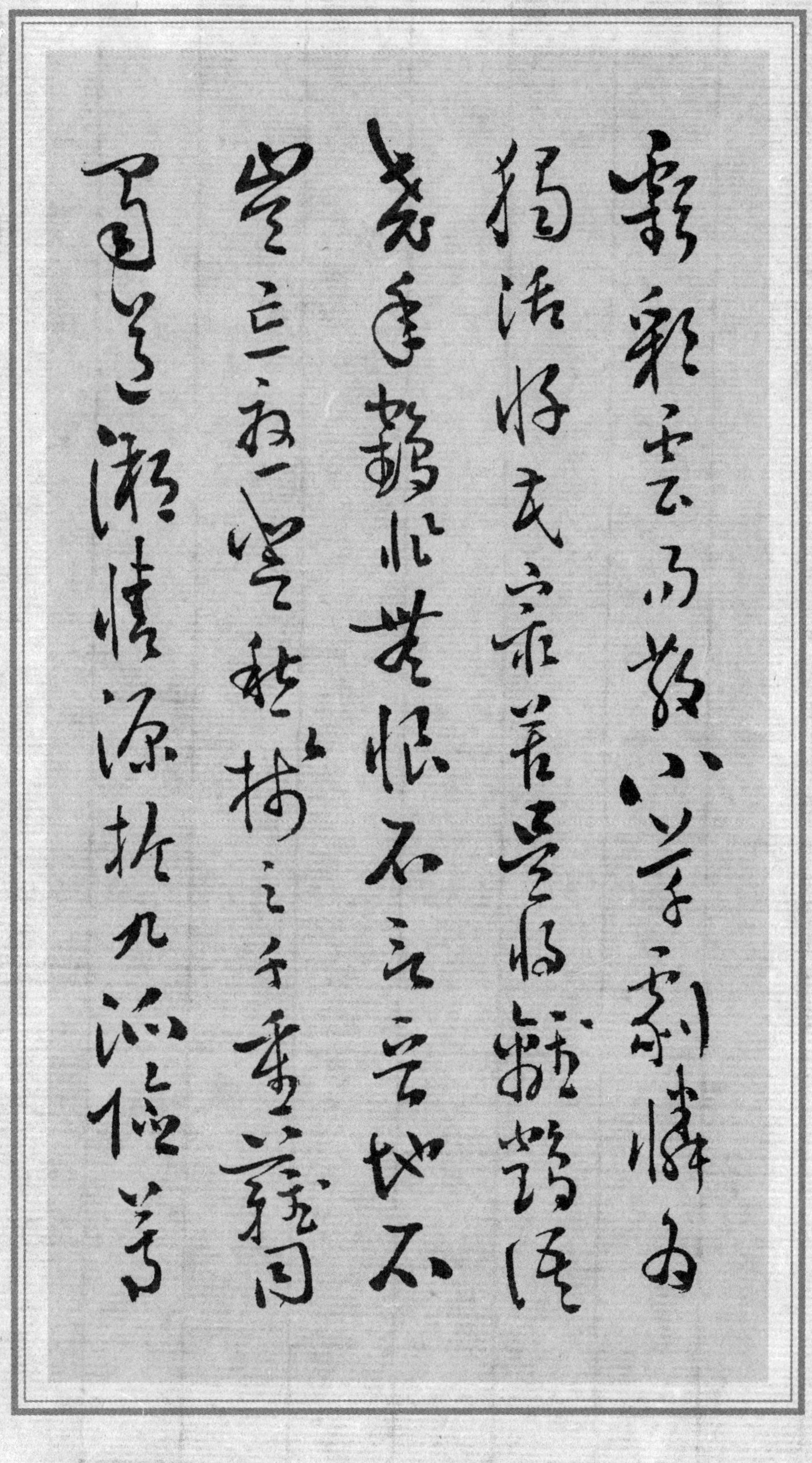

瞿塘。寄迹乾坤，聚無不散；放懷今古，歡必有悲。此滚滚愛河，誰能破浪；而茫茫苦海，孰不望洋也耶。生也，庭内雖無慈母，堂前尚有嚴君。唯此

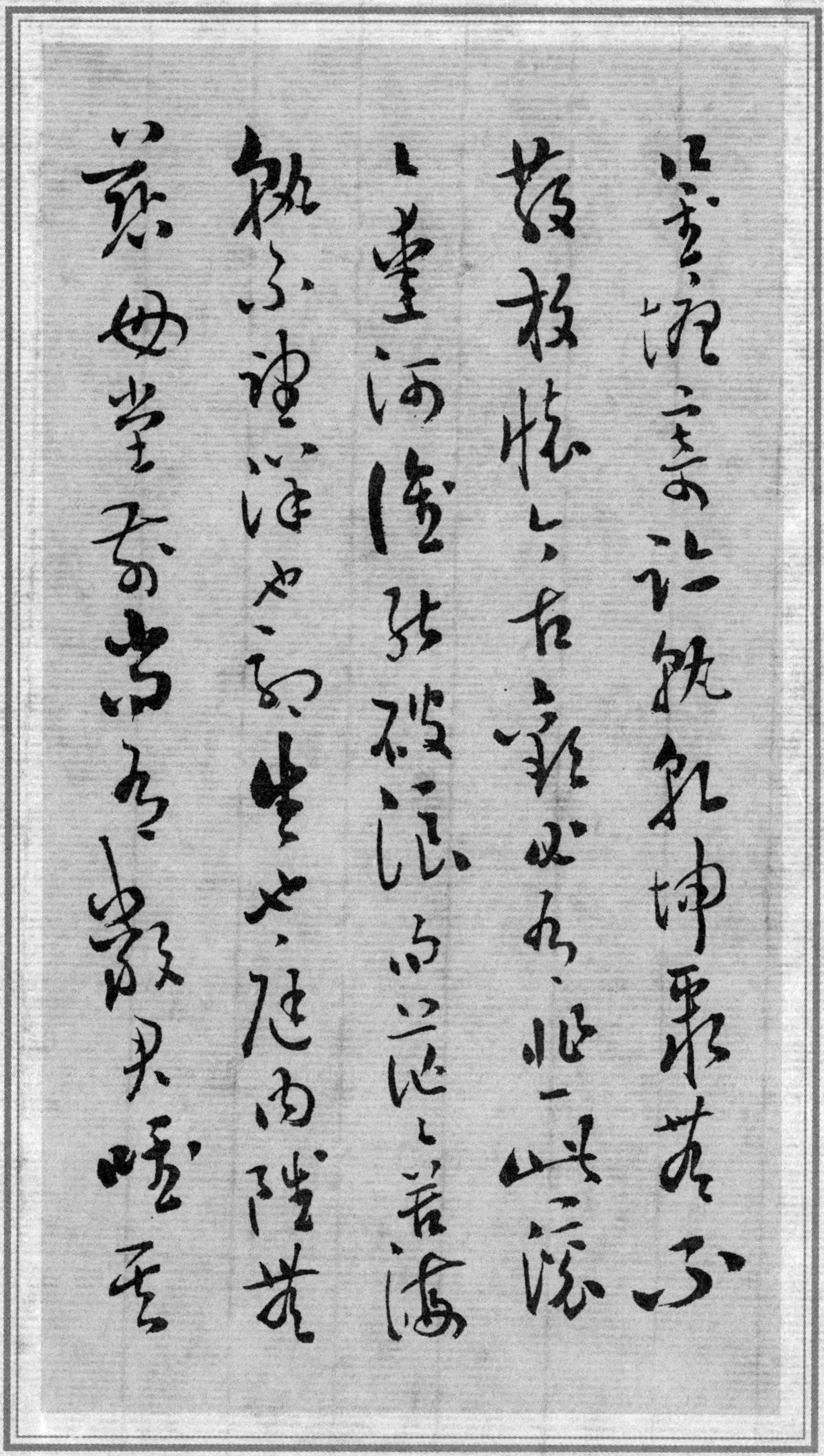

一子承歡，望其百年侍奉。乃試闈既撤，游棹猶淹。訊同學咸謂已歸，問他邦俱云未見。庭前玉樹，移種誰家；階下蘭枝，托根何地。舞綫(藏)

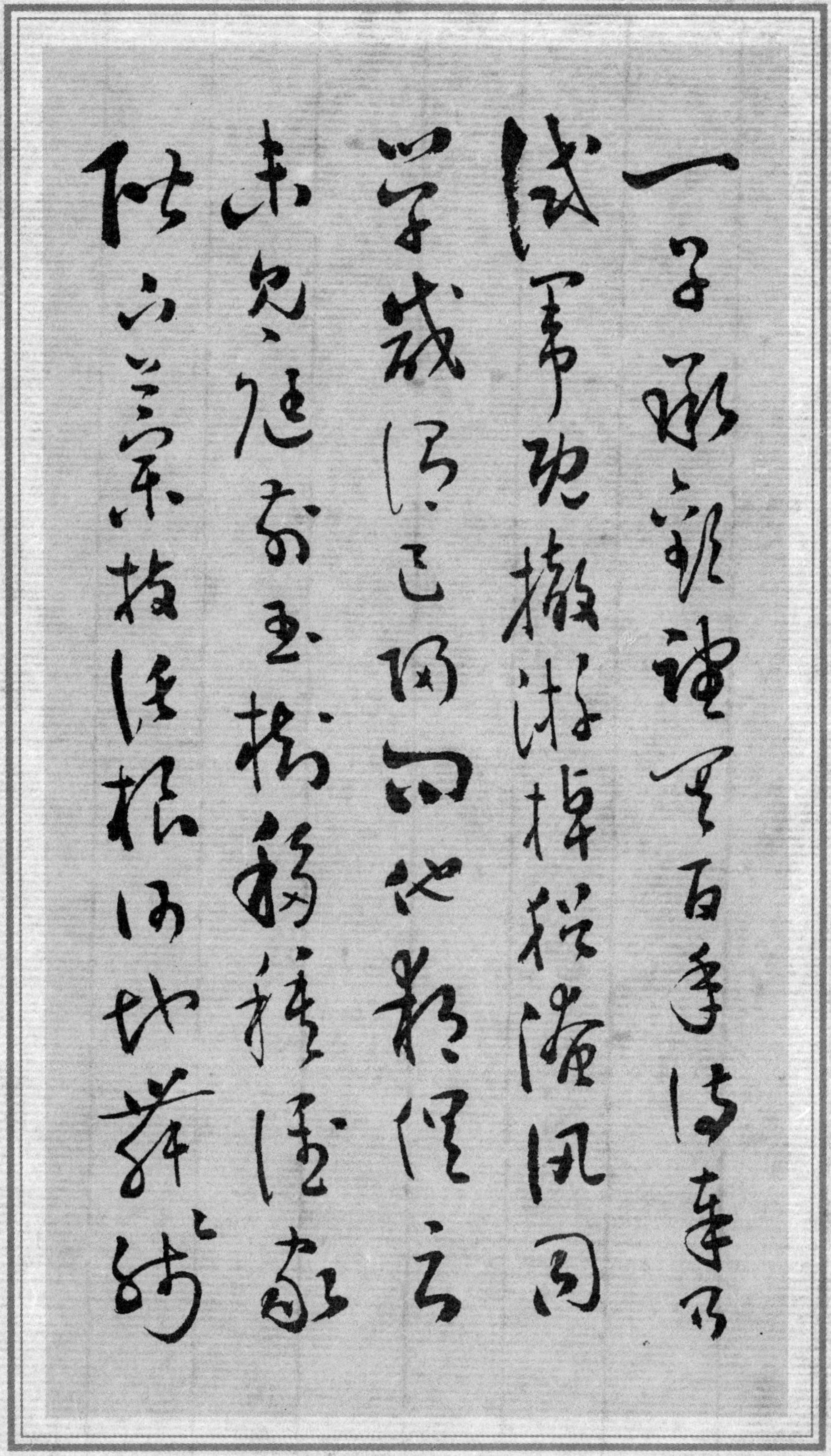

綵服，空懷游子之踪；踏破鐵鞋，難覓嬌兒之影。衰顏長戚，老淚頻揮。始從旅雁求書，莫得山音水信；後向靈龜問卜，漸知雨迹雲踪。楚國亡猿，

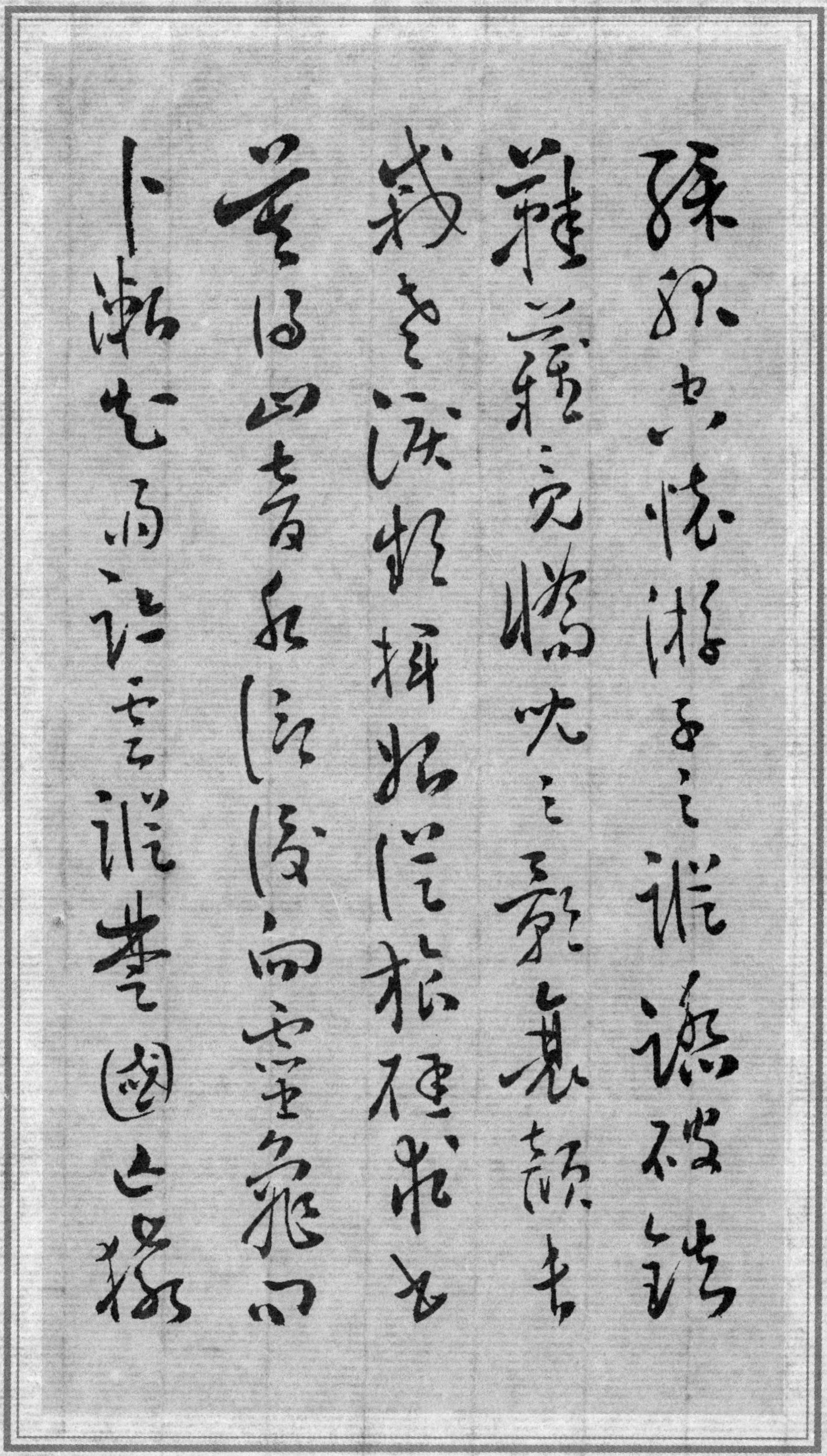

焦頭不少；秦人失鹿，捷足良多。兔窟幽深，終屬犬牙莫避；狐踪曲折，早爲鷹眼所窺。其父內存舔犢之思，外作搏牛之勢。投鼠奚違忌器，打鴨未免

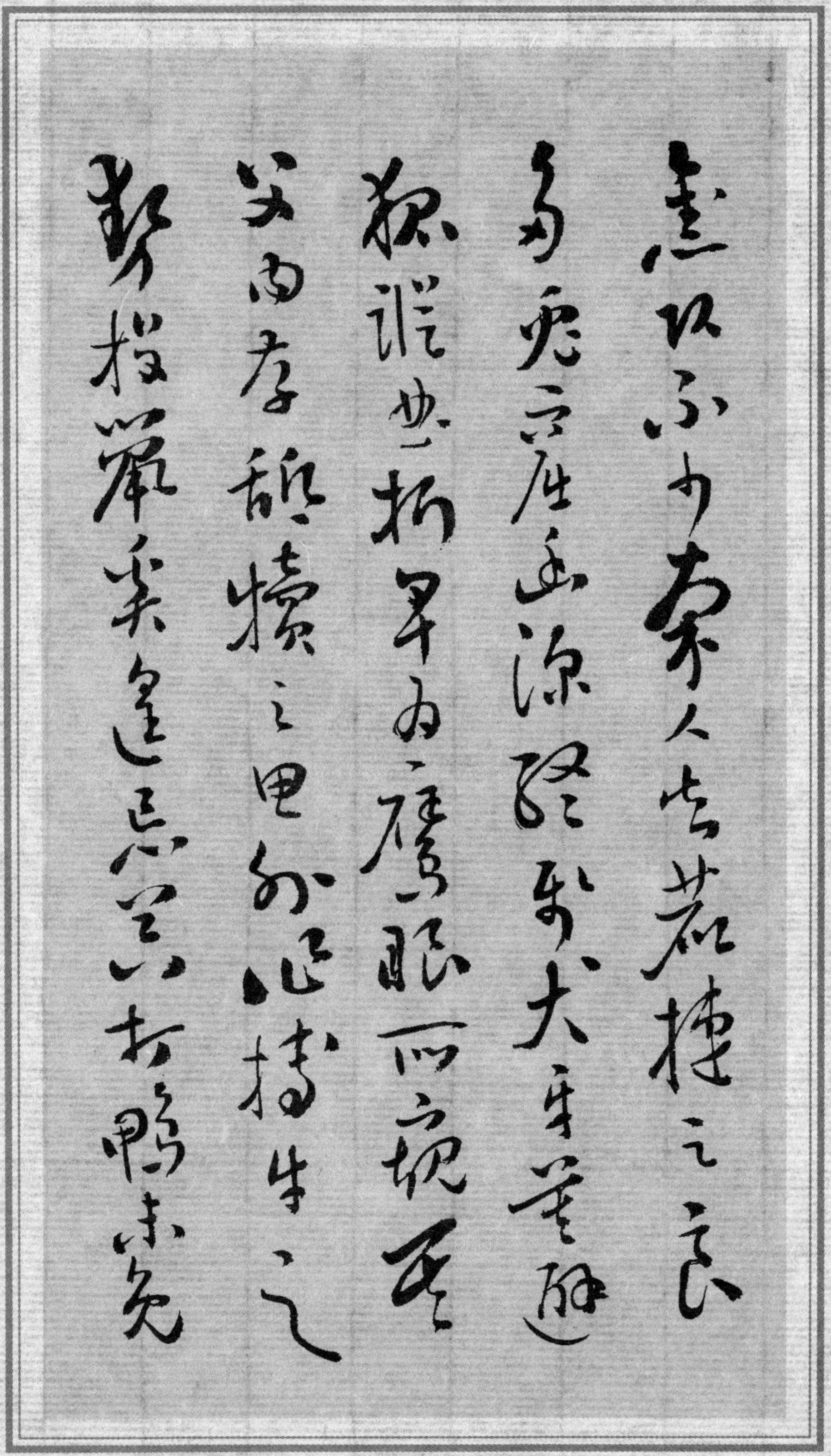

鴛鴦。放苙之豚，追來入苙；喪家之犬，叱去還家。疾驅而身弱如羊，遂作補牢之計；嚴錮而人防似虎，終無出柙之時。所虞龍性難馴，拴於鐵柱；還恐

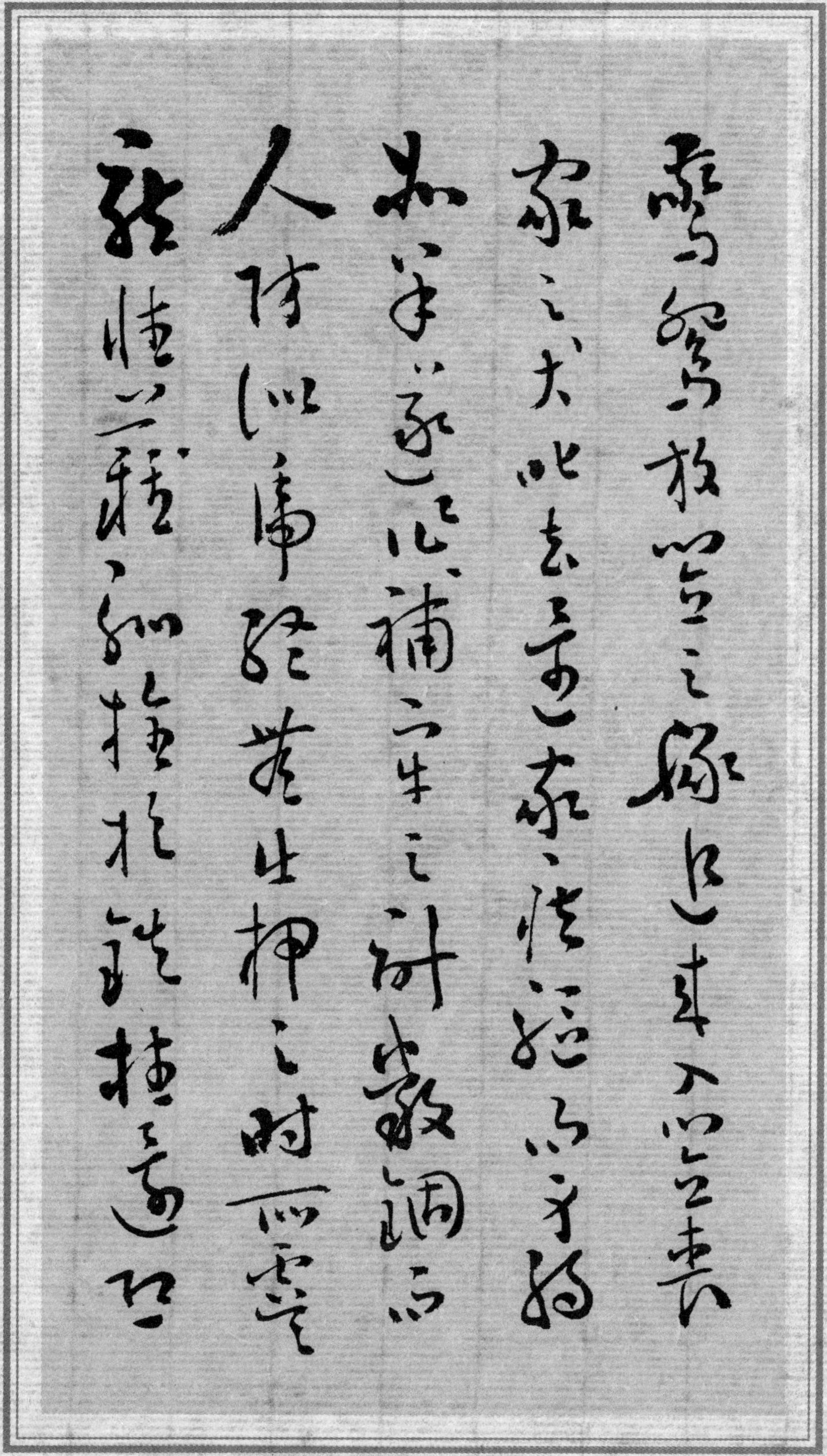

猴心易動，辱以蒲鞭。由是姑也，薔薇架畔，青黛將顰；薜荔墻邊，紅花欲悴。托意丁香枝上，其意誰知；寄情豆蔻梢頭，此情自喻。而乃蓮心獨

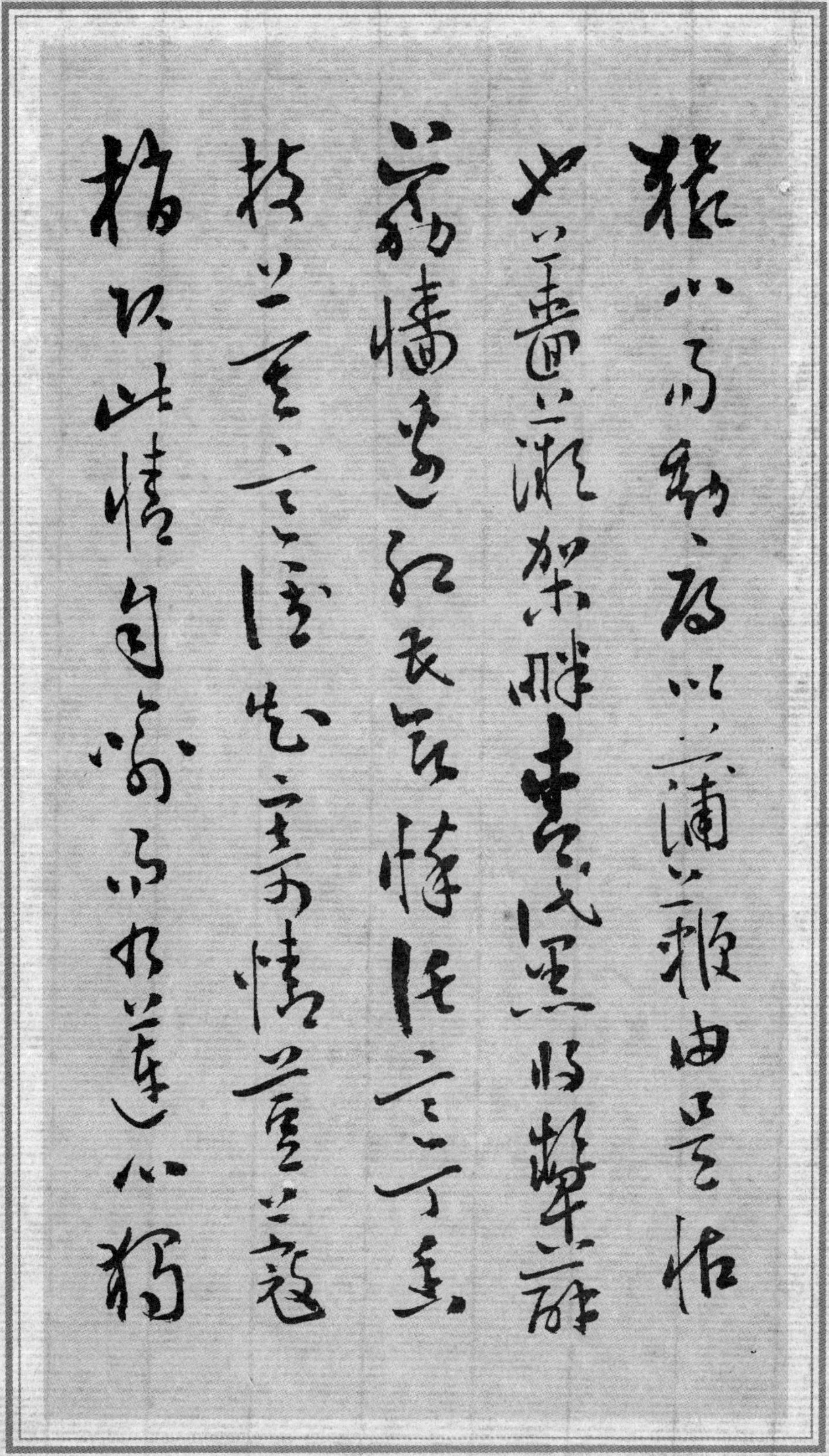

苦，竹瀝將枯。却嫌柳絮何情，漫漫作雪；轉恨海棠無力，密密垂絲。纔過迎春，又經半夏。采葑采葛，只自空期；投李投桃，俱爲陳迹。依稀夢裏，徒栽侍女之

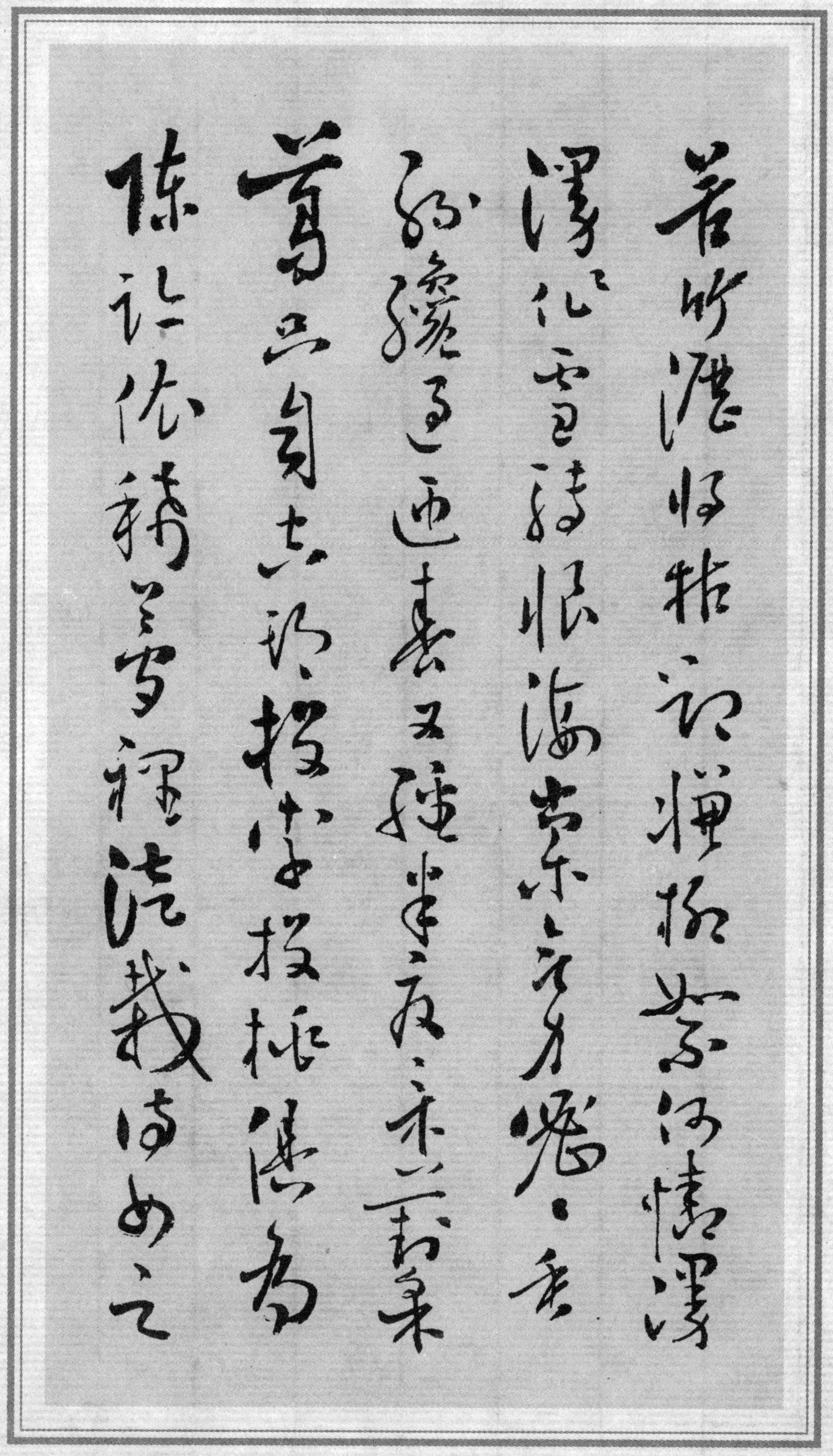

花；抑鬱胸前，空帶宜男之草。未能蠲忿，安得忘憂。鼓殘瑟上桐絲，奚時續斷；剖破樓頭菱影，何日當歸。豈知去者益遠，望乃徒勞。昔雖音問久疏，猶

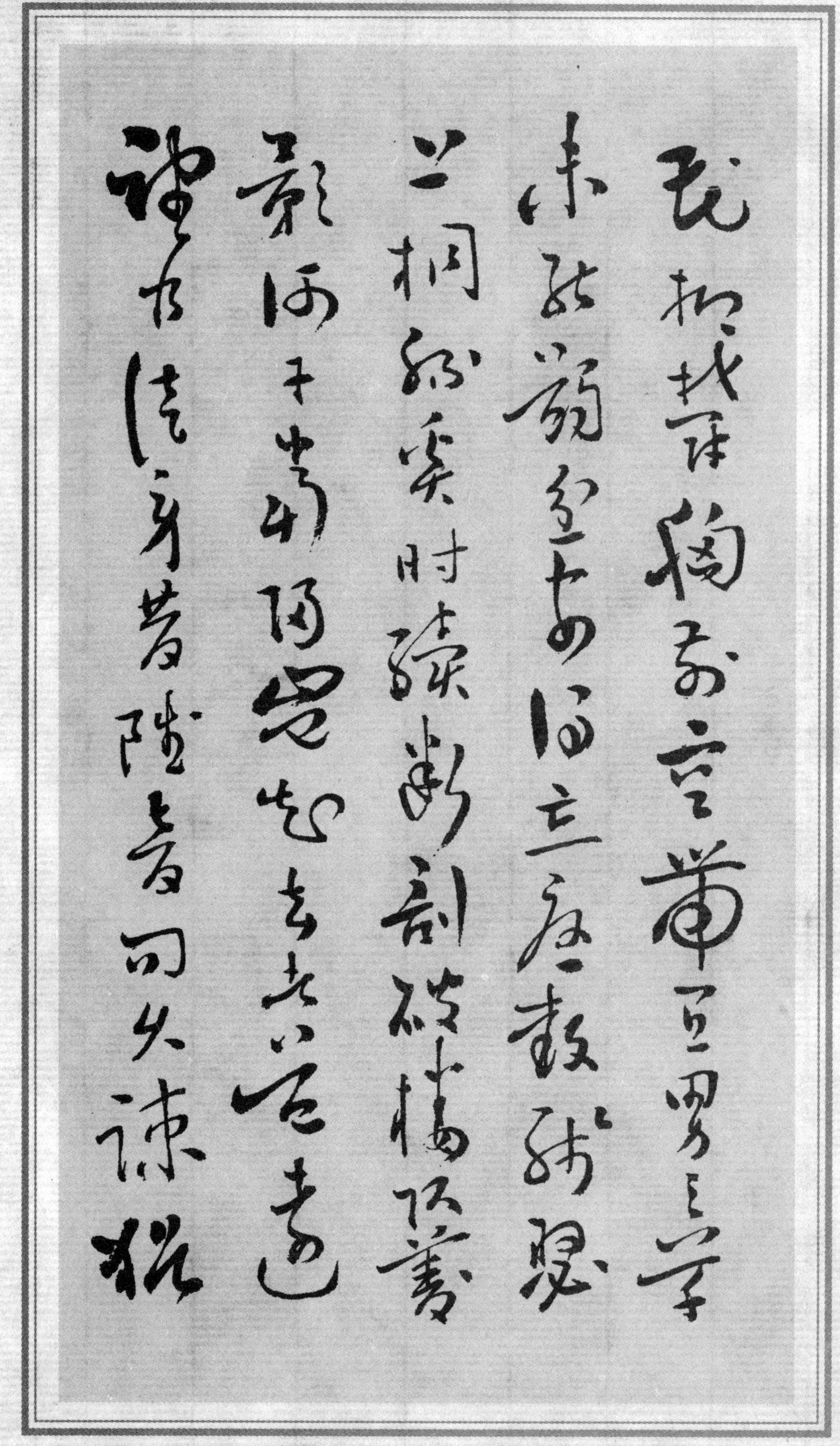

同鄉井；後竟夢魂永隔，忽阻山川。室邇人遐，每切三秋之感；星移物換，僅深兩地之思。先是，生之父財雄數世，富甲一鄉。操奇算以貿遷，擁重資而貨

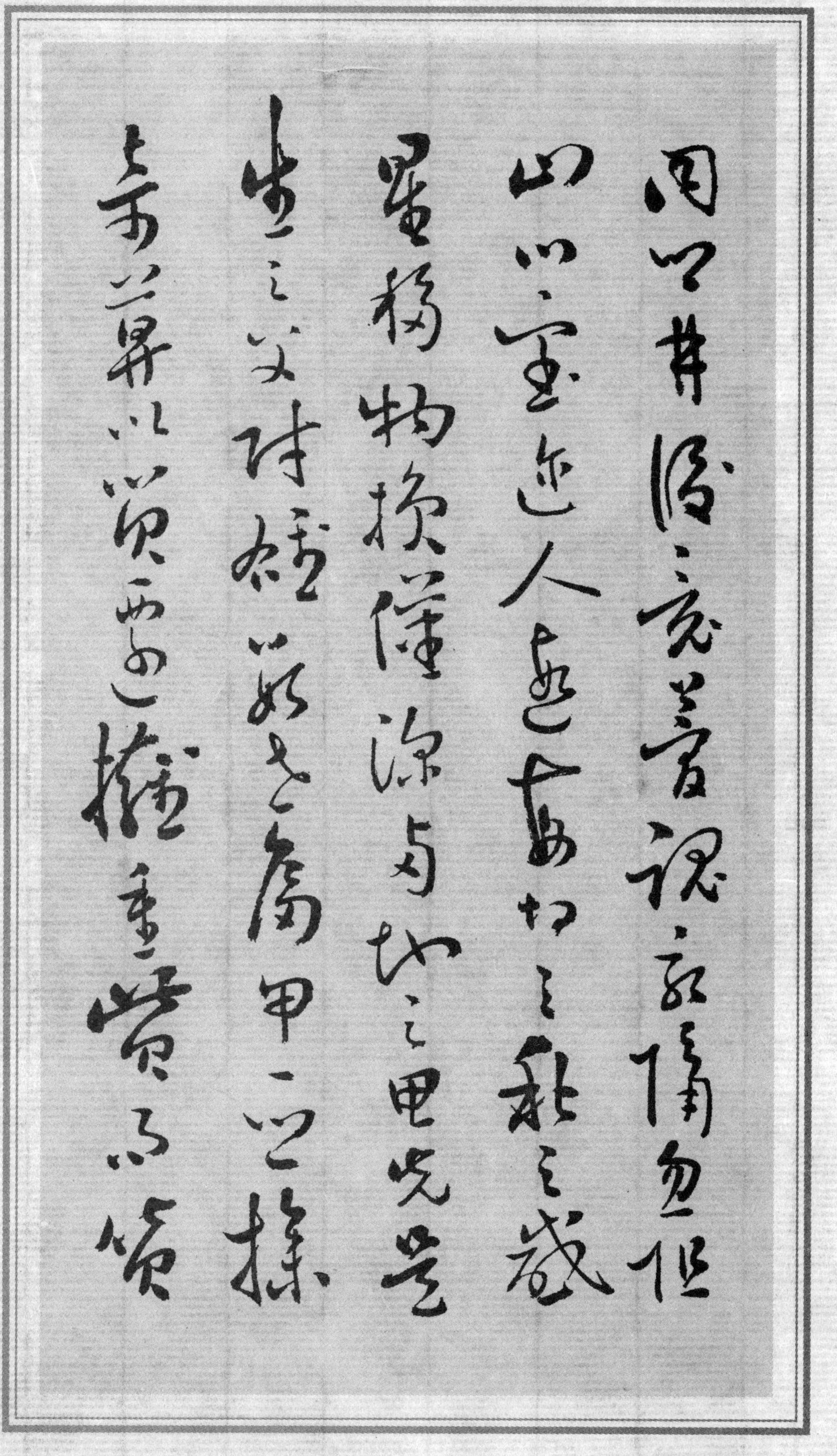

殖。始向西川糴粟，舟泛蜀中；繼從東海煮鹽，車牽山左，斯時也，曾與彭城宦族，淄水華宗，富貴相投，同聲同氣；利名合作，爲繫爲援。素

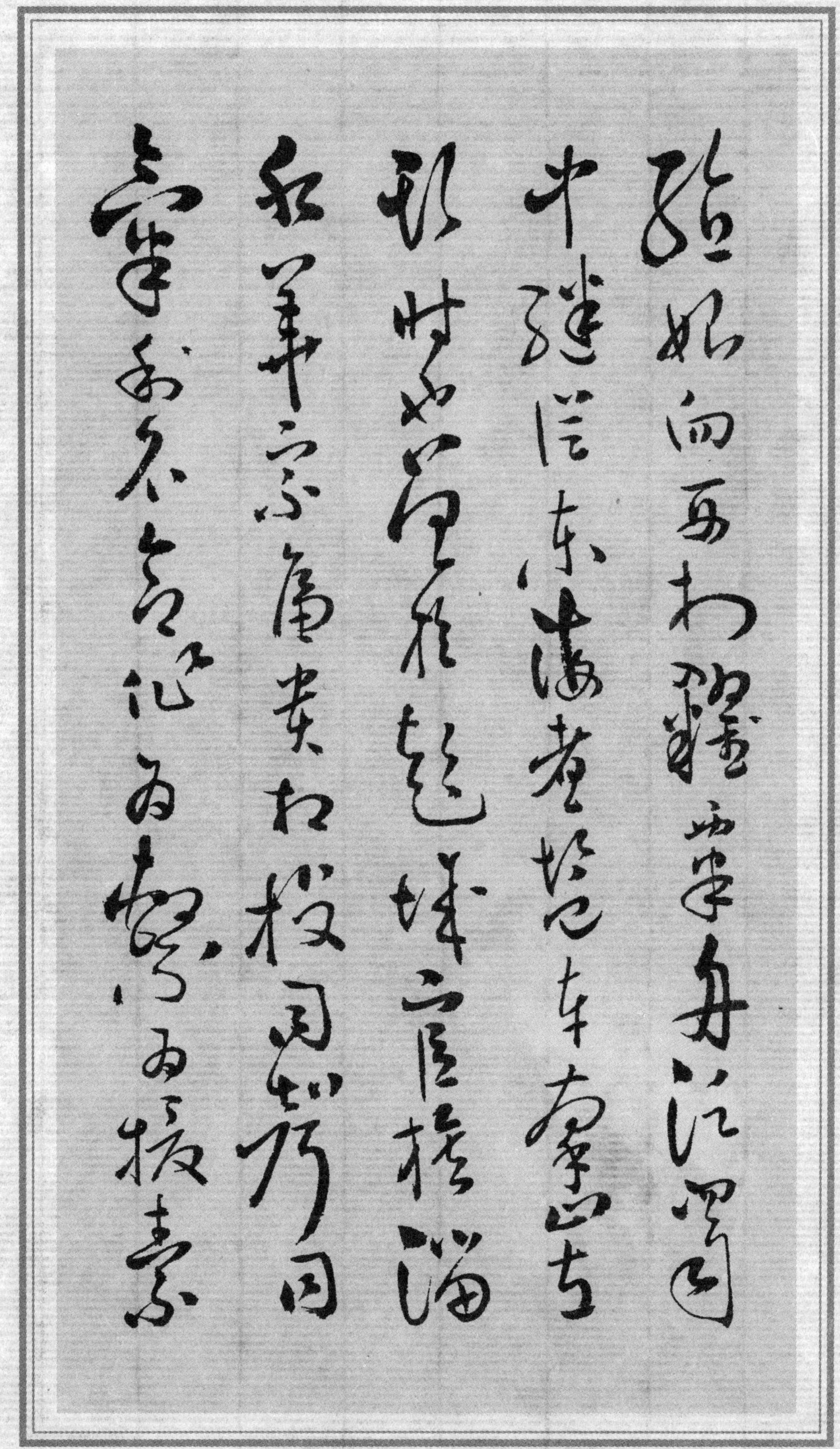

修李郭之歡，弟兄結契；更締楊潘之好，兒女聯姻。已定媒言，理無可却；旋遵父命，勢不容辭。金鏑遠鳴，向豪門而射雀；玉鞭遙指，由異

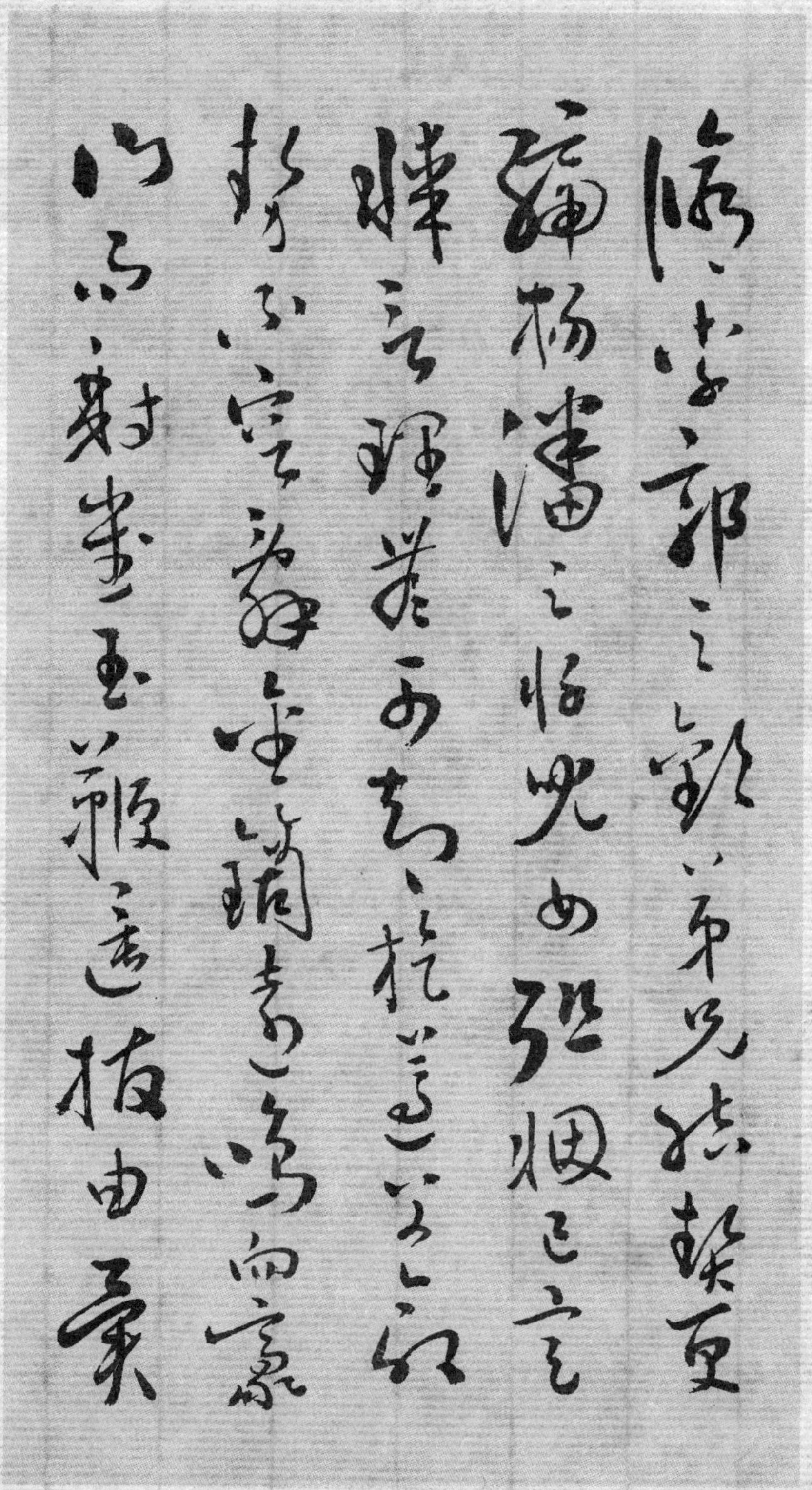

地以乘龍。時則健僕紛隨，華裝疊載。隨時問訊，只報平安；到處逢迎，詎傷落寞。然而，羈愁殊切，別緒良深。非關眷戀新歡，旅踪迫赴；

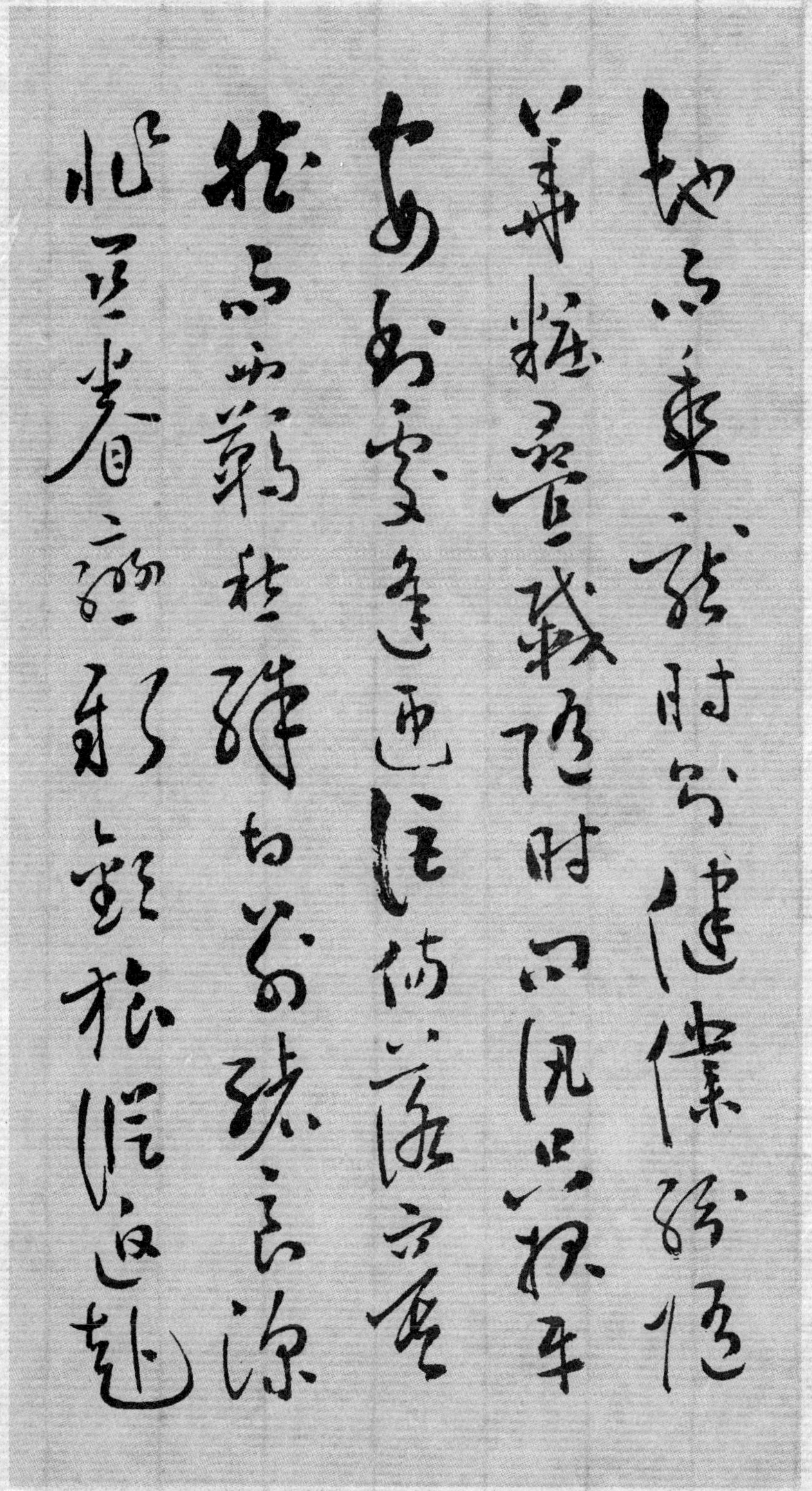

畢竟追思舊好，客淚偷彈。轉瞬春風，頓非故國；寄心明月，已在異鄉。纔臨北海之區，愁深似海；乍入東山之界，恨積如山。若非略迹原心，而

第隨人論事。則但見其引羊，車驂鶴駕，燦兮三星在户；爛然百輛迎門。競傳樂廣家中，人來洗馬；共見秦娥樓上，客至乘龍。其新孔嘉，

此樂何極。昔如范蠡，(曾爲越客，)而訪美妹；今似淳髡，(竟作齊人，)而稱贅婿。

從此關山迢遞，魚雁浮沈。翠袖長寒，羅衾不暖。遠就芙蓉之帳，渠是新郎；獨登楊柳之

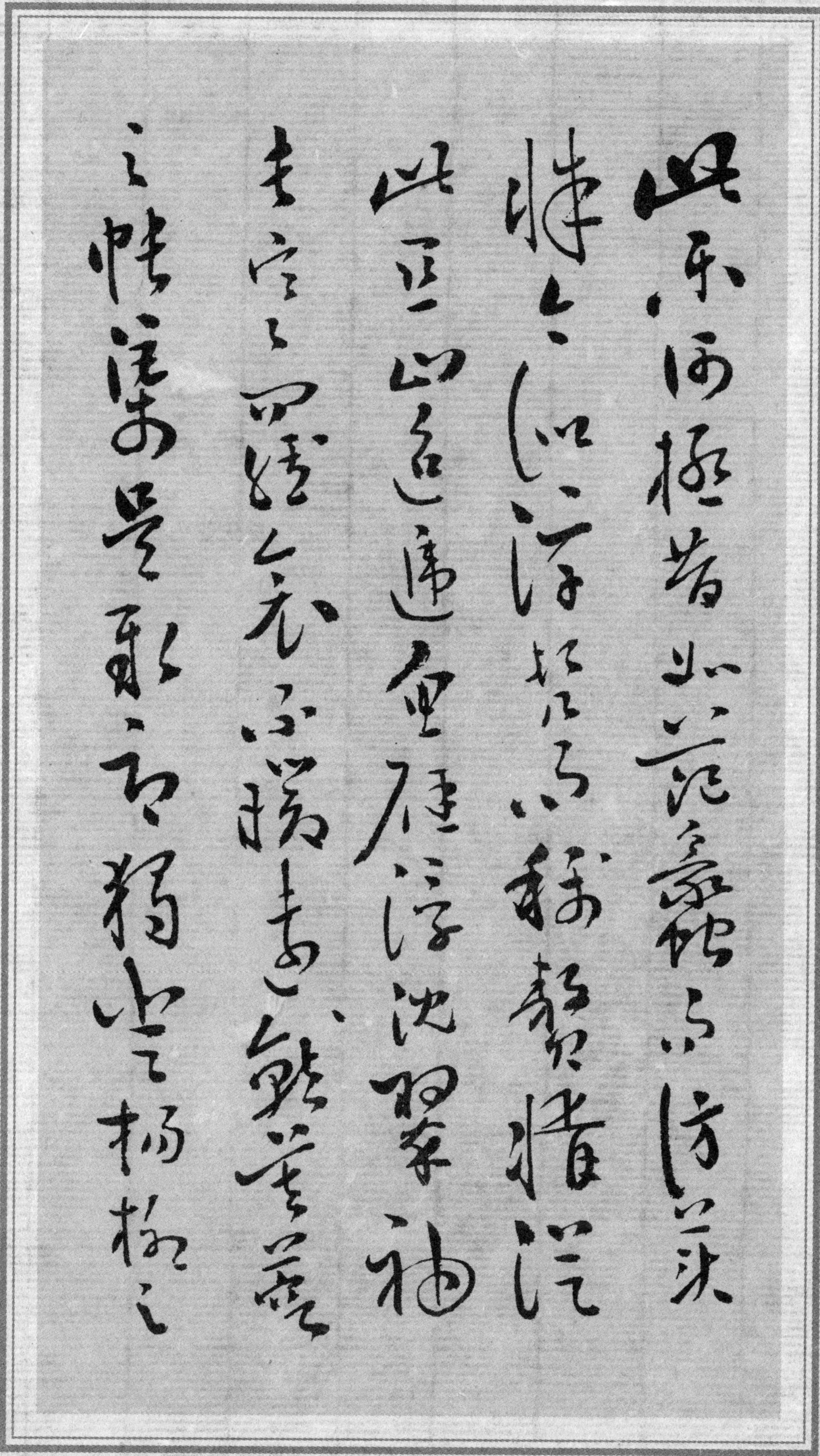

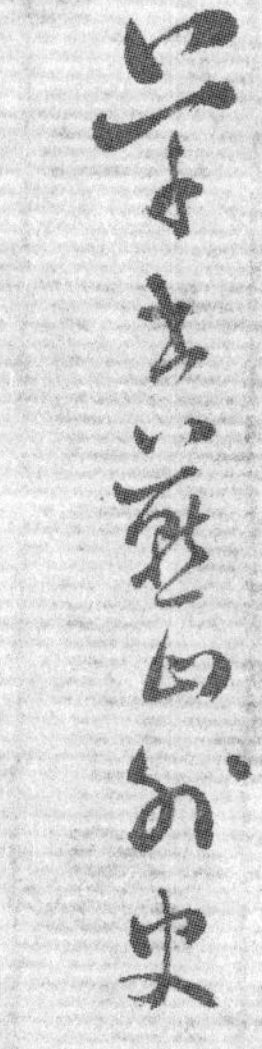

卷三

草書燕山外史

樓，儂爲少婦。前緣已過(邈)，後會何期。掩菱鏡以慵妝，拔鸞釵而暗卜。影遲遲兮春幌，雨凄凄兮秋燈。搖輕箑兮夏日長，撥寒灰兮冬夜永。悲夫，自別鶴(鵻)枝，

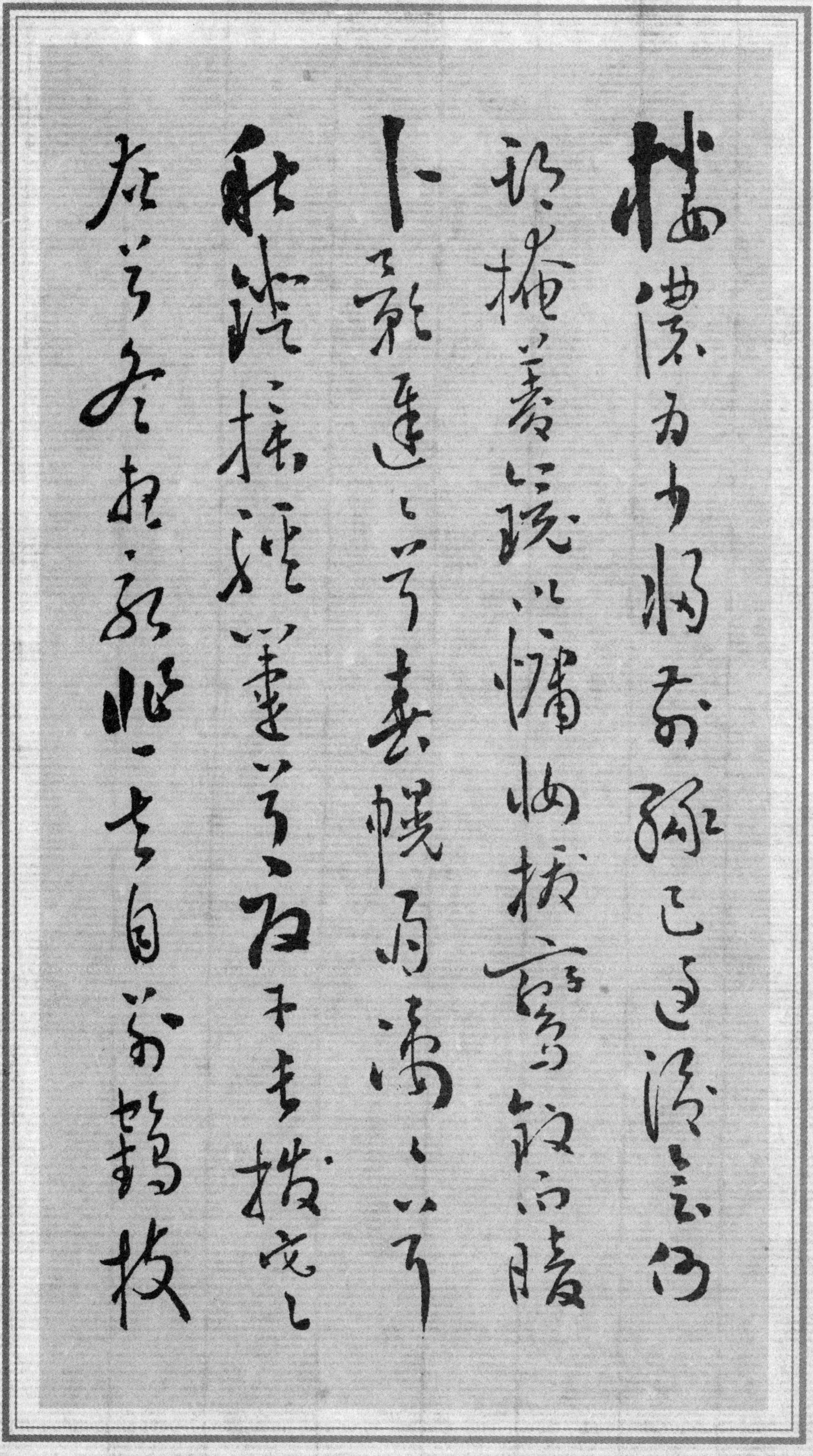

遂淹驥足。漢關秦月，目斷刀環；越水燕雲，手分鏡匣。却怪釜中烹鯉，不見郎書；偏嗔枝上啼鶯，頻驚妾夢。青天滄海，傷忘我之實多；白晝

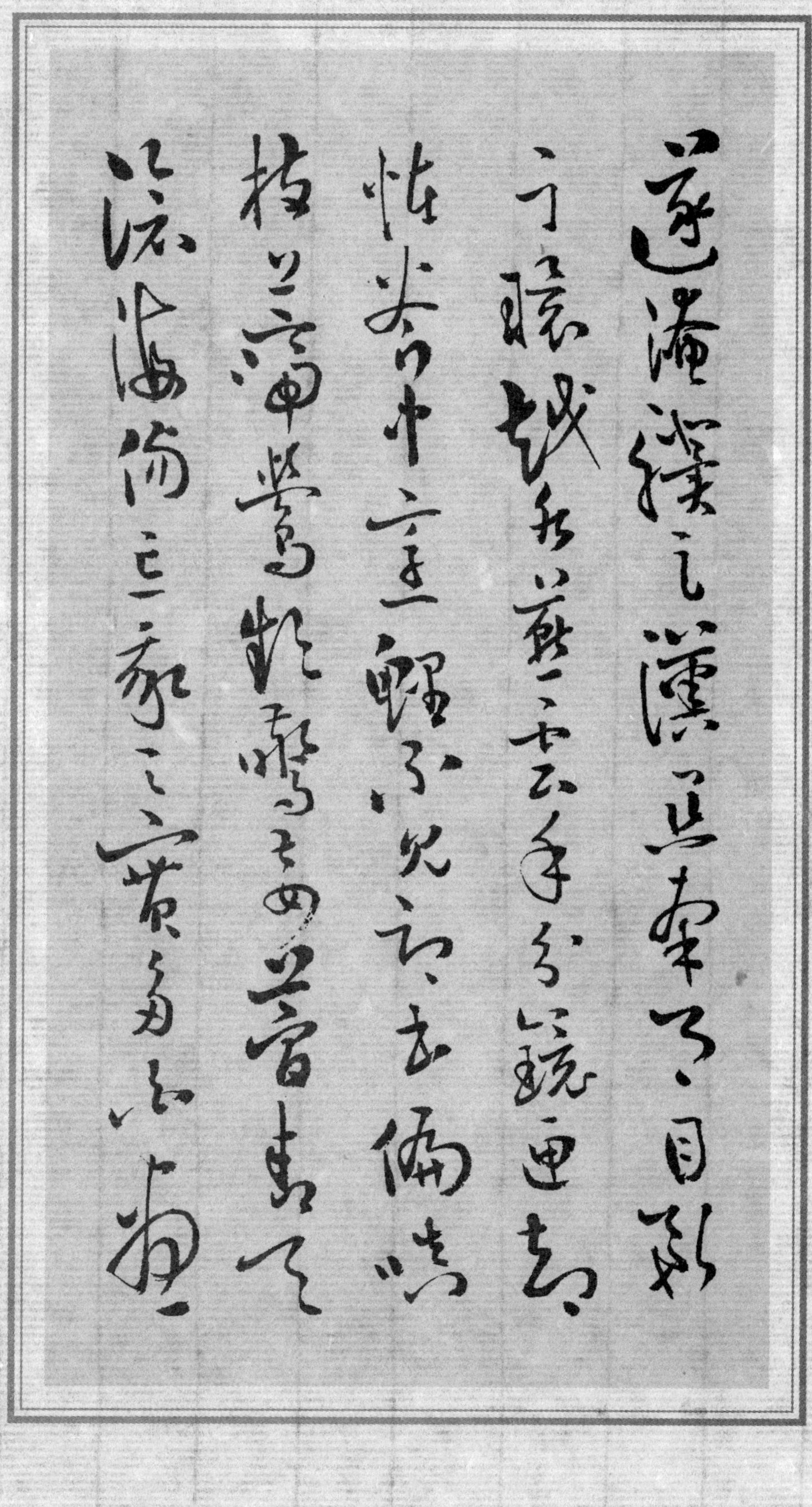

黄昏，嘆惱人之無那。而乃臨雲望鶴，對月思鸞。公子留秦，曷爲不返；王孫質趙，奚事未歸。莫嫌女子善懷，只恐男兒薄倖。恐其萍浮蓬轉，還徒

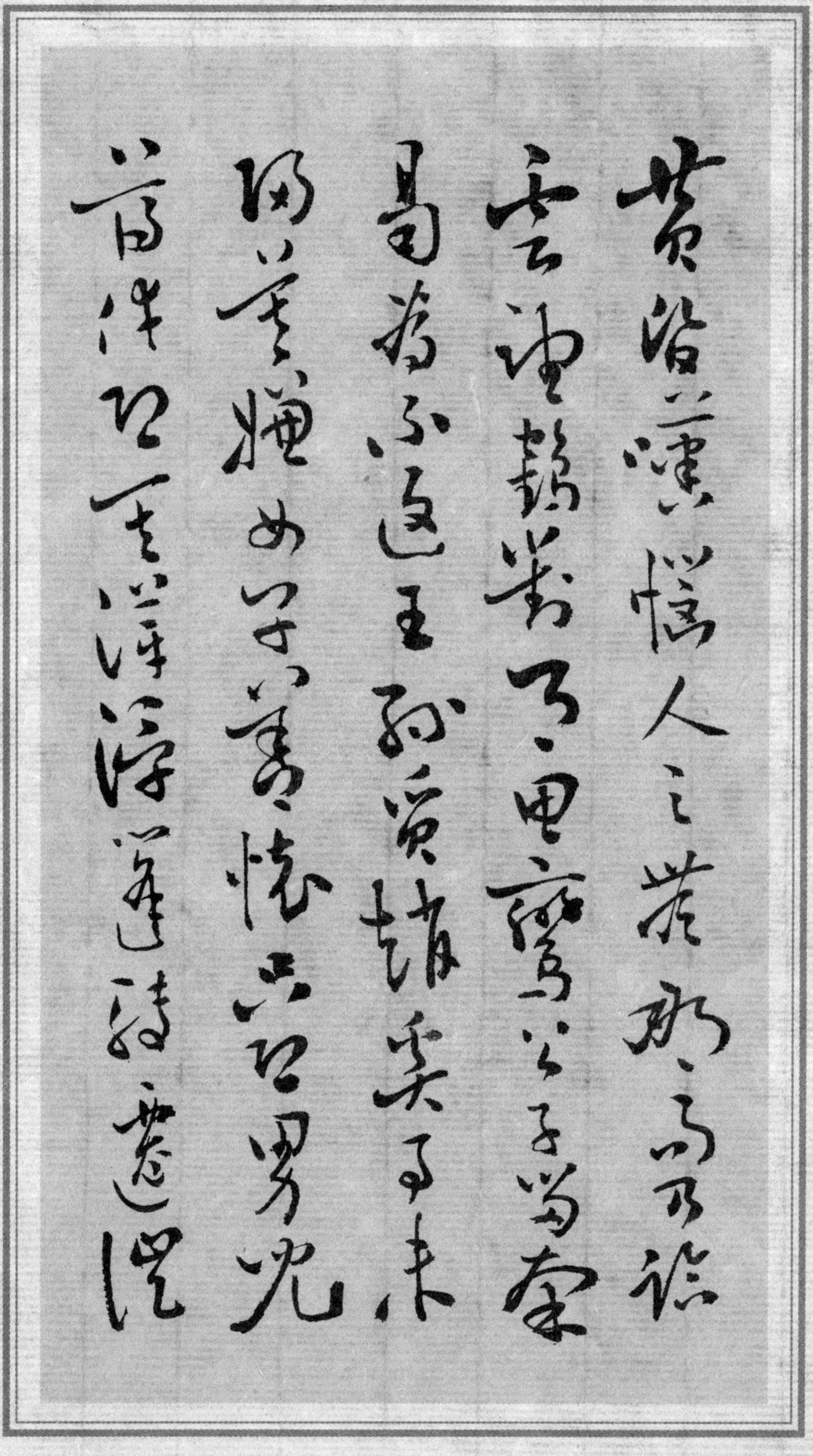

無方；恐其雨覆雲翻，棲遲莫定。頻頻縈慮，慮即攢眉；縷縷牽思，思皆刻骨。固知身在情長在，却恨春歸人未歸。嗟呼，望衡對宇，尚虞好事

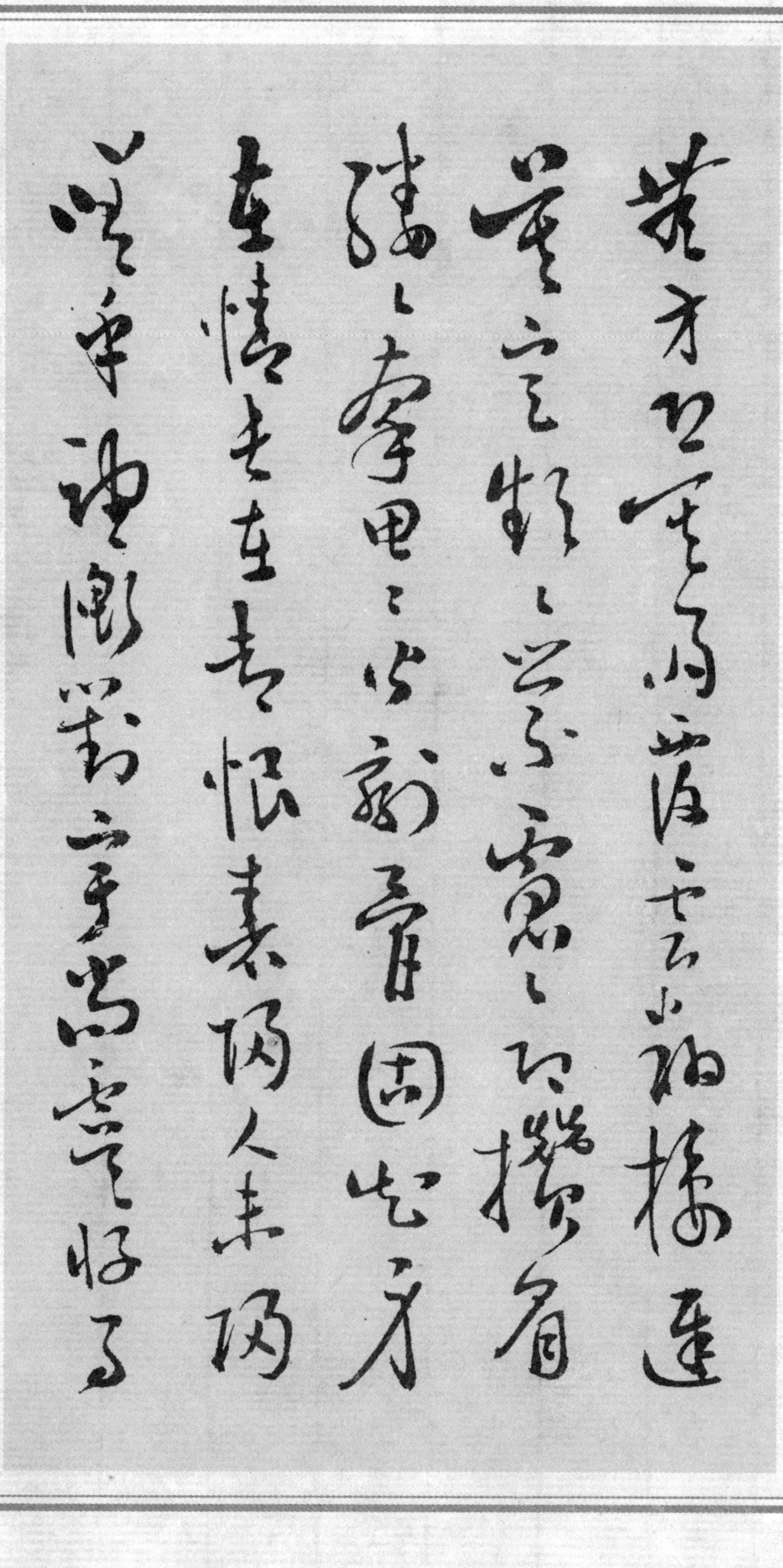

多磨；暮倚朝偎，猶慮歡場易阻。而況君居淄右，妾住浙西，道里悠悠，音書寂寂。九十日之尤雲殢雨，夢斷蟻柯；千萬言之誓水盟山，氣銷

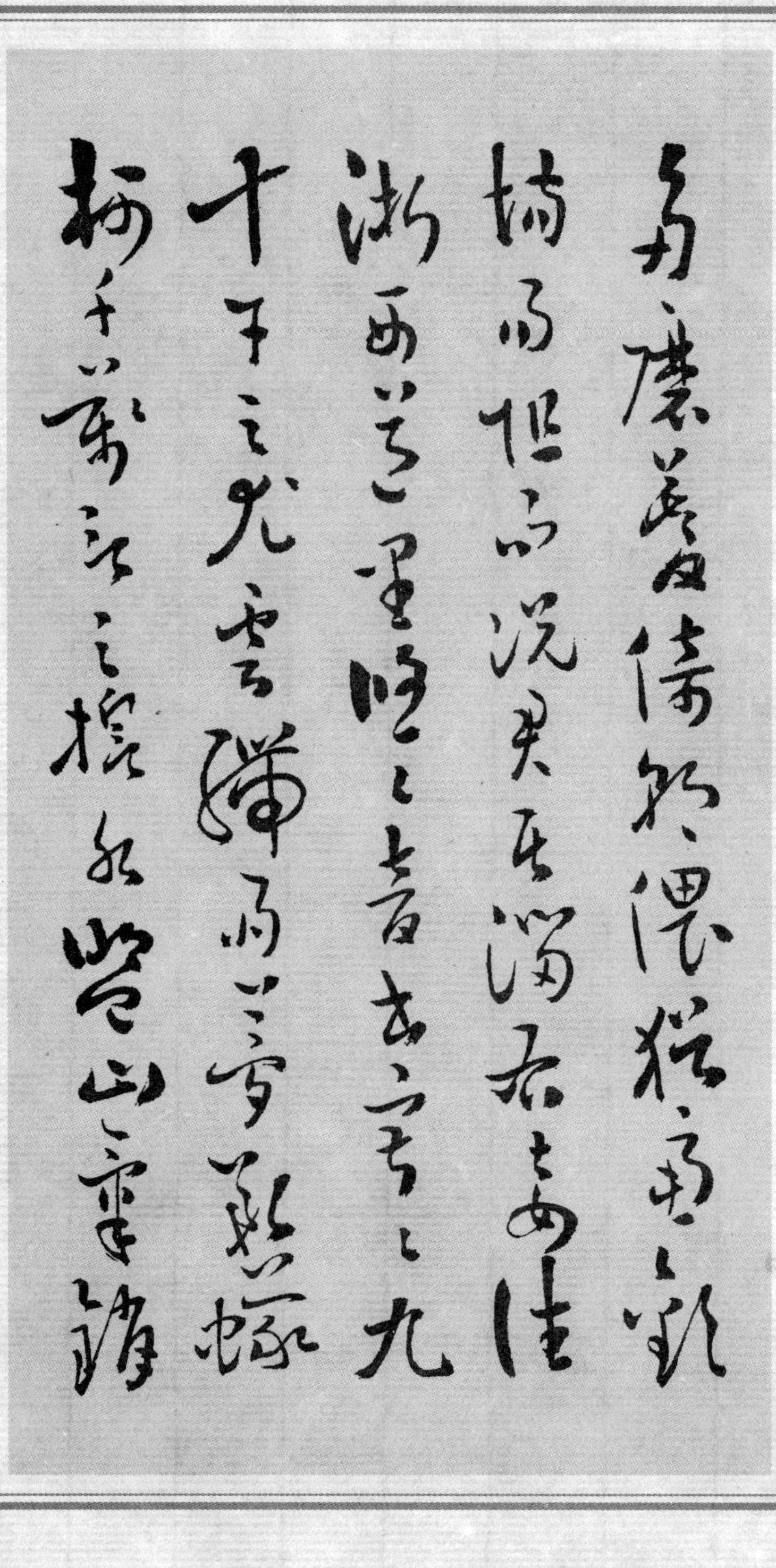

蜃市。由是，脂殘粉褪，緑慘紅悽。車轉腹輪，刃抽腸角。兩行血淚，灑成愁婦之花；一片冰心，待化望夫之石。哀哉，向以暫離自慰，今將永訣無

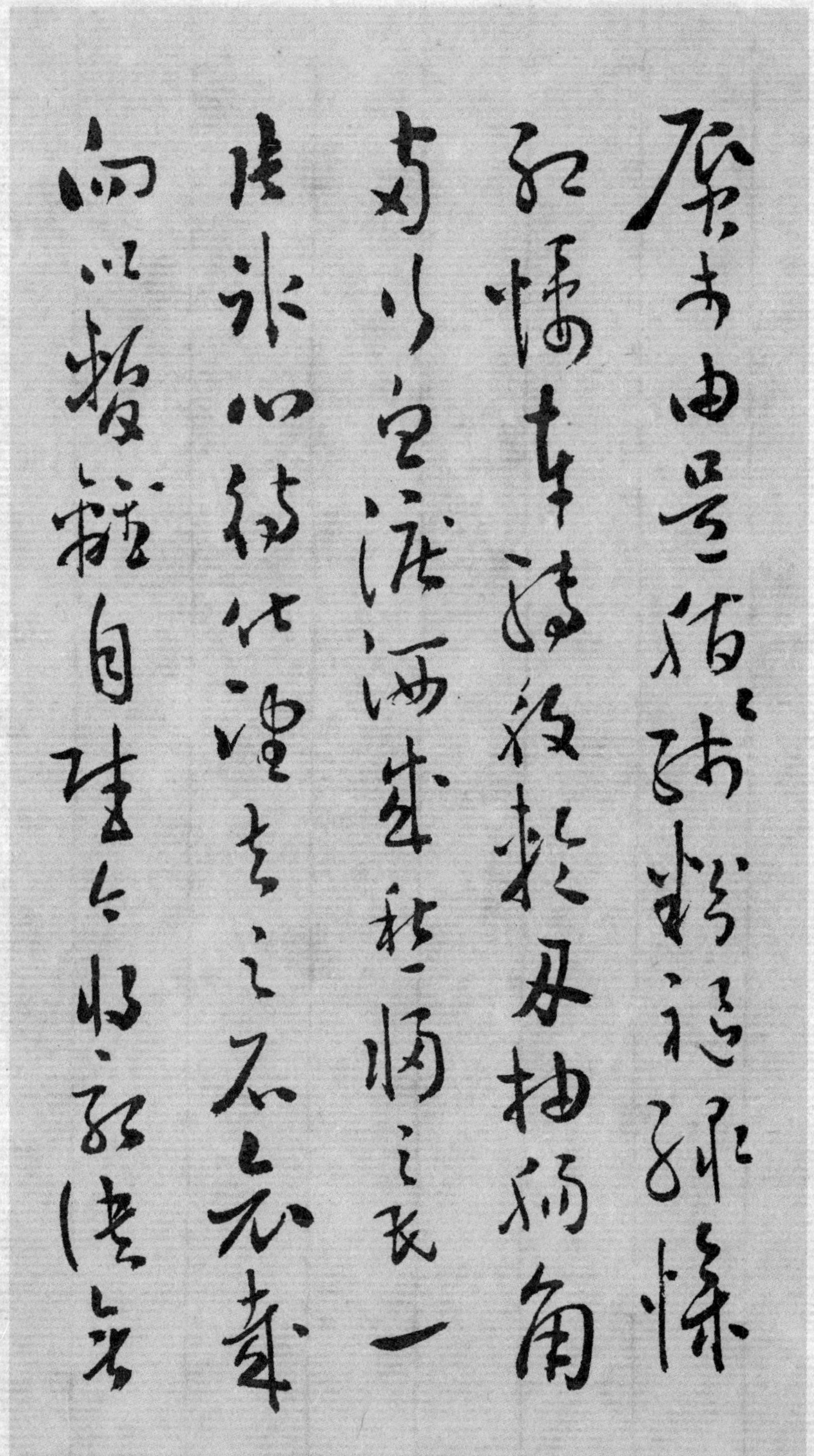

疑矣。其時，有金陵巨儈，鹺市豪商。家風絶少書香，世澤唯餘銅臭。齒將過甲，目不識丁。罔知歡，罔知憂，渾是無腸公子；亦善飯，亦善飲，竟

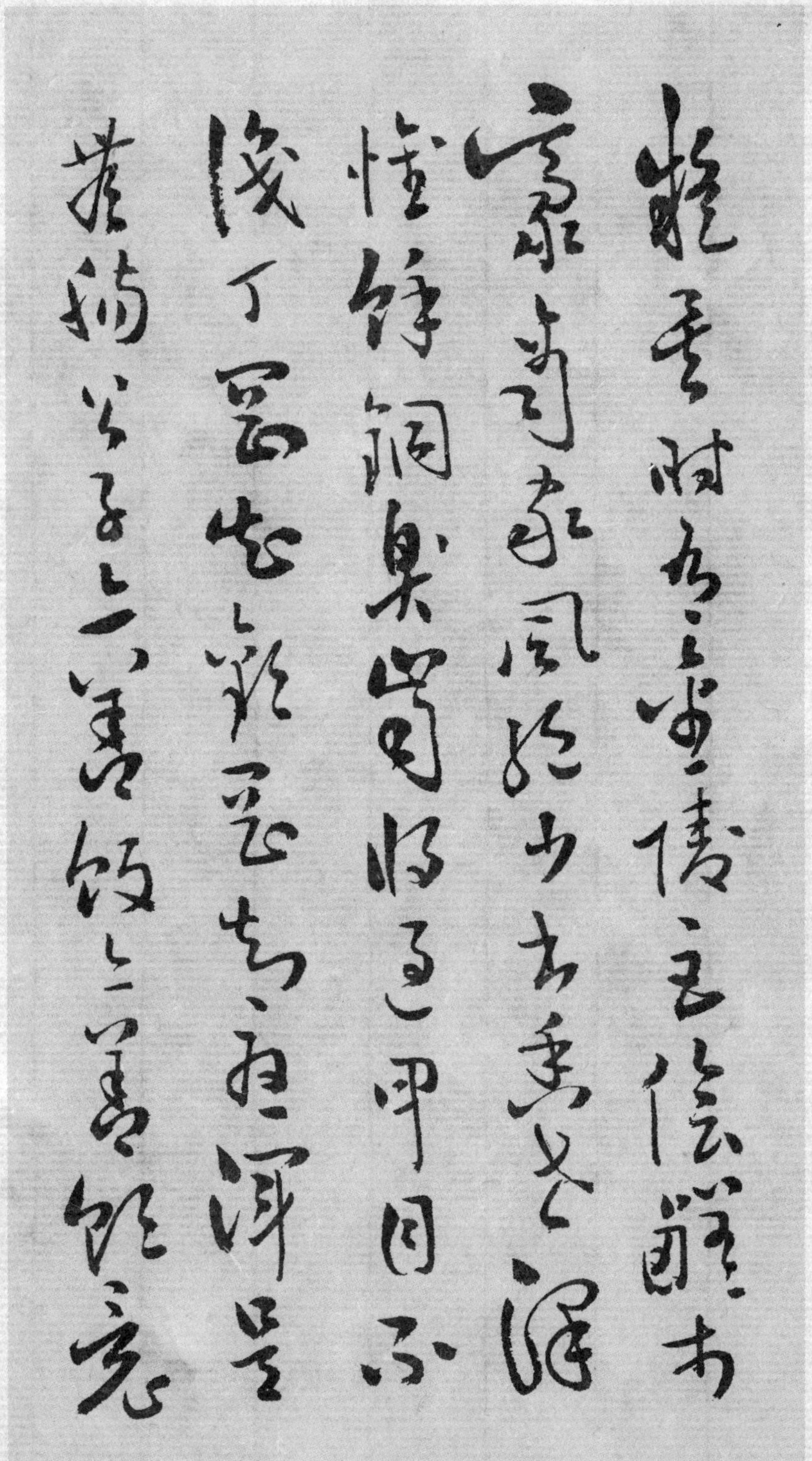

爲負腹將軍。楊枯而稊不(重)生，空羅妖冶；瓜熟而子遭四摘，未獲寧馨。虜但守錢，安望月中栽桂；人將就木，還思霧内看花。乃有士號豕交，

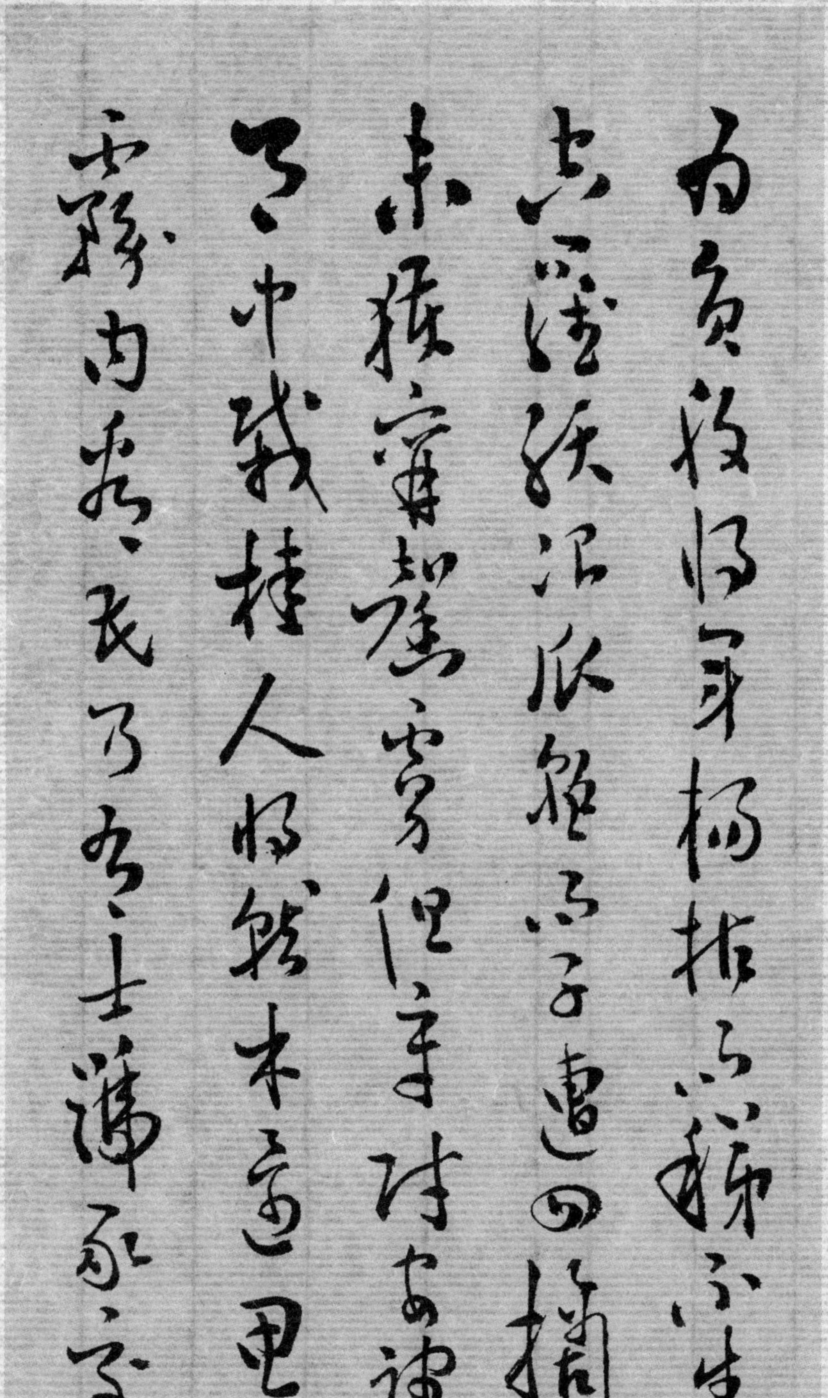

草書燕山外史

客稱狗盜，最好教猱升木，慣能毆爵入叢。風聞越相祠前，麗姝又出；浪説蘇娘墓畔，名媛復生。取之則唾手何難，定使桑榆歡暮日；

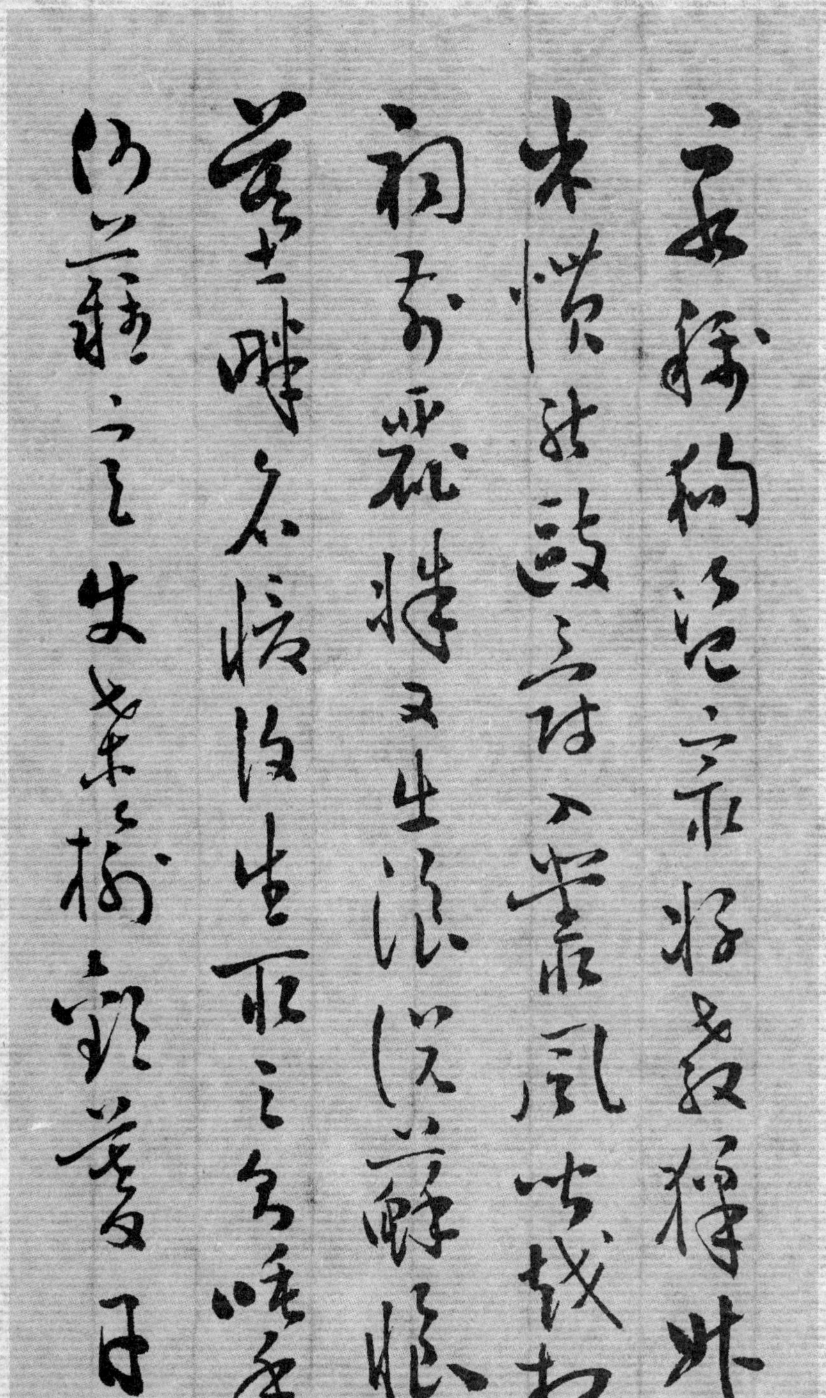

往矣則由拳不遠，管教桃李嫁春風。此老自聞說客之談，頓作狂奴之態。爰遣桔奴菊婢，悉充蝶使蜂媒。訪來落雁之容，知在登龍之族。錢

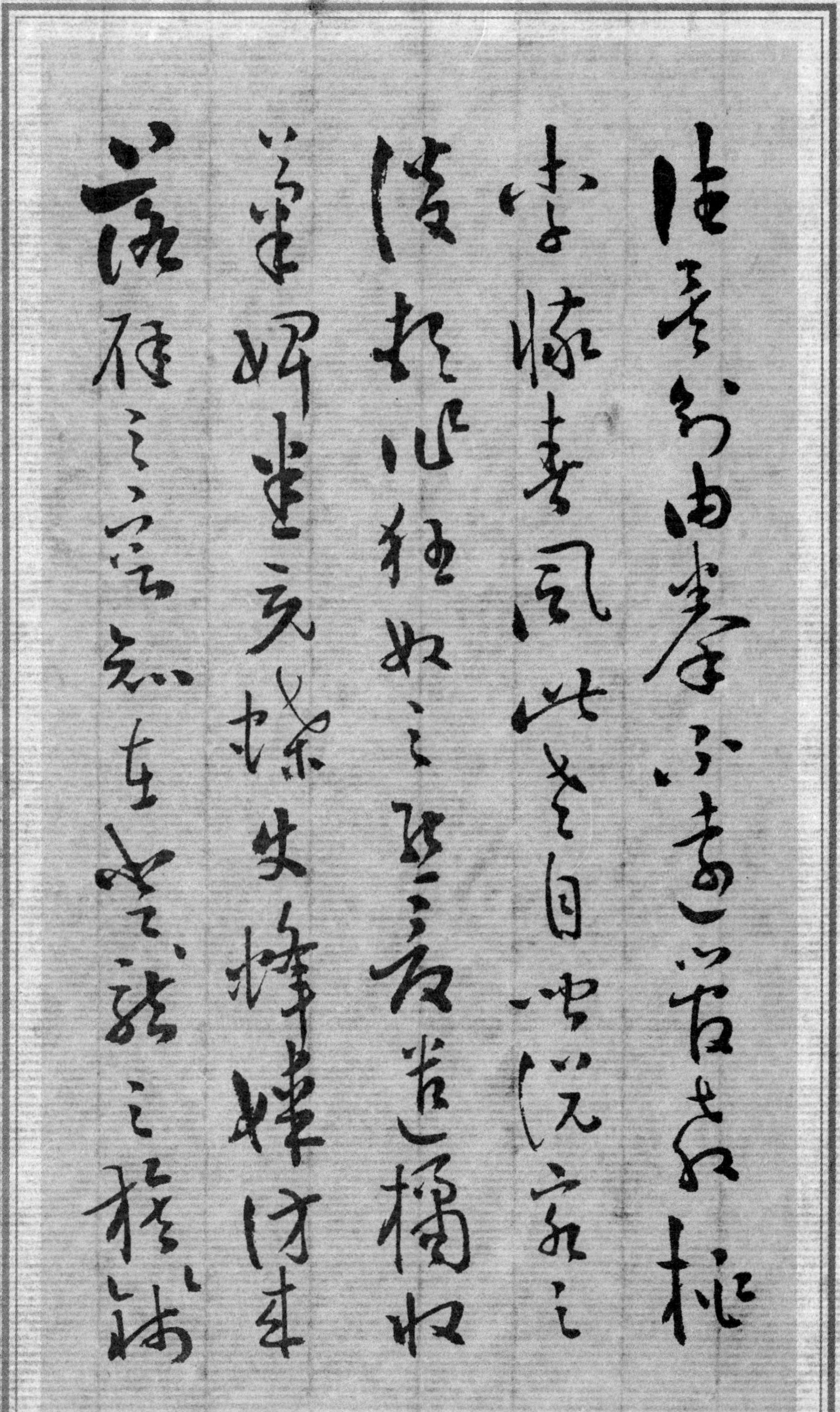

能使鬼，財可通神。密交撲棗之鄰，牽投魚媵，轉托遺椒之伴，引入雉媒。姑之母，惑於口巧如簧，貪其金高若斗。價唯求善，貨不居奇。劇憐賈

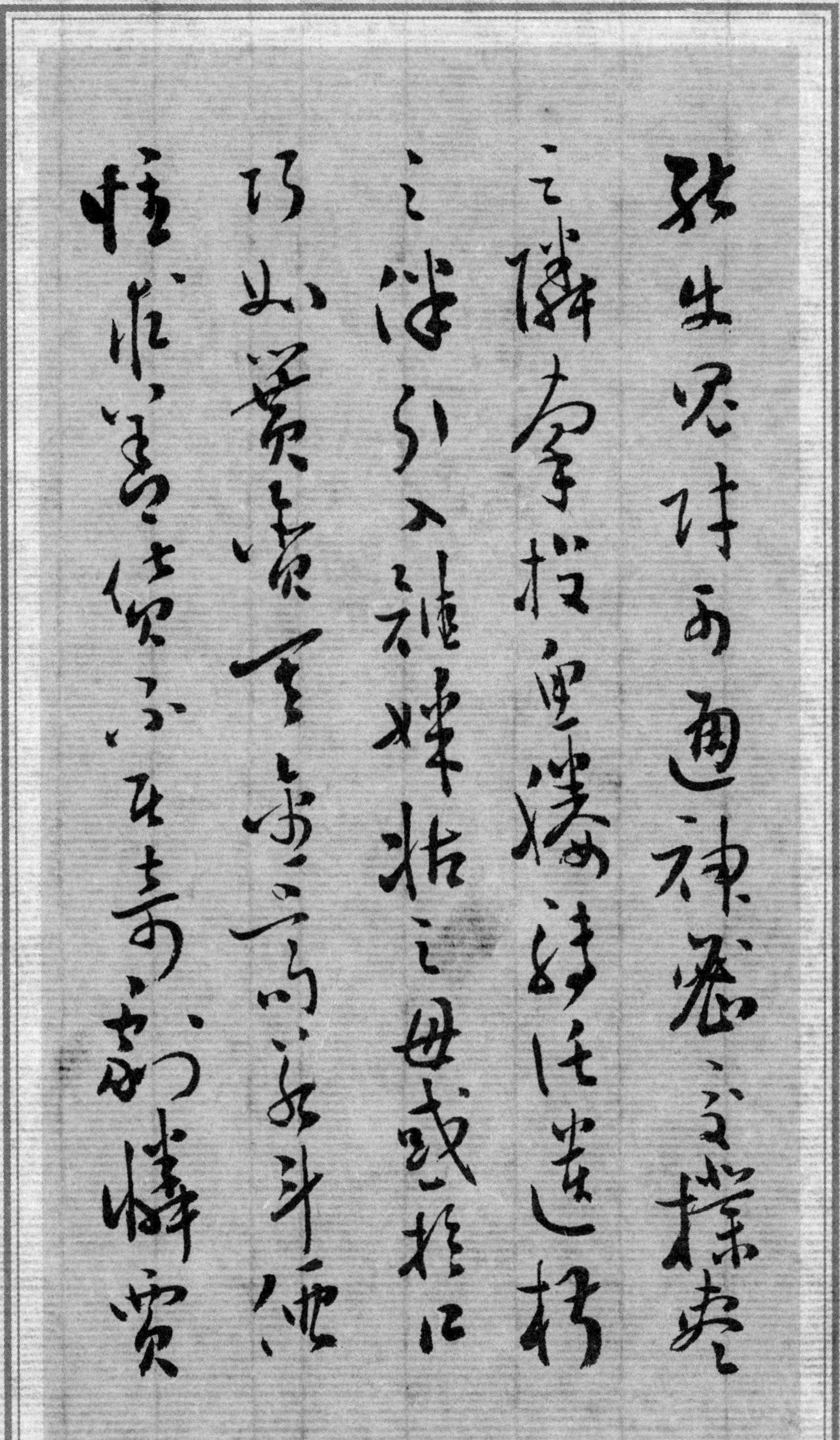

既多財，何嫌大腹；却喜女方失偶，願作小星。姑時存殘喘於孤帷，身如入甕；抱沈疴於密室，耳豈屬垣。不識不知，何聞何見。遂使風波叠起，鬼蜮横生。羊

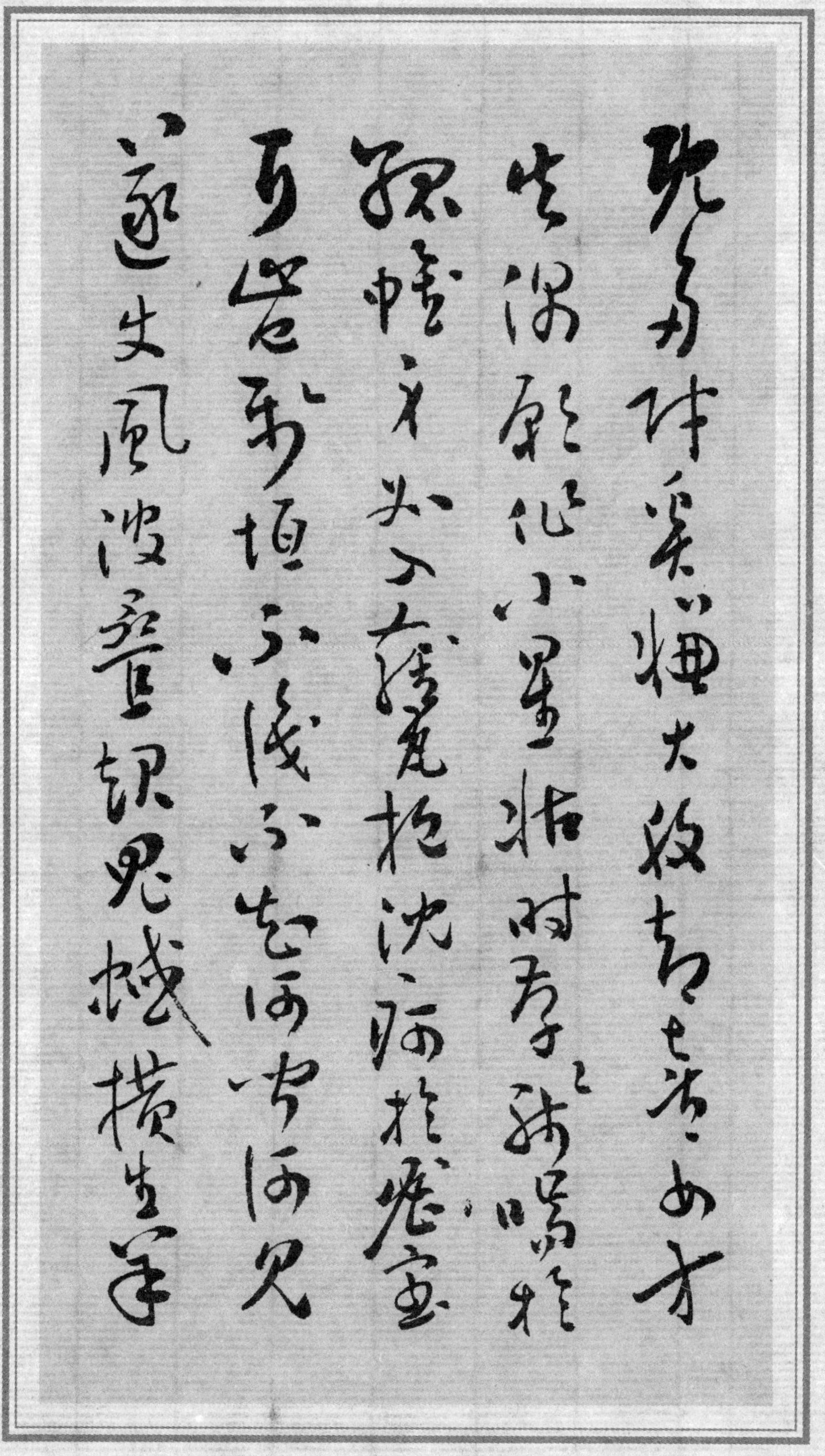

以虎蒙，鹿將馬指。僞造錦箋之字，巧托檀郎；遥牽彩幔之絲，歡迎秦女。可憐弱質，竟中奸謀。藻下錦鱗，誤吞香餌；花間采翼，險逐金丸。

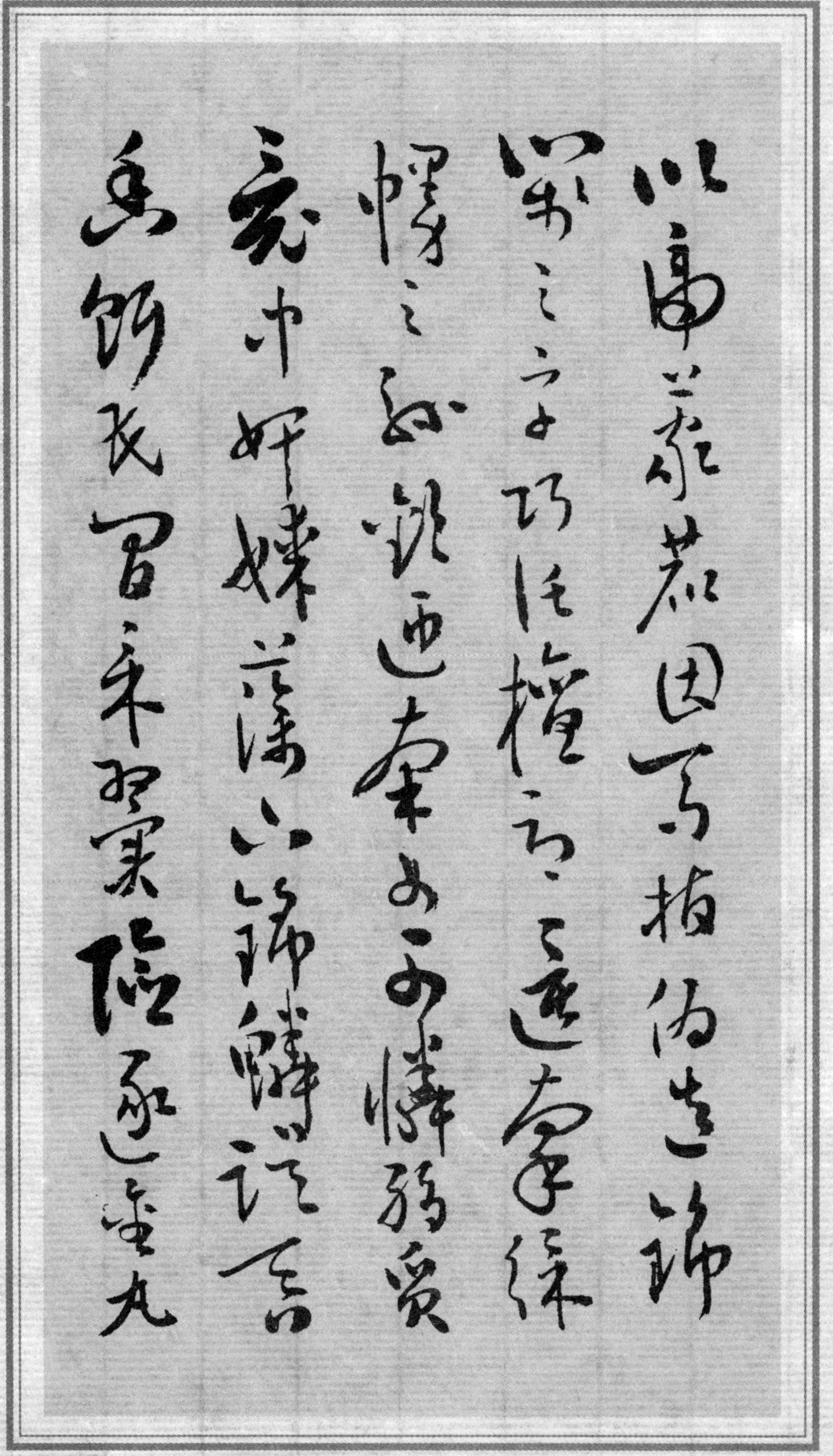

但知碧落携鸞，焉曉紅妝換馬。而乃開緘喜甚，對使歡然。欣聞蘭室相招，願與萱堂同往。魚軒甫至，遂辭春草之廬；鷁舫纔登，即泛秋

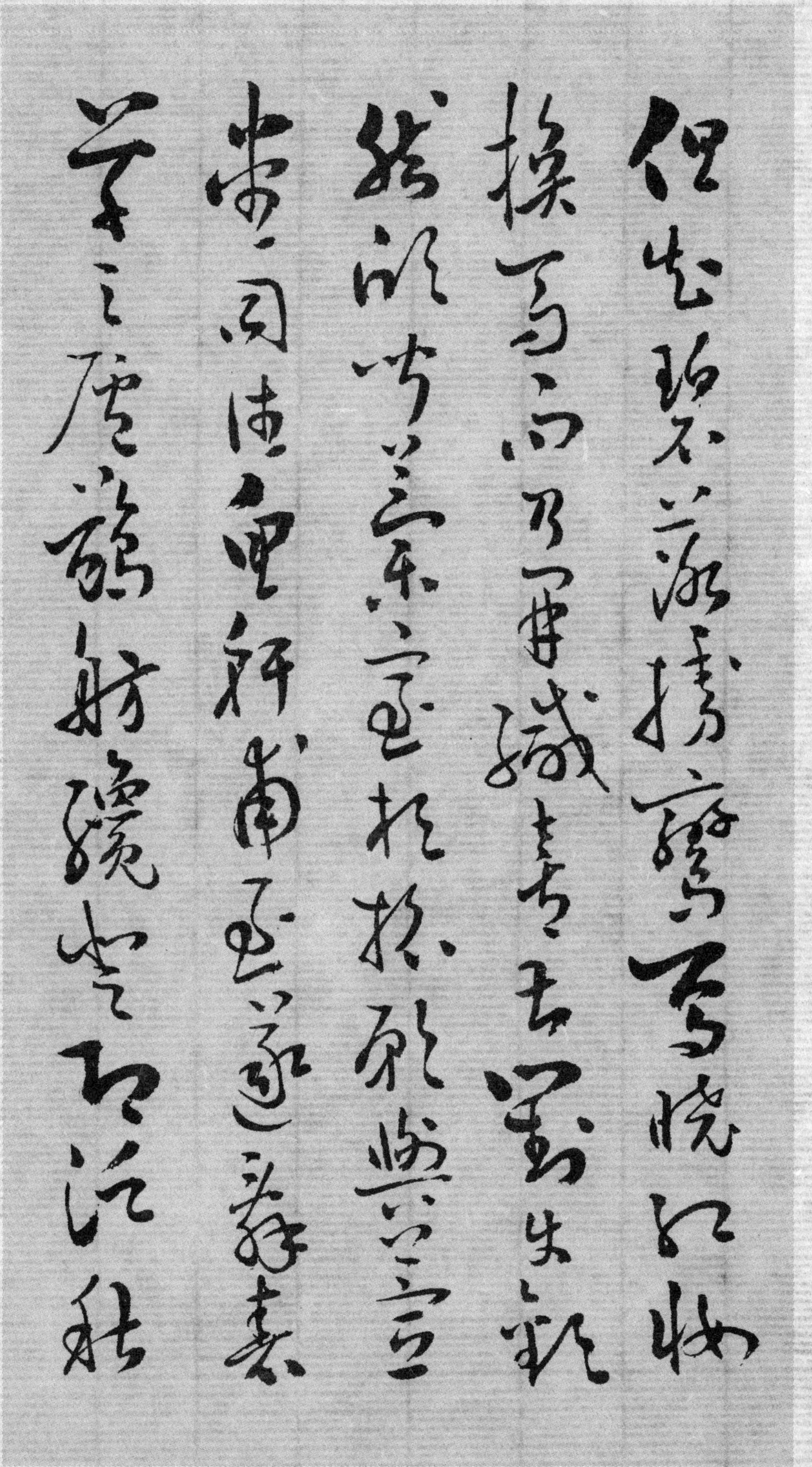

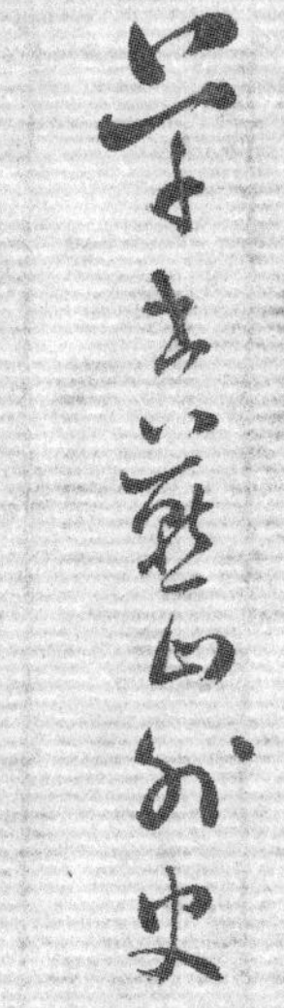

涇之棹。嗚呼，王嬙出塞，無日召回；蔡女入胡，何年贖返。皓月夜長鸞鏡冷；彩雲天遠鳳樓空。爾時，波平似掌，飄飽如弓。兩岸飛花，近映嫩紅之

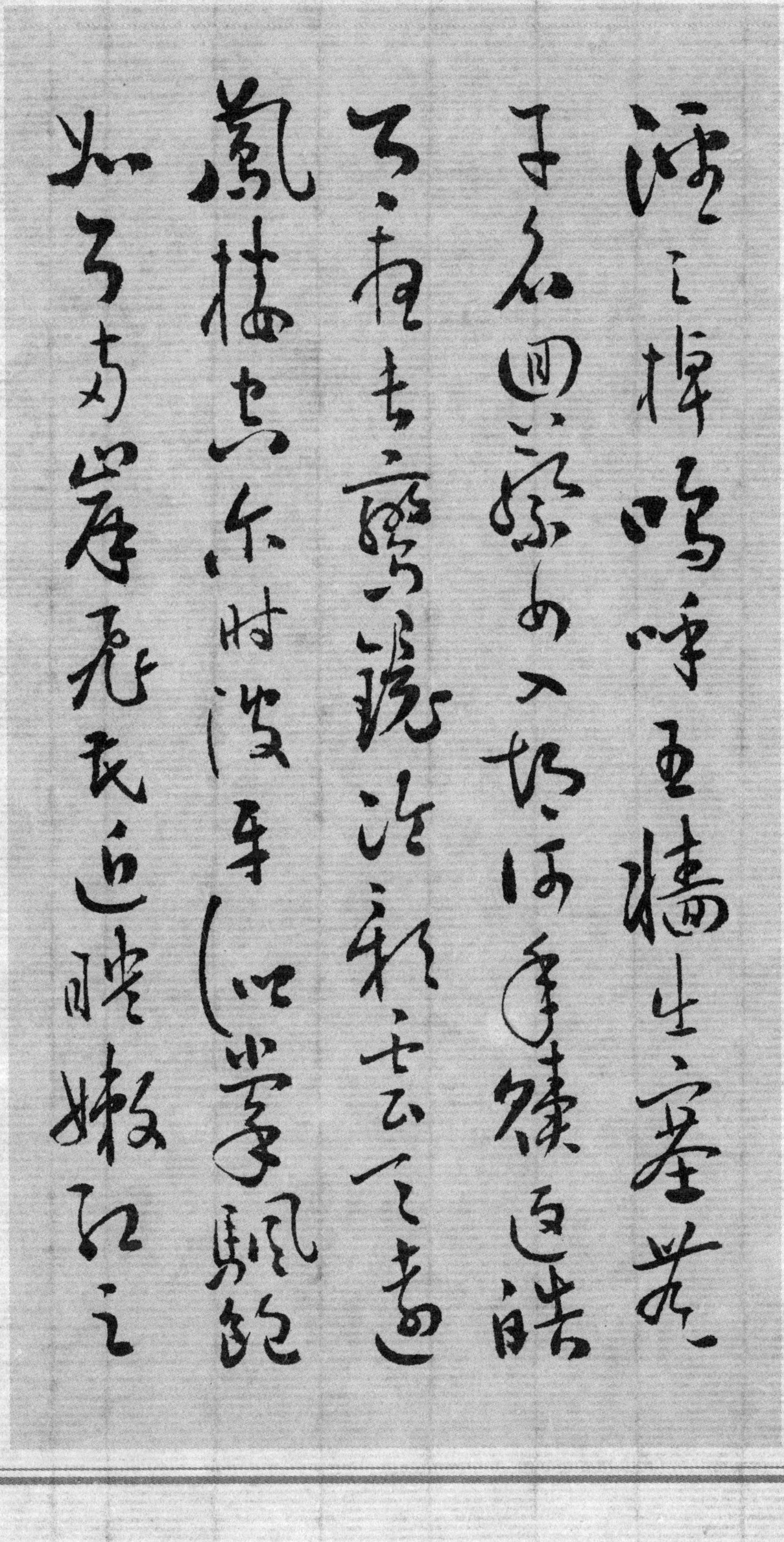

靨；千山抹黛，遥迎淡翠之眉。櫂入銀塘，楊柳絲牽青雀舫；水連鐵甕，桃花片逐白鷗波。江色無邊，春光如許。晴隄絮落，點點飄來；暮樹鵑啼，聲聲催

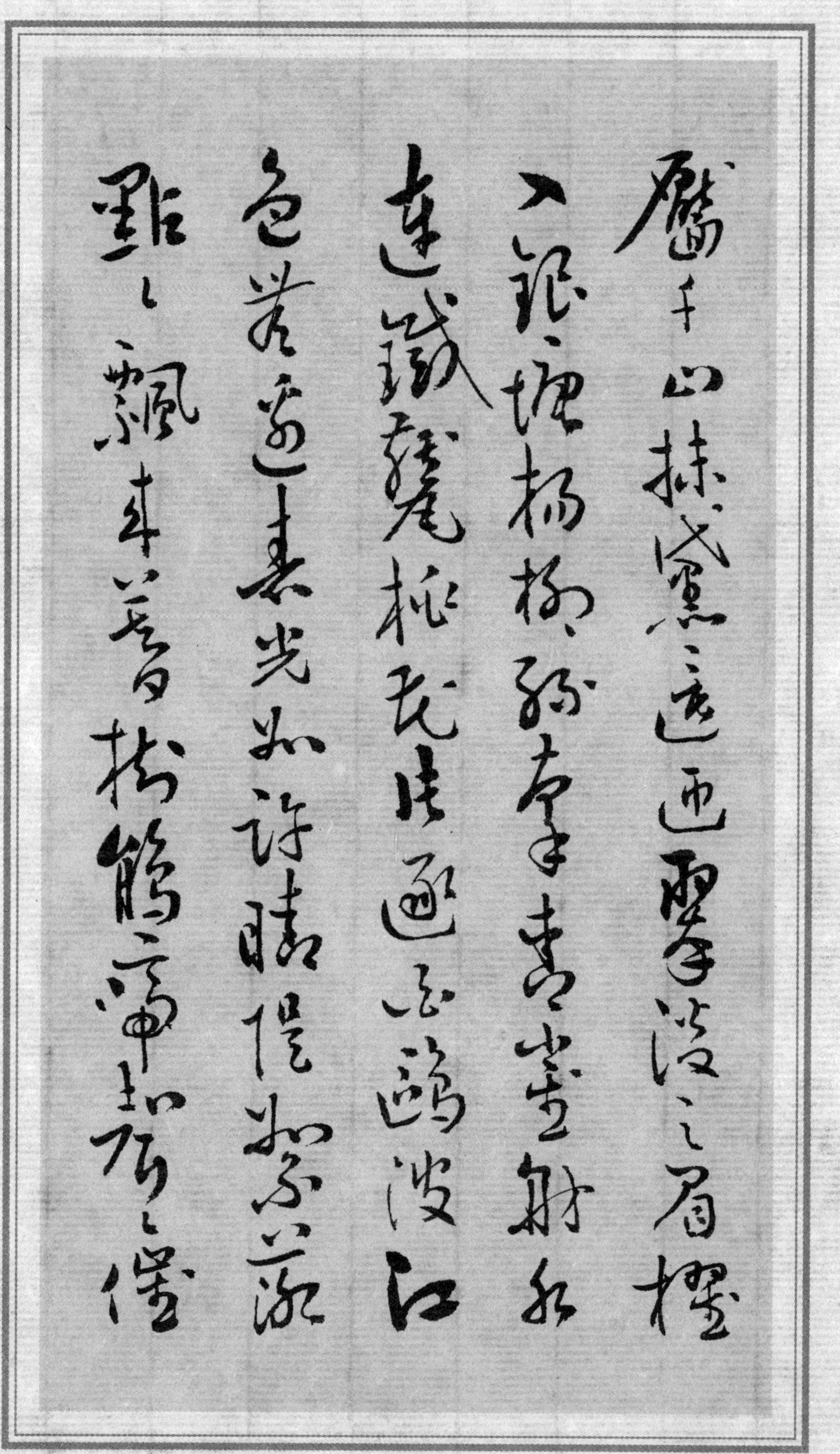

去。靚燭天之燈火，舟停建業門前；聽沸地之管弦，人到秦淮河畔。第見香輪霧合，寶勒雲屯。四姓衣冠，鳴騶結駟；六朝金粉，煥碧輝丹。俄而，隱

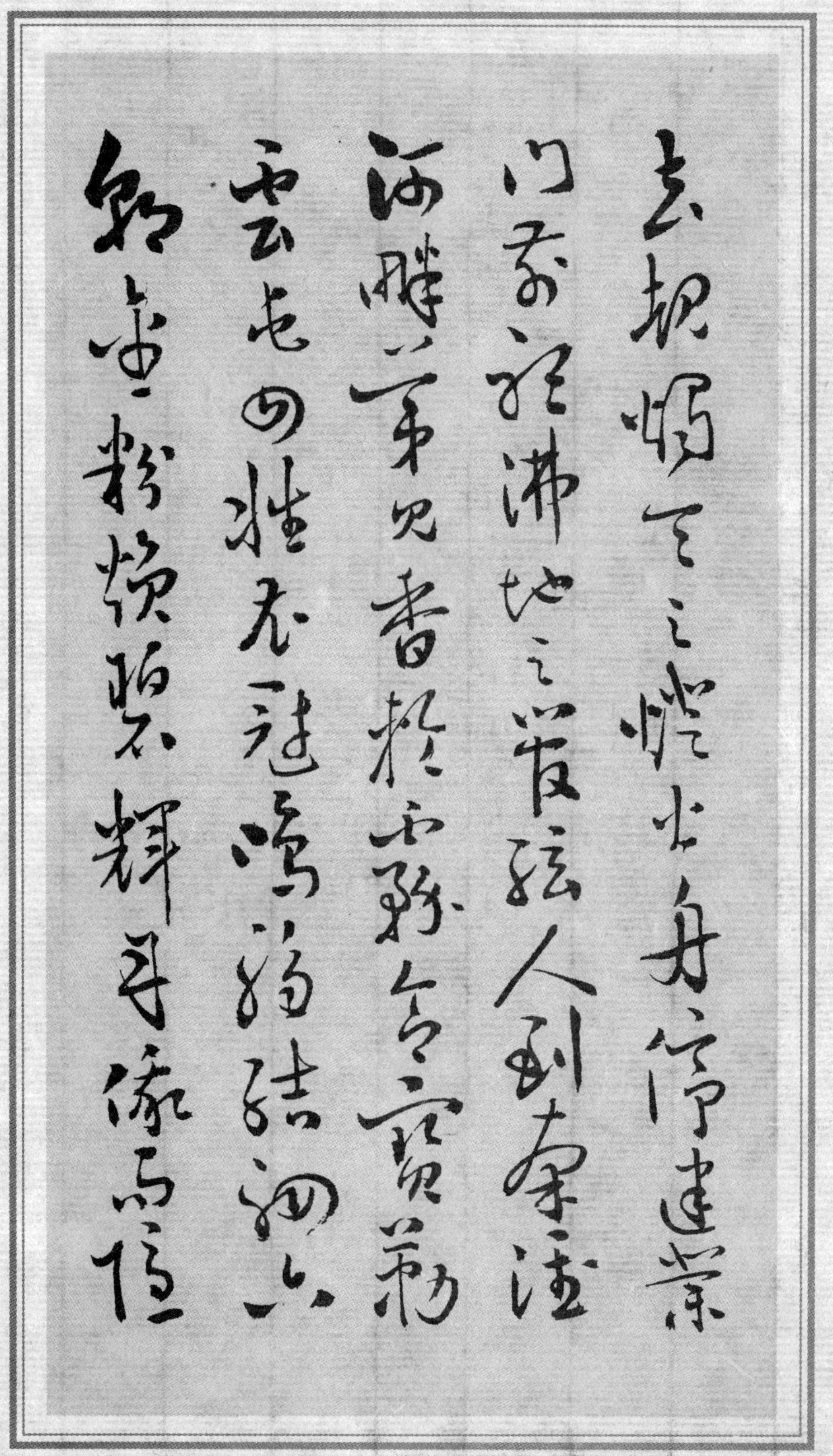

隱聽畫船之簫鼓，移來水上麗人；珊珊聞錦幰之佩環，降出月中仙子。觀者如堵，從之如雲。門畔停車，群迎韓姑；陌頭脱帽，只看羅敷。姑時(但)聞賓從

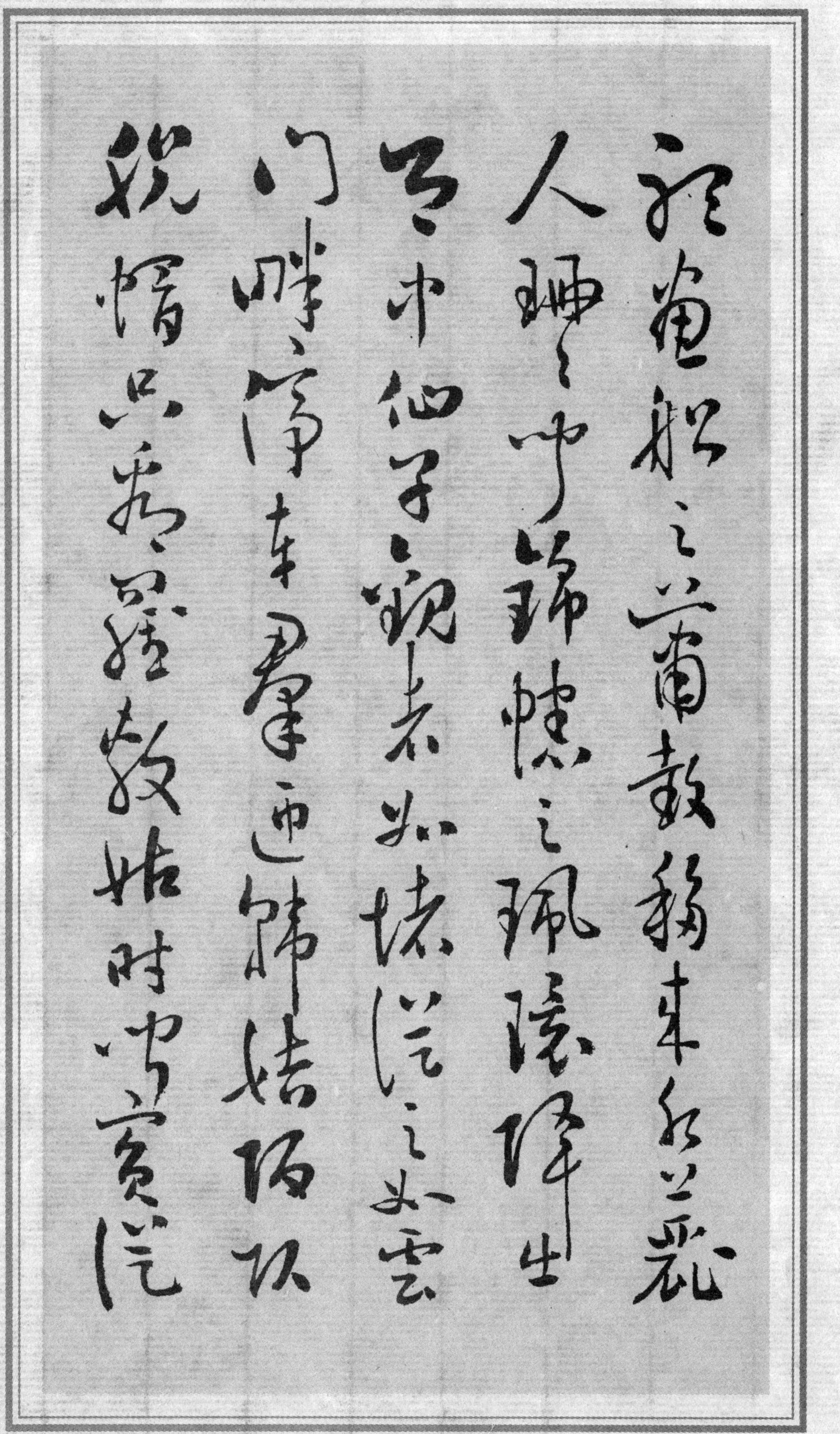

之聲，勢如鳩聚；及見主人之貌，態極龍鐘。異哉，離日非遥，頓改蕭郎之面目；睽時未久，忽成皓叟之須眉。豈因多病多愁，沈腰瘦盡；何故易衰

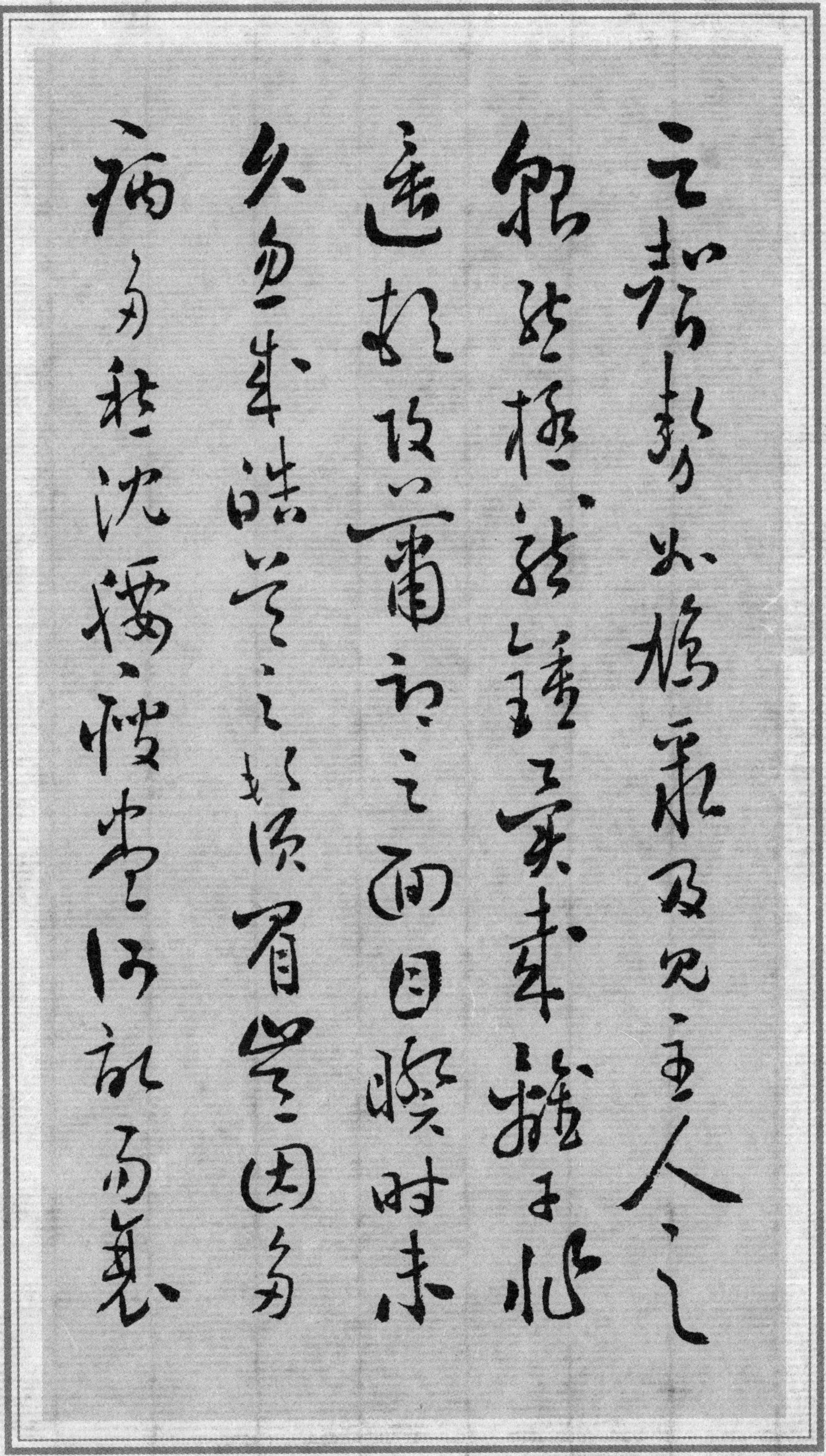

易邁，潘鬢凋殘。始知客路如天，未知何地；更訝侯門似海，不識誰家。在姑皂白難分，祇自旋腸轉腹；其母雌黄莫測，最能鼓舌摇唇。謂夫玉貌易衰，金

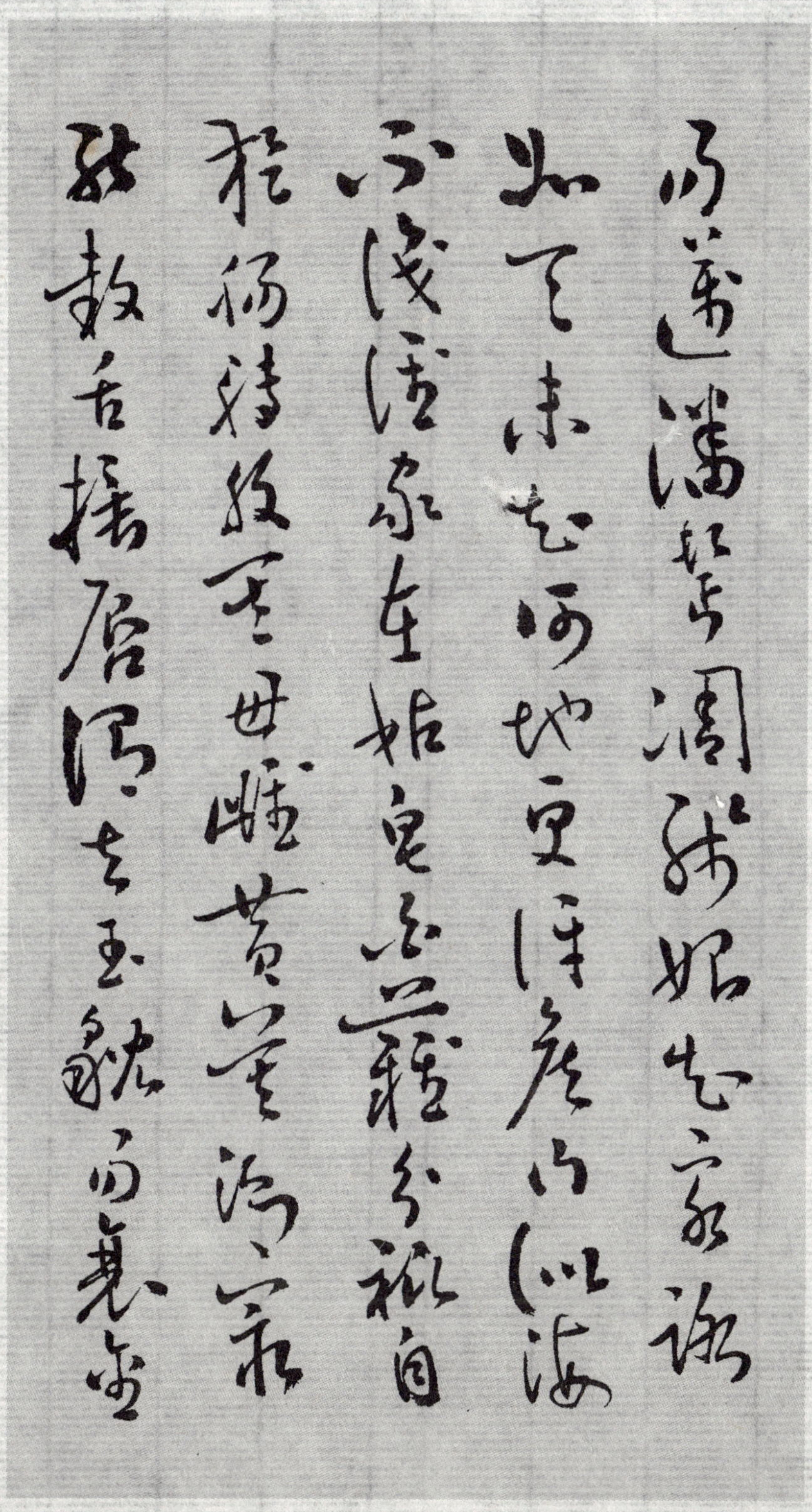

夫難遇。與使久乖琴瑟，長爲蕩子之妻；毋寧再抱琵琶，且作商人之婦。狗如可嫁，續尾何妨，兔既不來，守株何益。姑一時號絶，五内皆崩。董相車前，甘心慘

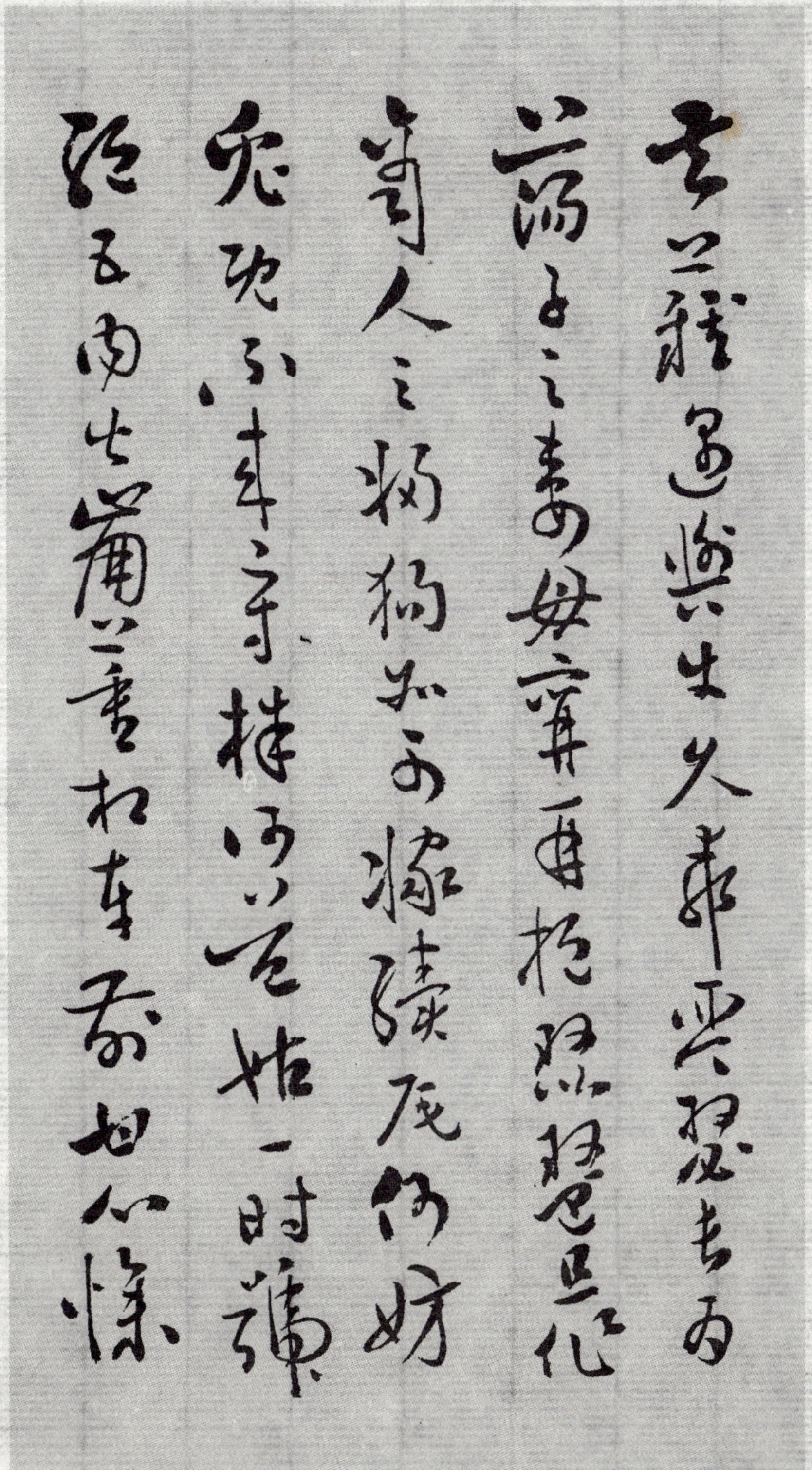

死；宋玉臺畔，絕意貪生。但祈泉下完名，何惜階前碎首。足飛鳳舄，身馳綠野之堂；髮散鴉鬟，頭觸紫英之石。驚飆駭弩，率爾難防；粉骨糜身，怡

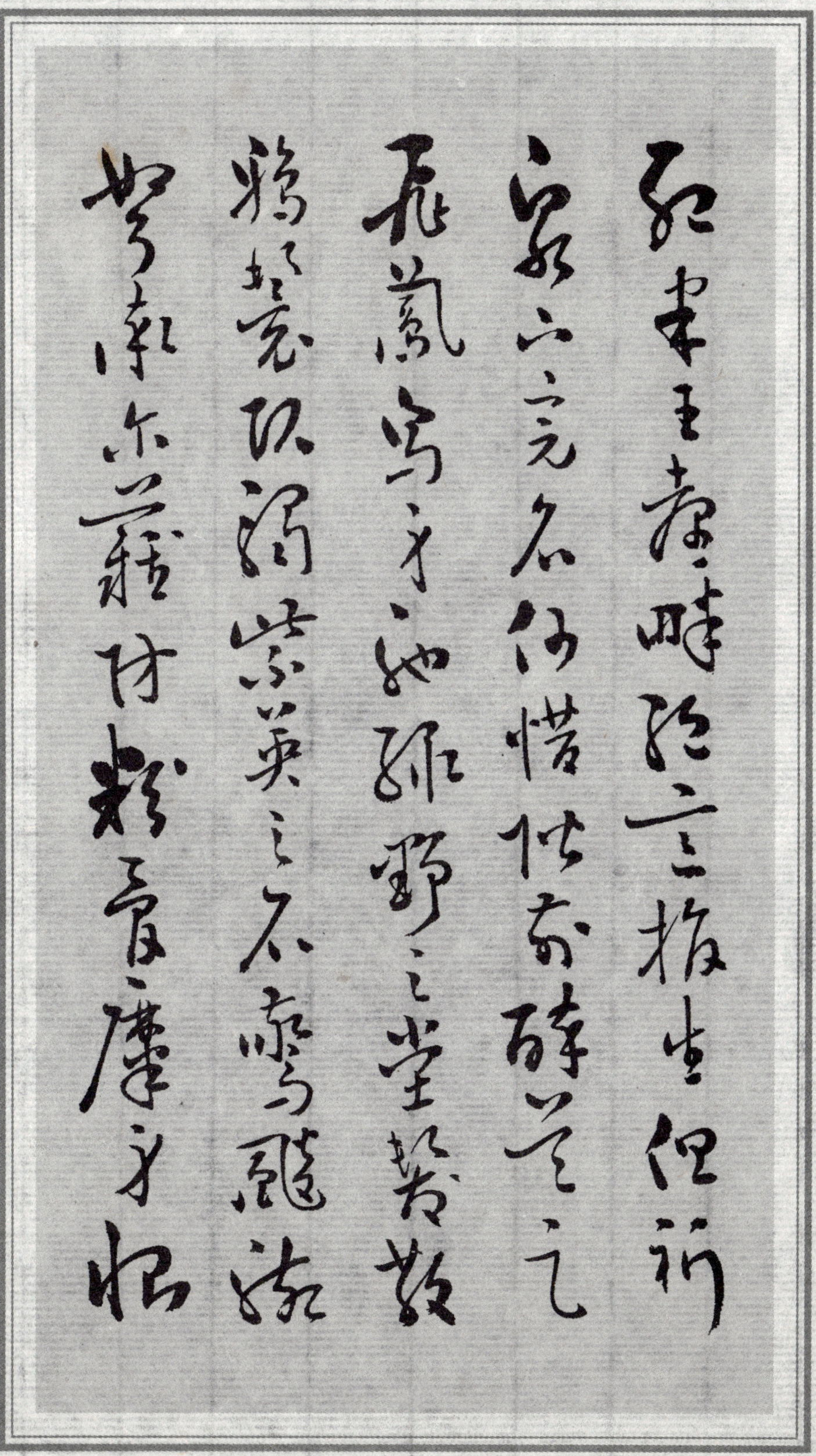

卷三

焉勿顧。玉投崖以迸裂，珠墮地而轉旋。頃見鶴頂流丹，猩唇漂赤；蓮生舌底，涌出紅雲；梅綻頷間，點成絳雪。一絲遊(餘)氣，將霏紫玉之烟；四散驚魂，共

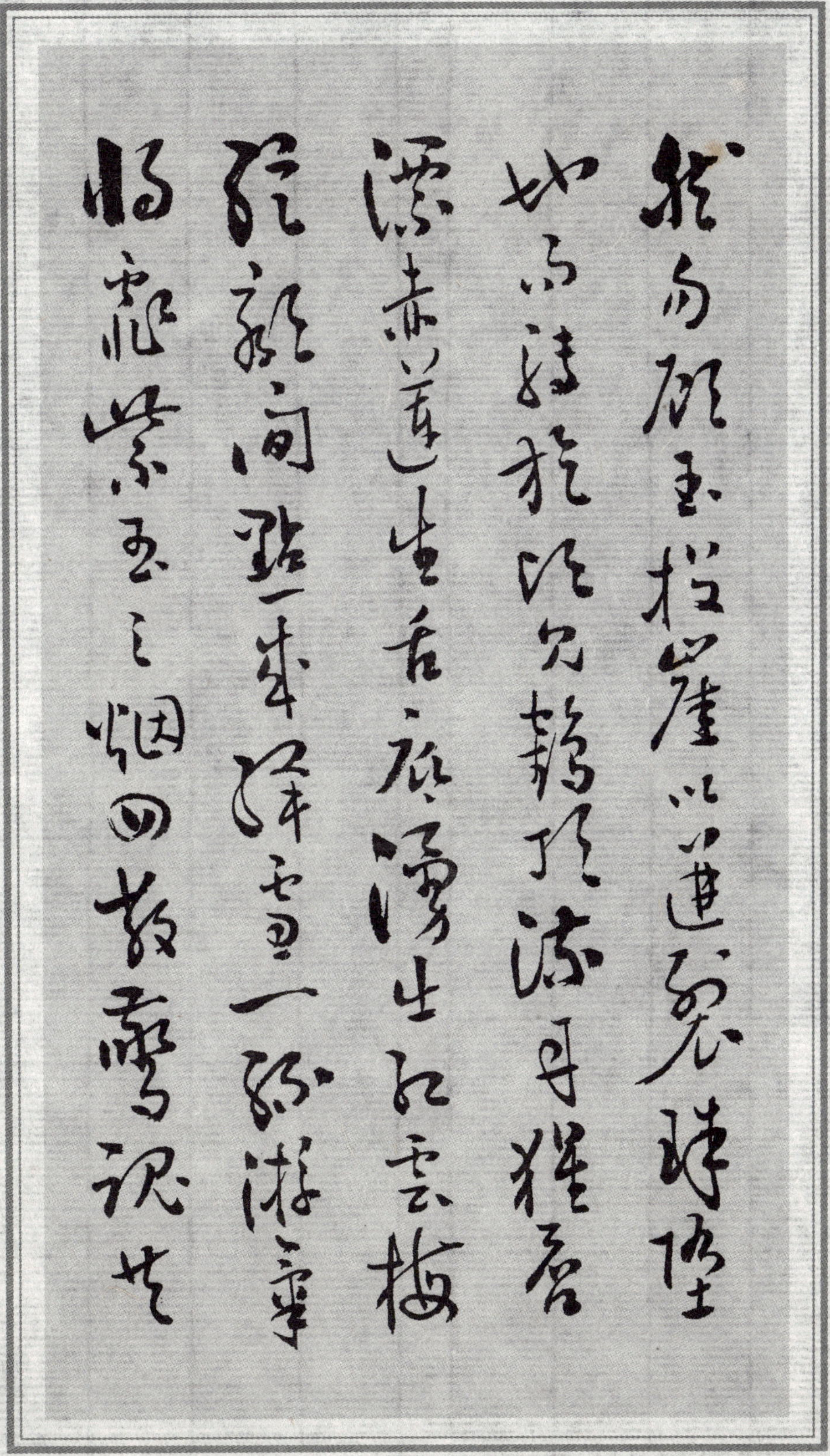

索元霜之藥。幸而天憐苦節，神鑒芳貞。調成獺髓靈膠，丹能續命；探得鵲巢瑞木，香可返魂。花謝荊枝，枯時復茂；灰寒麝爐，死後重燃。此

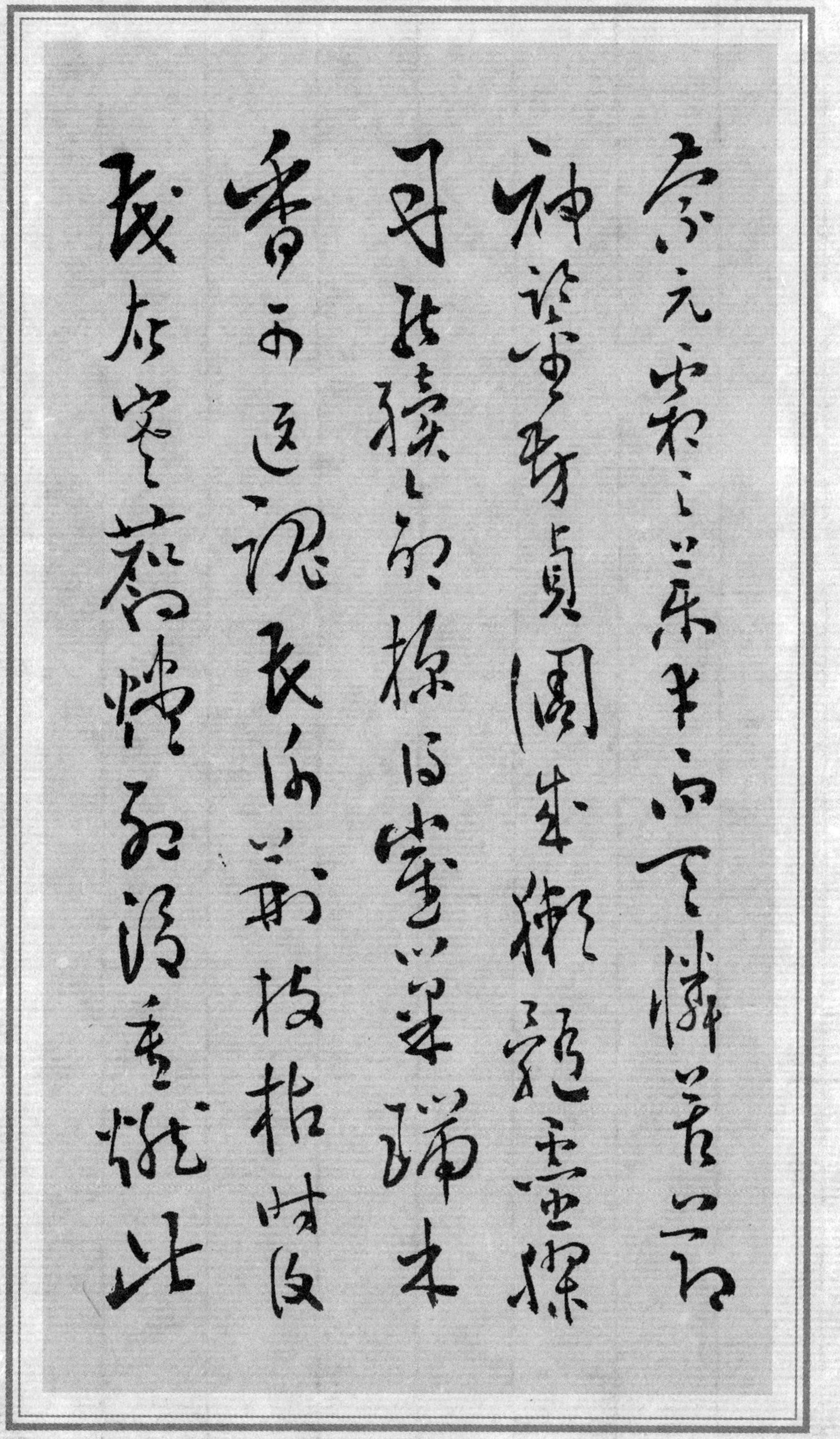

老乃知事不(易)諧，人難强合。巴蛇雖思吞象，彩鳳豈肯隨鴉。乃使璧返澠池，珠還合浦。老夫已耄，不爲居室之謀；之子於歸，別作宜家之計。惟時

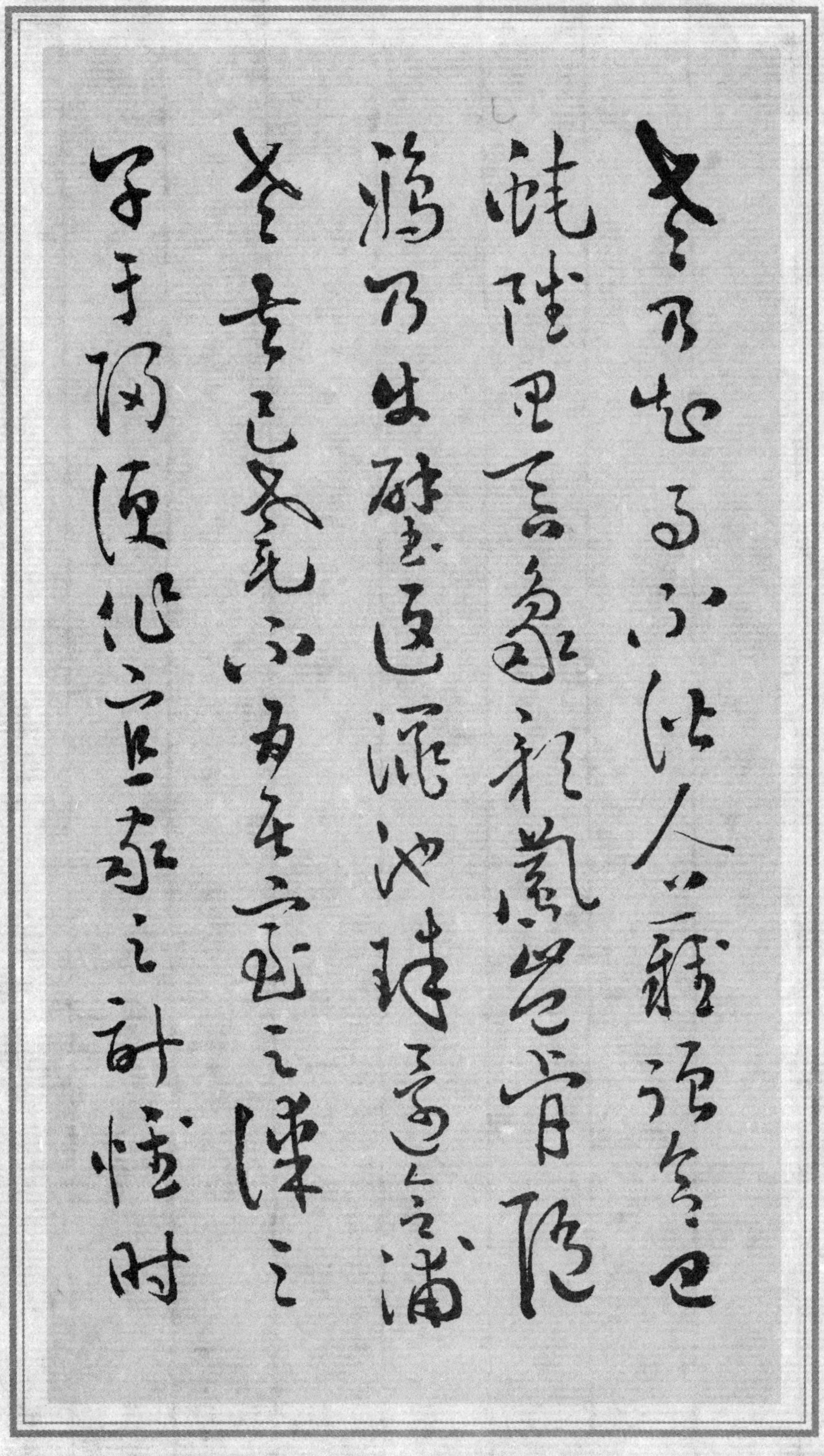

收涕出門，牽衣就道。似春花之遭雨打，零落殘紅；如秋蘀之被風吹(摧)，飄騷晚翠。塞鴻避弋，棲來何地江湖；海燕離巢，傍去誰家門户。未幾，暮

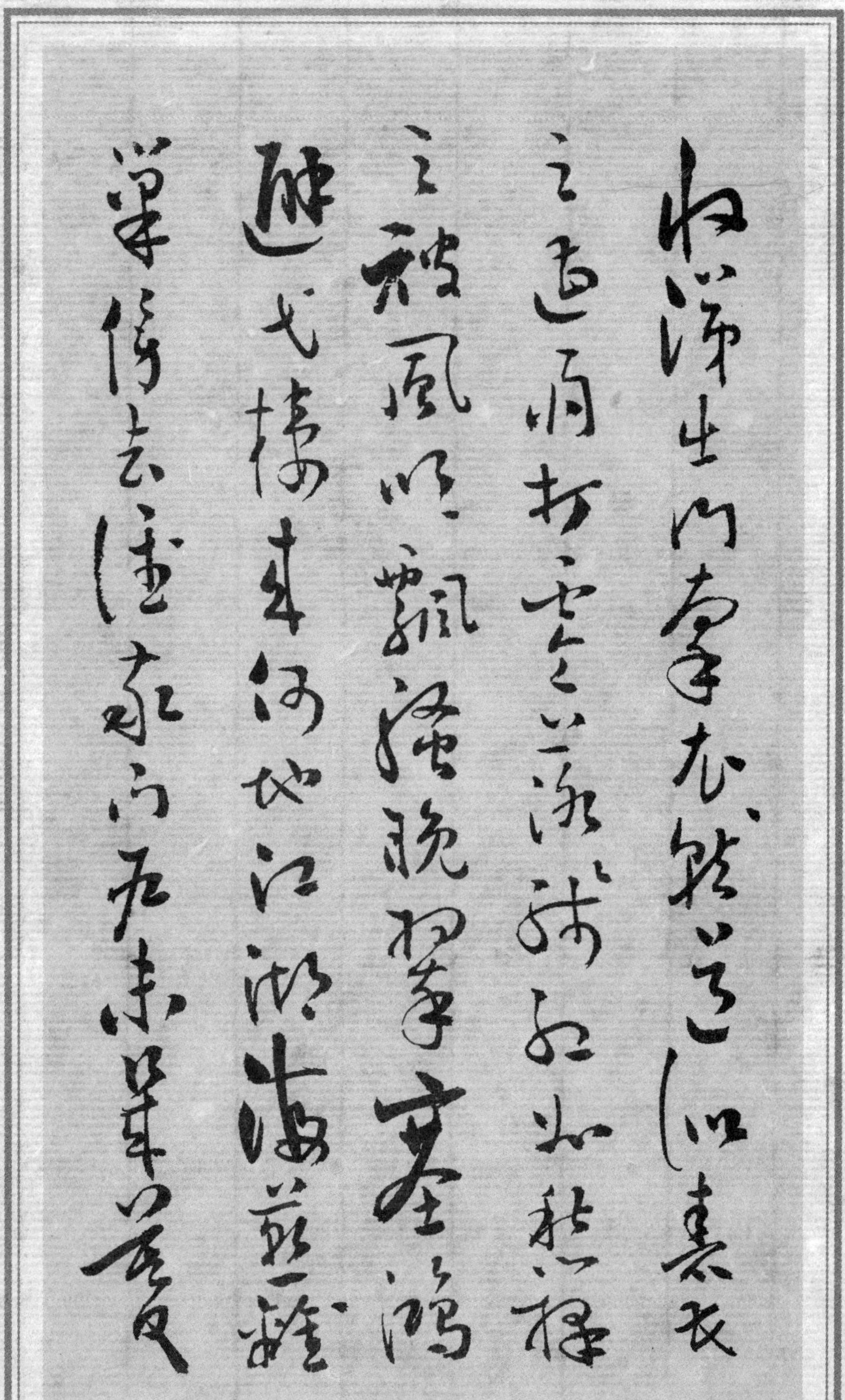

雲歸岫，倦鳥投林。風急石頭，濤聲洶湧；暉斜浦口，樹影迷離。蚊陣陣以成雷，犬狺狺而如豹。宿荒途則露筋可患，投旅邸則牽臂堪虞。

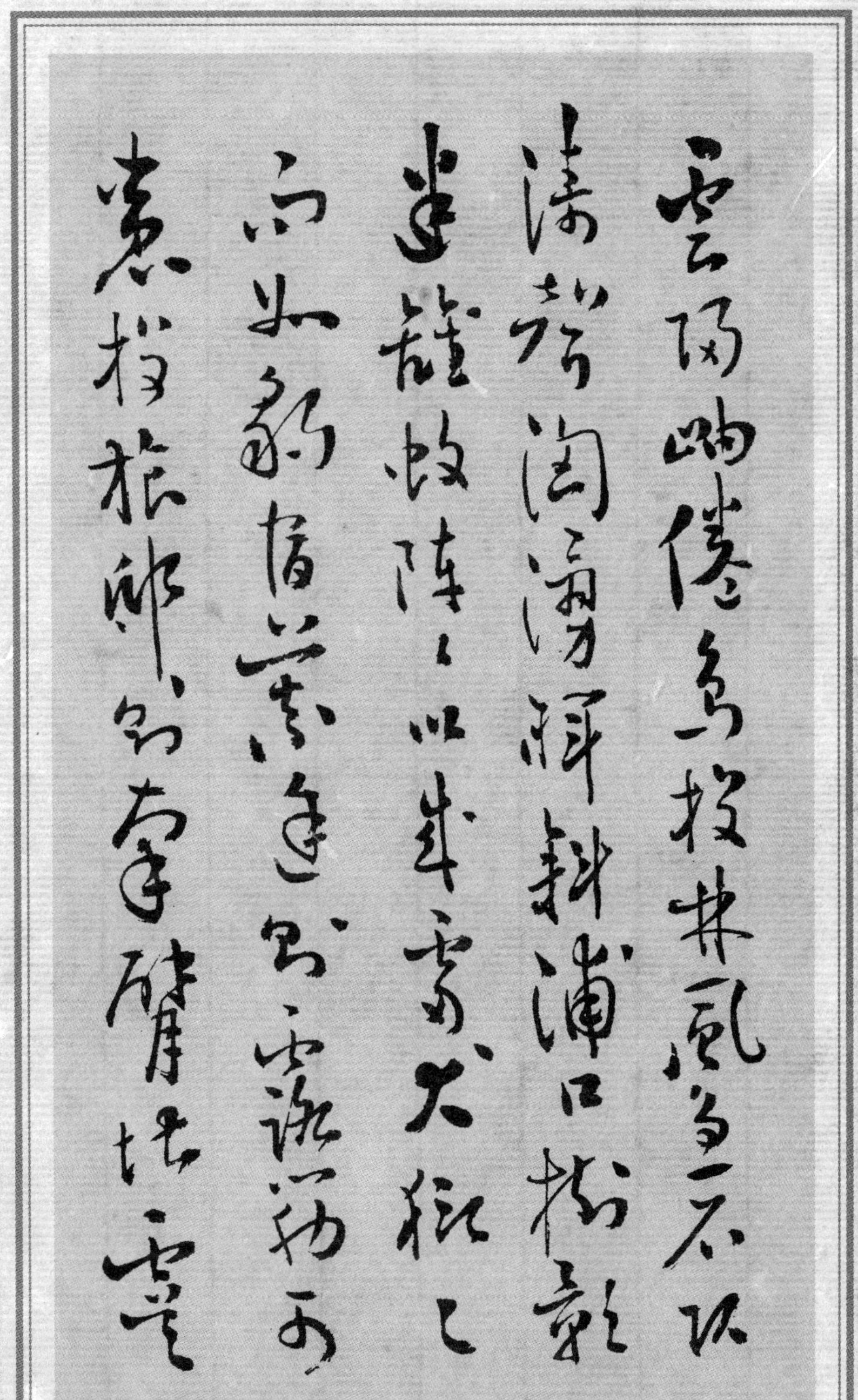

哀哉，愁共地長，就恤未歸之衛女；幸也，緣從天假，適逢將老之徐娘。問前路於已經，知自崖而難返。不曾相識，漫訴若於窮途；莫可如何，

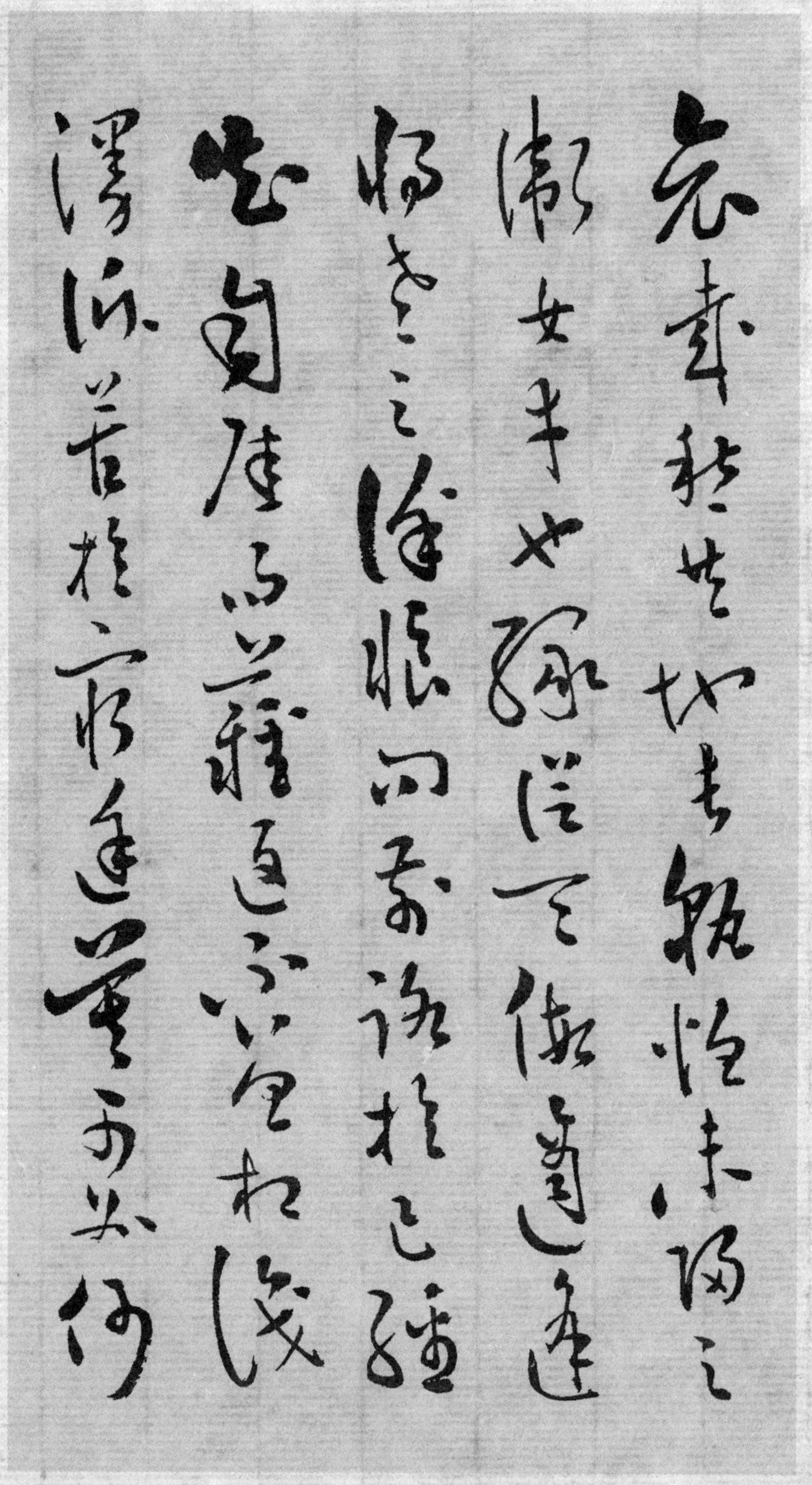

輒乞哀於昏夜。此婦詞殊慰藉，意頗慇懃。極言天塹難飛，且請江關緩越。市遠從何僦舍，村荒誰作居停。堤邊之綠水迢迢，已無客渡；

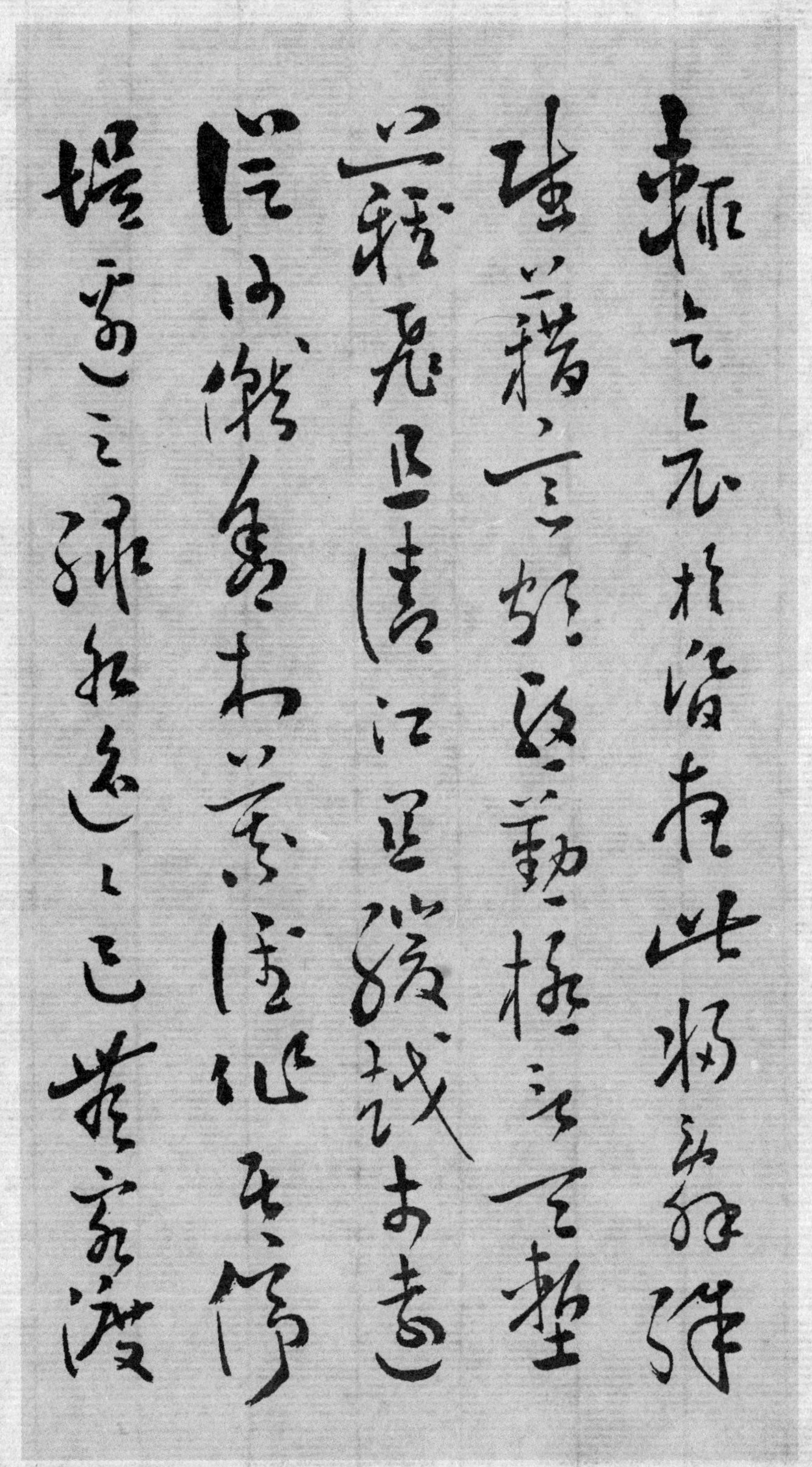

林表之紅樓隱隱，便是妾家。試看殘日無多，願安芳躅；却喜敝廬不遠，乞度香塵。時則姑也，既與其母銘心共感，即與此婦携手同行。第見林

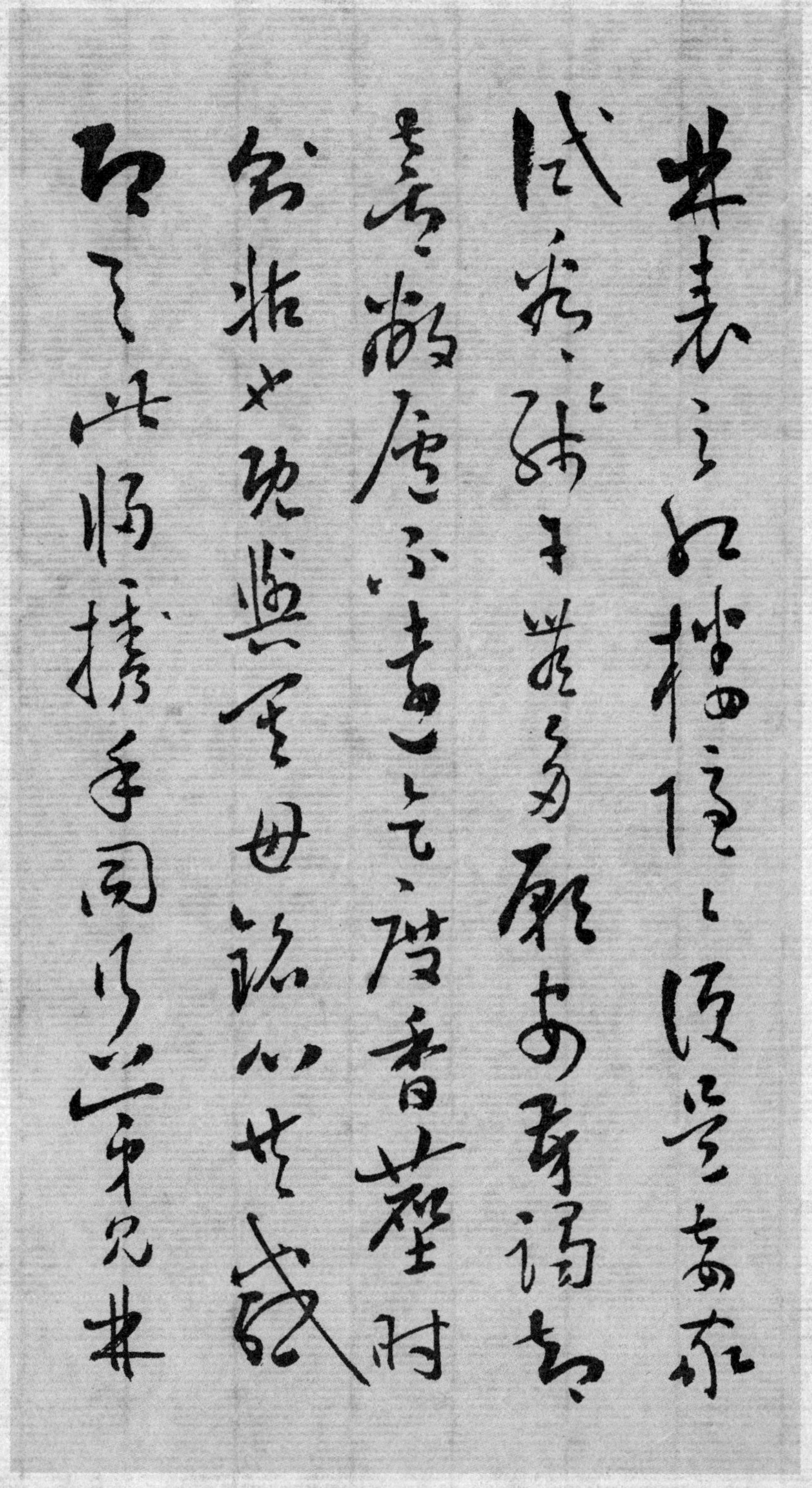

密村深之內，別有洞天；山重水複之間，另多勝地。長堤窈窕，過射鴨之斜欄；小沼瀠洄，近聽鸝之曲院。室非寒素，家不尋常。重重水榭風亭，遍雪

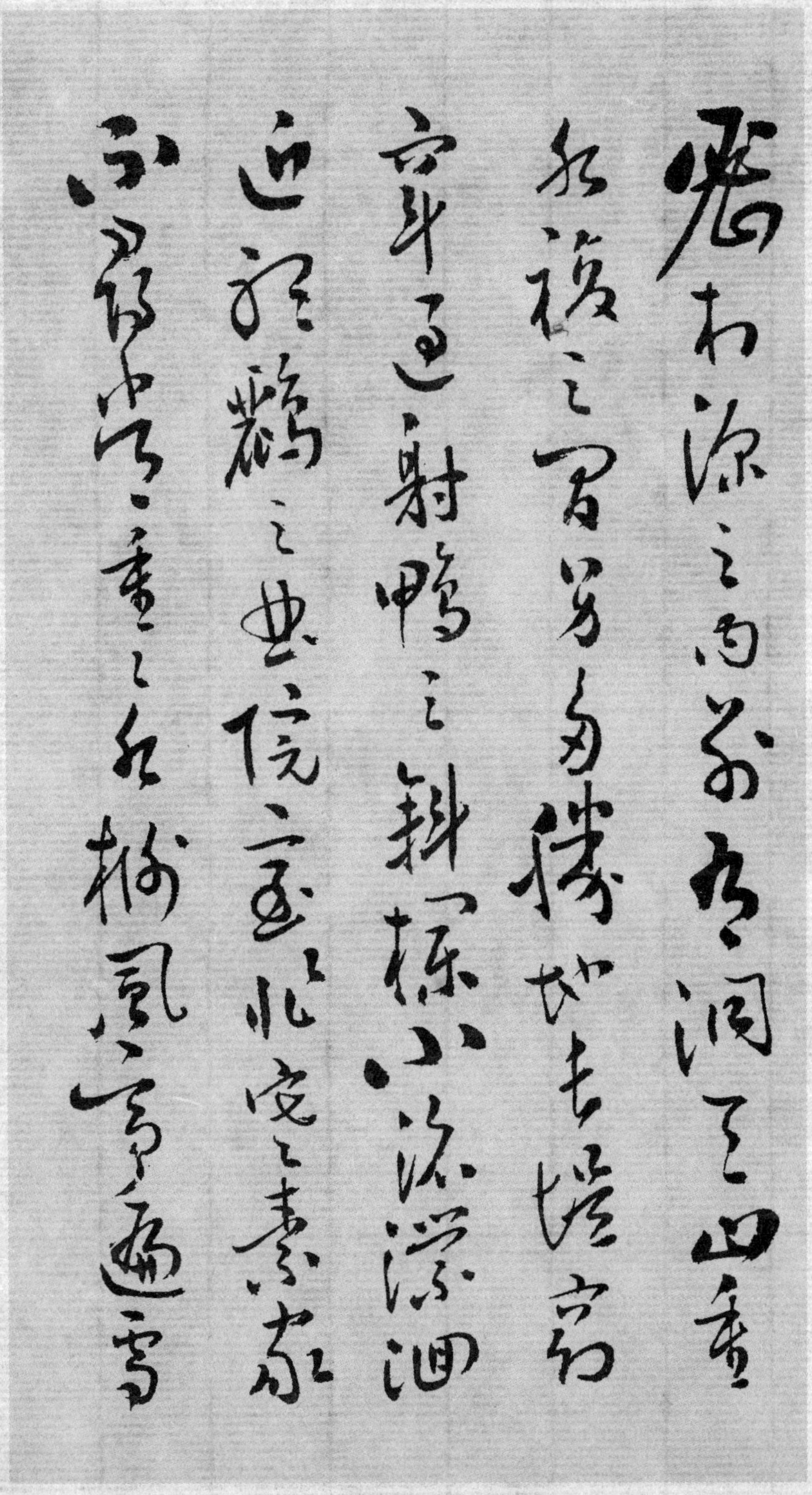

膚而花貌；隊隊舞衫歌扇，俱琢月以鏤雲。簾捲玉丫叉，齊飛玉燕；窗開金屈戌，對舞金鸞。寶罽繡裀，香濃霞帳；銀箏鐵撥，響遏雲衢。低

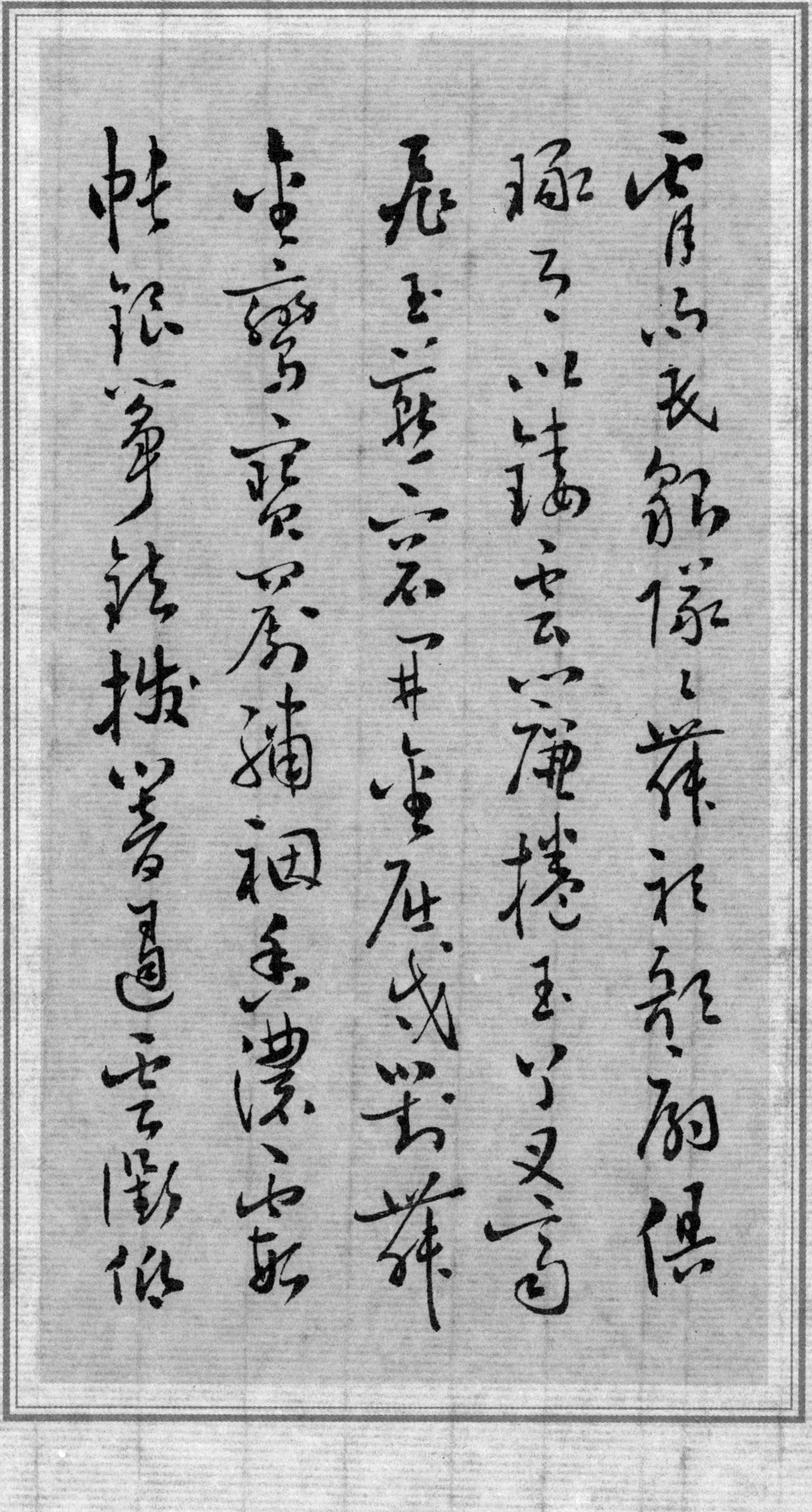

唱則鶯囀圓吭，巧笑則(犀)分齲齒。柳拖烟碧，花逐雨紅。玳瑁筵前，坐遍三千珠履；秋千架畔，排成十二金釵。初見爭妍鬥麗之形，疑爲宦青；及

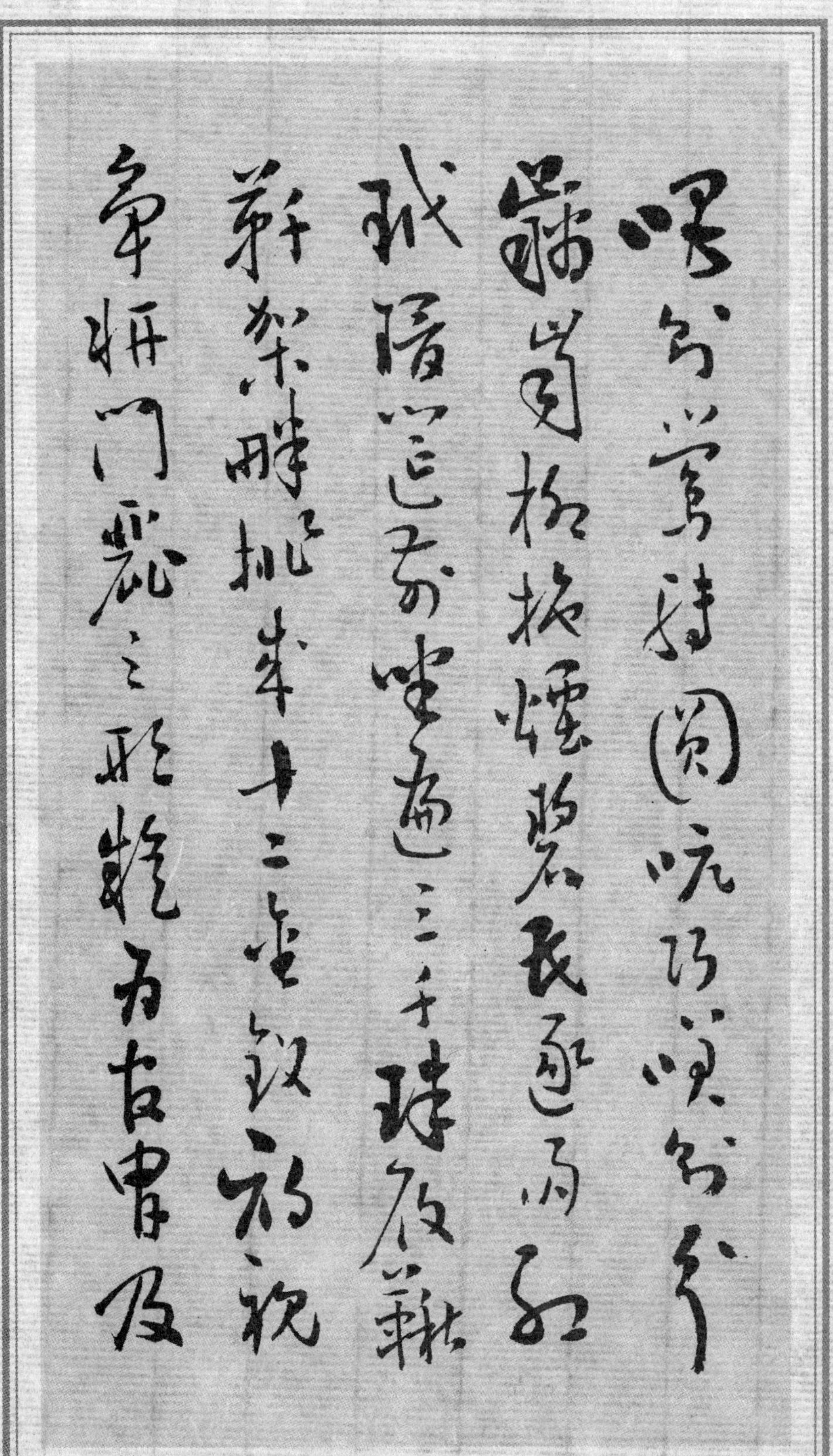

觀送舊迎新之態，知是娼家。噫嘻，剛離猛虎之區，又入野鴛之隊。天乎無罪，難望再生；命也何如，所欠一死。忿深搶地，痛極崩城。豈非孽係夙

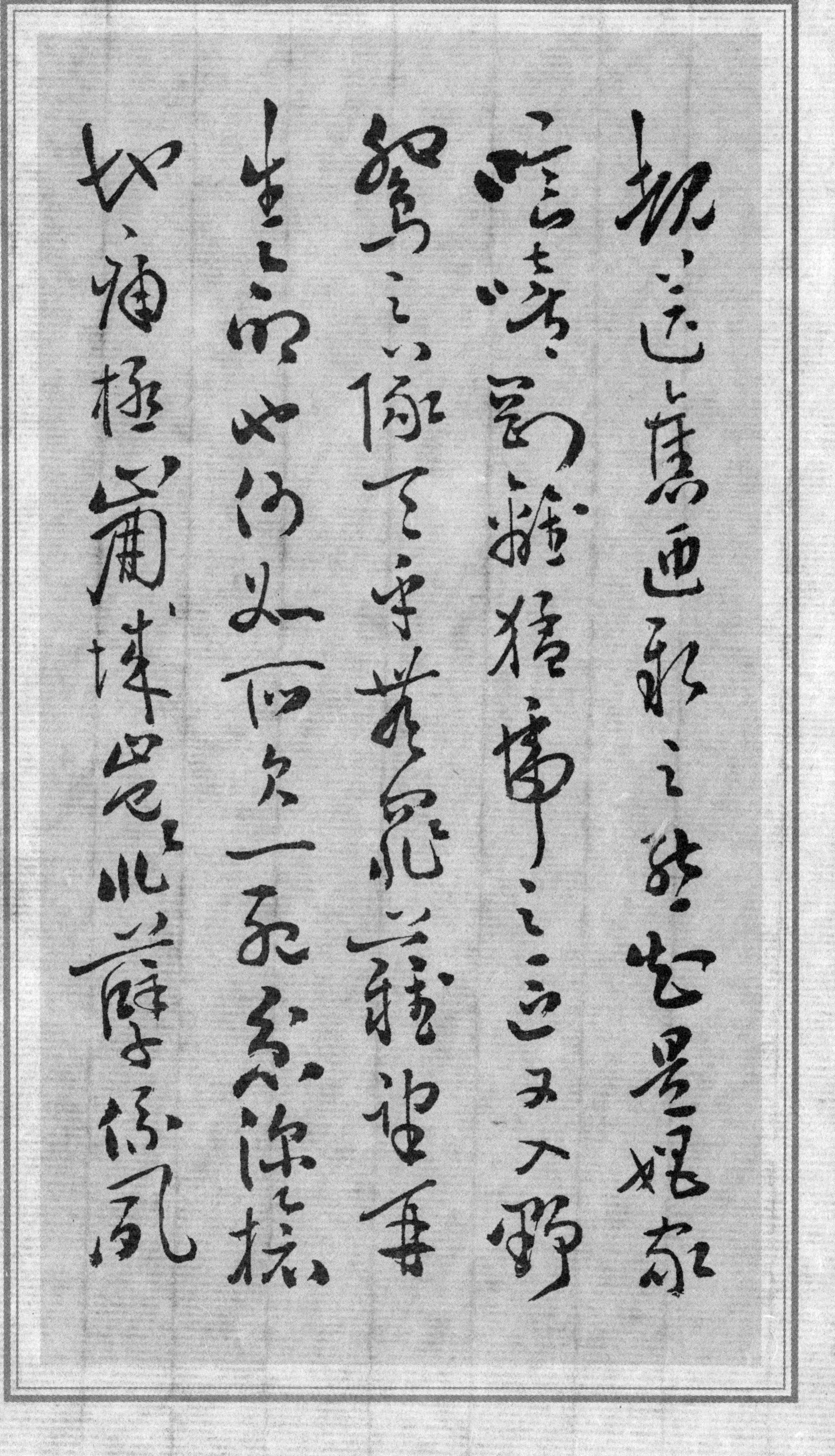

冤，復灑華妻之淚；却是病加新愈，重離倩女之魂。乃有校字名倡，分香妙妓，巧言共勸，婉語相商。欲從驥尾附蠅，敢向佛頭點糞。倘肯鶯花

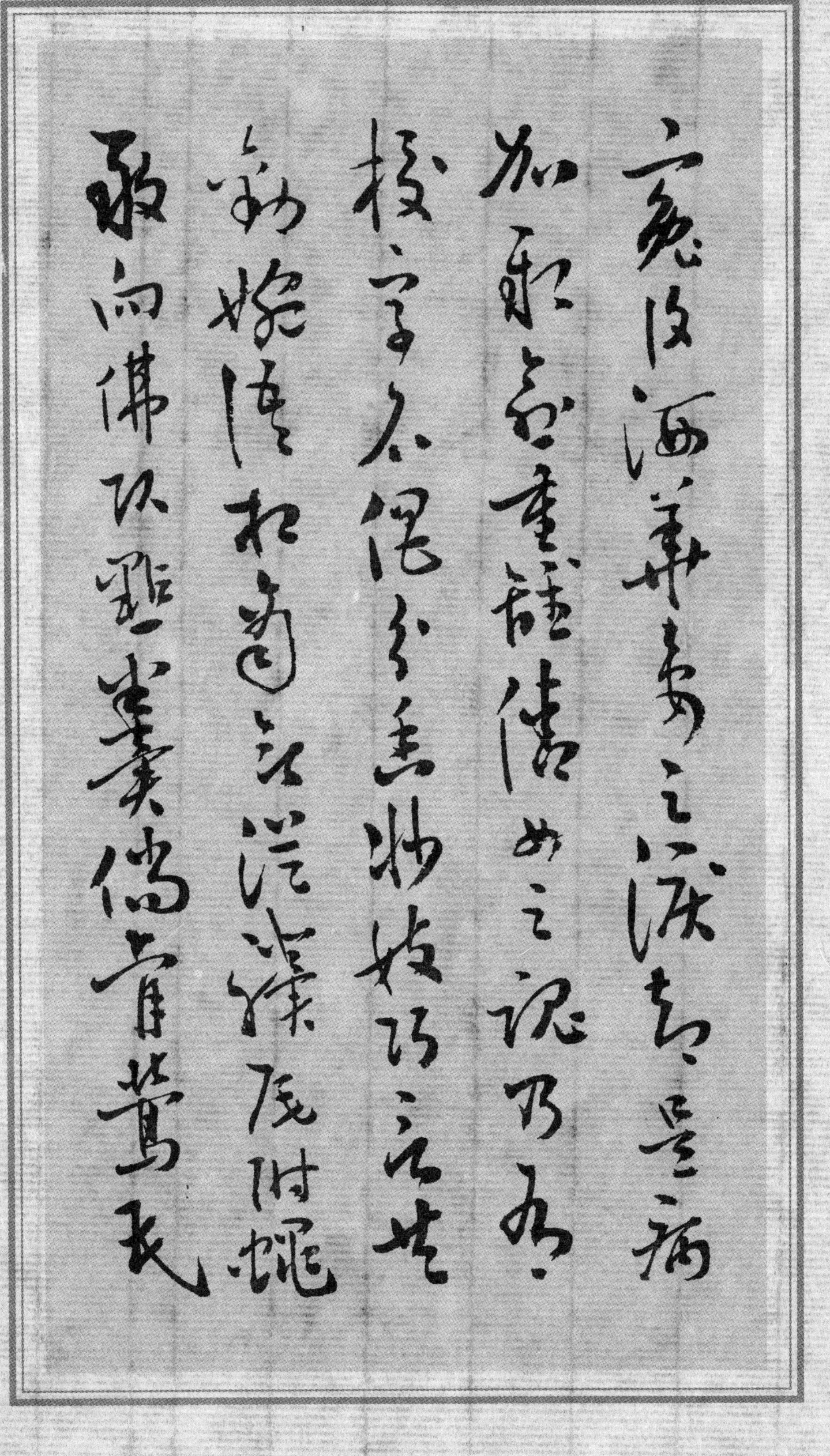

入隊，許汝管領春風；必思冰雪存懷，任爾銜悲夜月。絶知枳棘不可棲鸞，還望蒹葭或能倚玉。偶得一時之遇，竊喜有緣；願邀數日之歡，幸蒙不弃。姑時

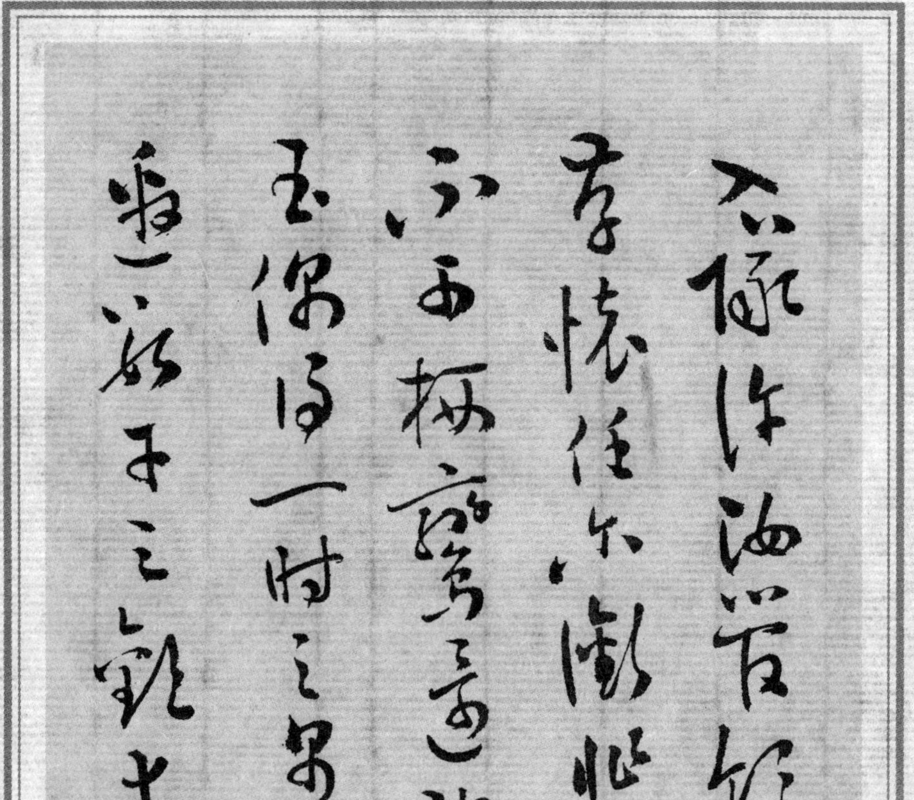

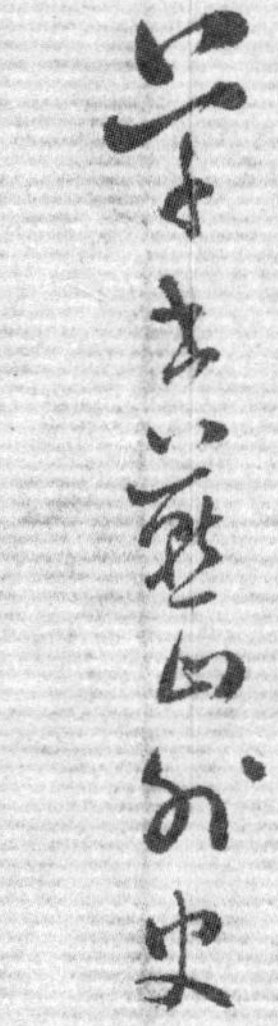

窘若囚鵝，險如騎虎，欲留不可，欲去不能。乃爲掩美之方，以作全貞之計。衆鳥欣有托，孤雲獨無依。而乃髻謝盤龍，妝辭墮馬。鉛膏悉屏，薌澤俱

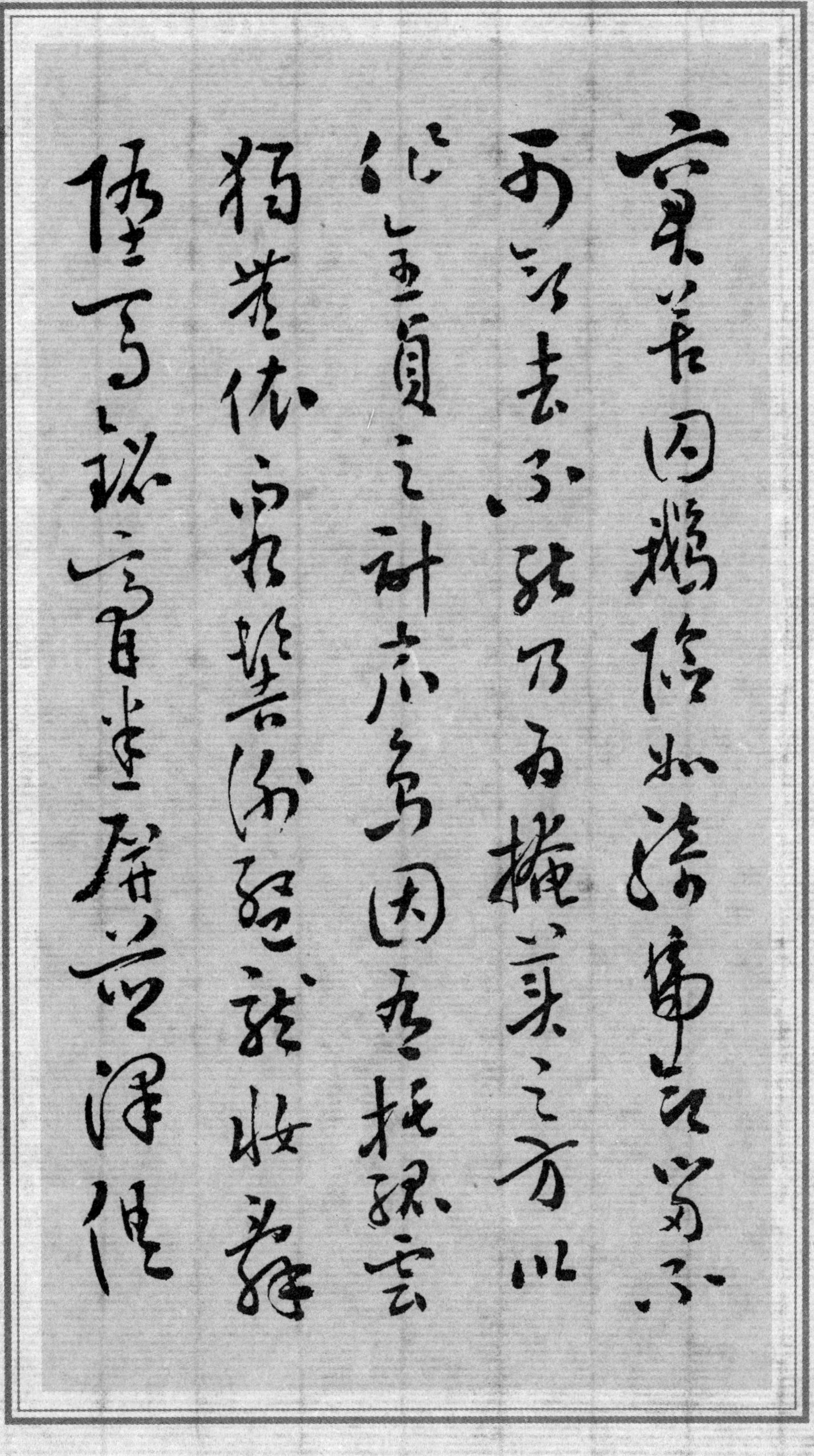

捐。燕子樓中，關盼未嘗出户；枇杷花下，薛濤祇自閉門。心上眉頭，常覺依愁作伴；燈前月下，可憐對影成雙。皎皎冰顔，慵臨青鏡；稜稜玉骨，

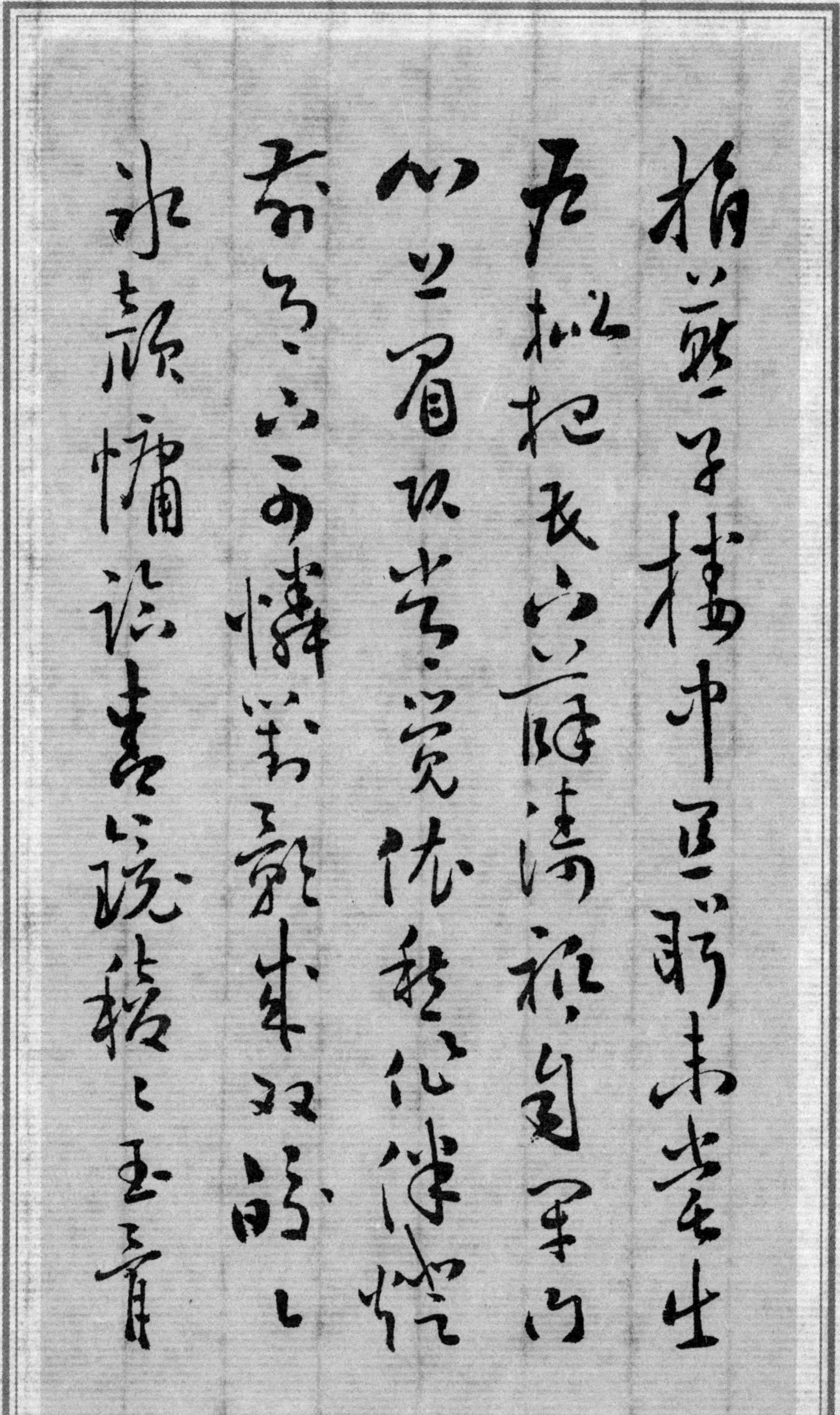

瘦比黄花。嗟乎，金投烈火之中，剛柔始辨；草在疾風之下，勁弱方知。尚何疑於姑哉，而獨怪其母者。窮斯濫，老而饕。嫩白三杯，任狎邪之籠絡；

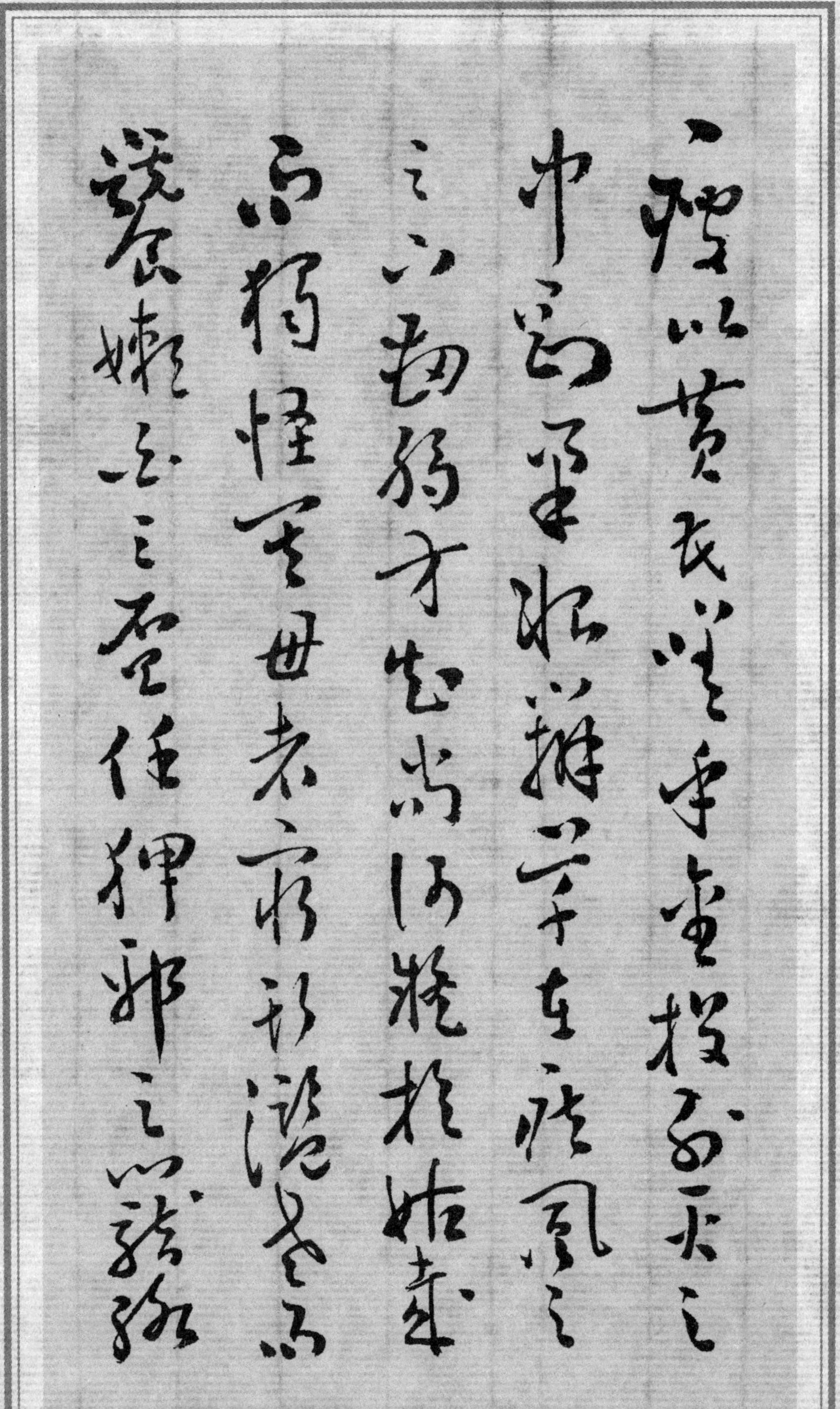

輭紅十丈，欣游冶之繁華。彼見楚國沐猴，嵇家署鳳，漫充黃歇賓客，濫托謝安子侄。徵聲選色，浪揮買駿之資；飾貌修辭，喬作尋芳之

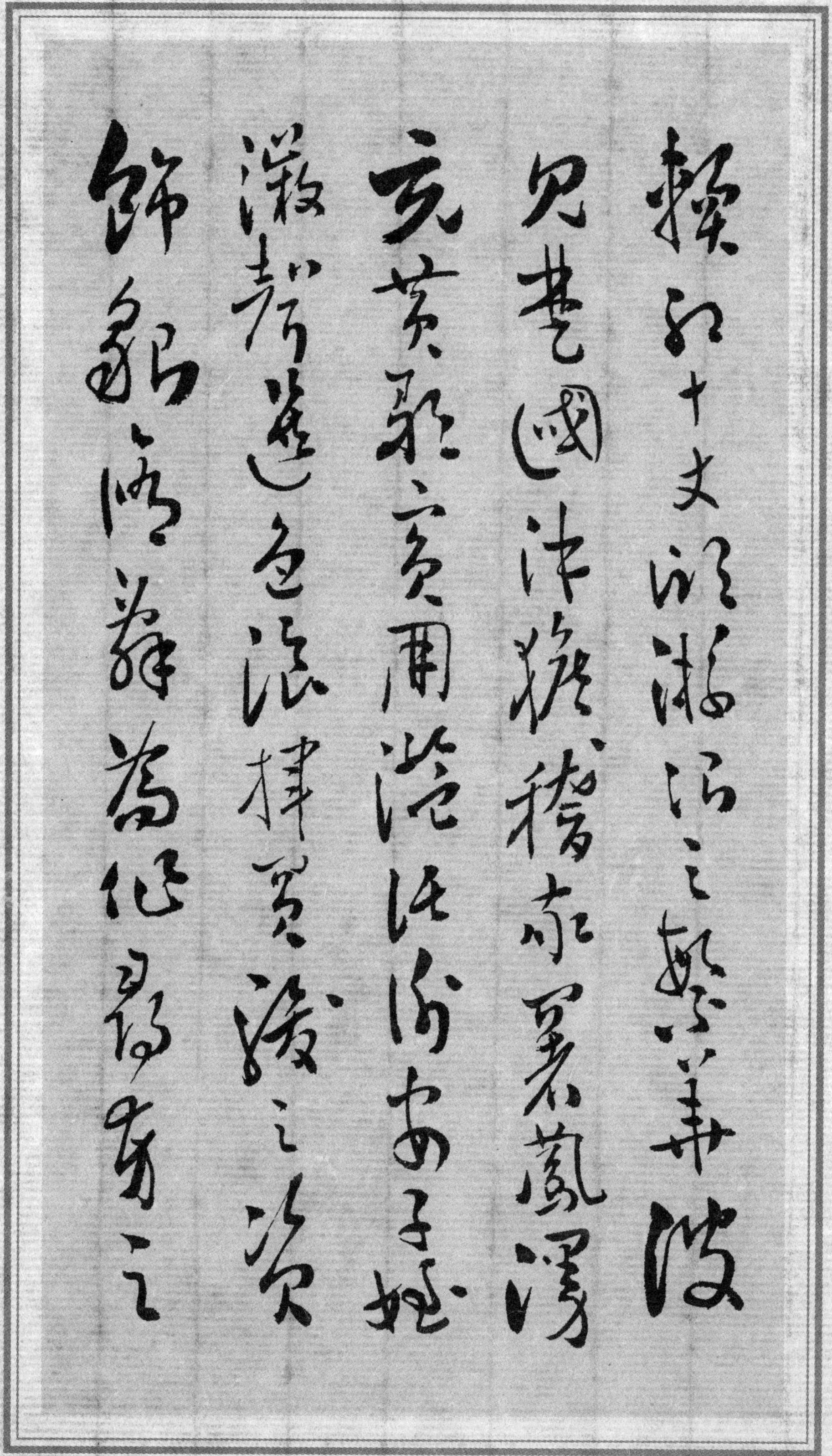

客。劇憐顯族衣冠，殊多波俏；更愛少年裙屐，何等風流。又見媚行烟視之儔，待月迎風之輩，畫屏客至，花態撒嬌；錦幔人歸，鶯聲弄巧。絕不

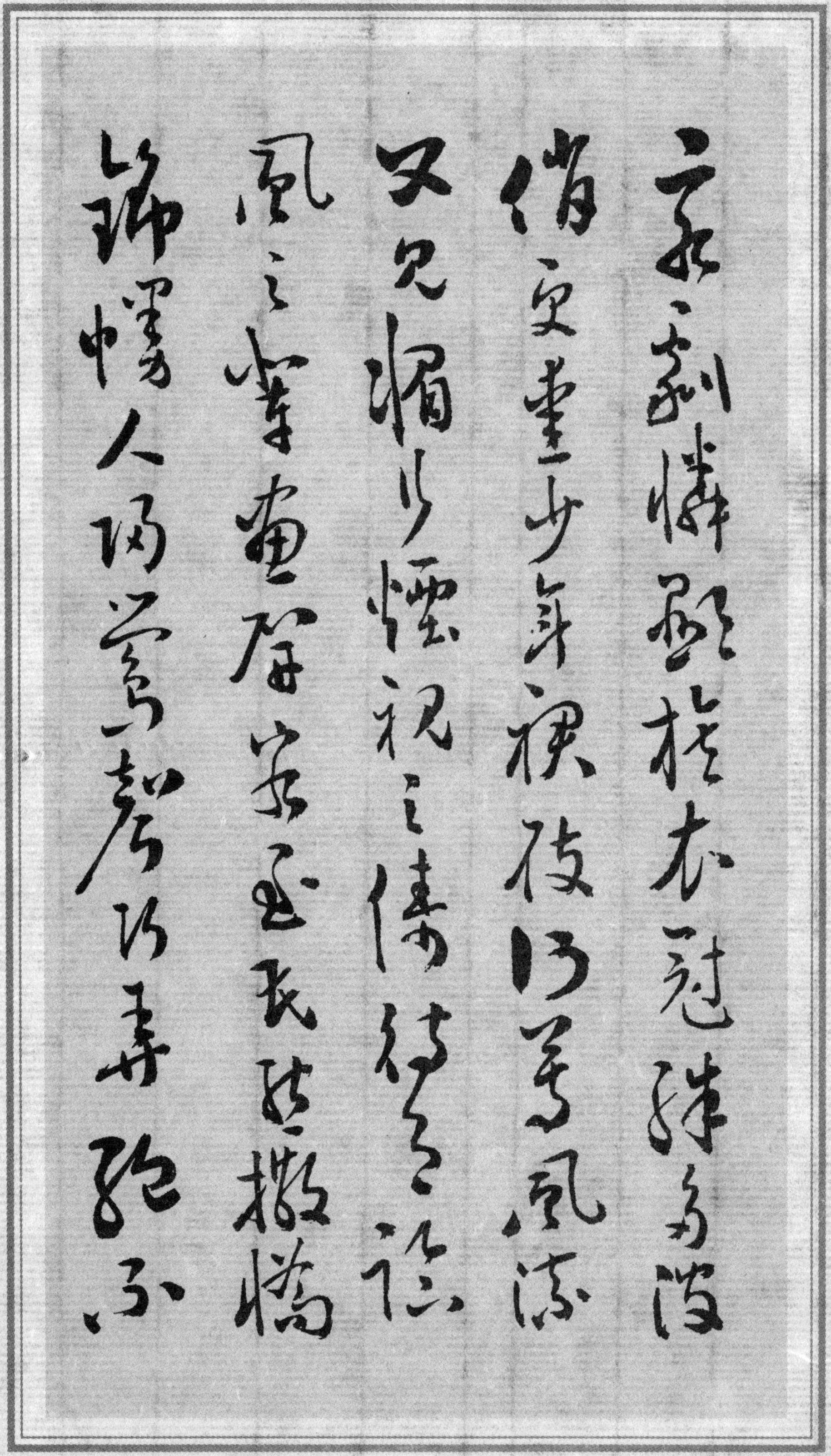

躬親井臼，口饜珍饈；何曾手習梭砧，體盈文繡。曷勝欣羨，殊欲效尤。顧己在頹齡，安得鶵皮復少；而女方盛鬋，正宜鴛頸相交。於是，操射利

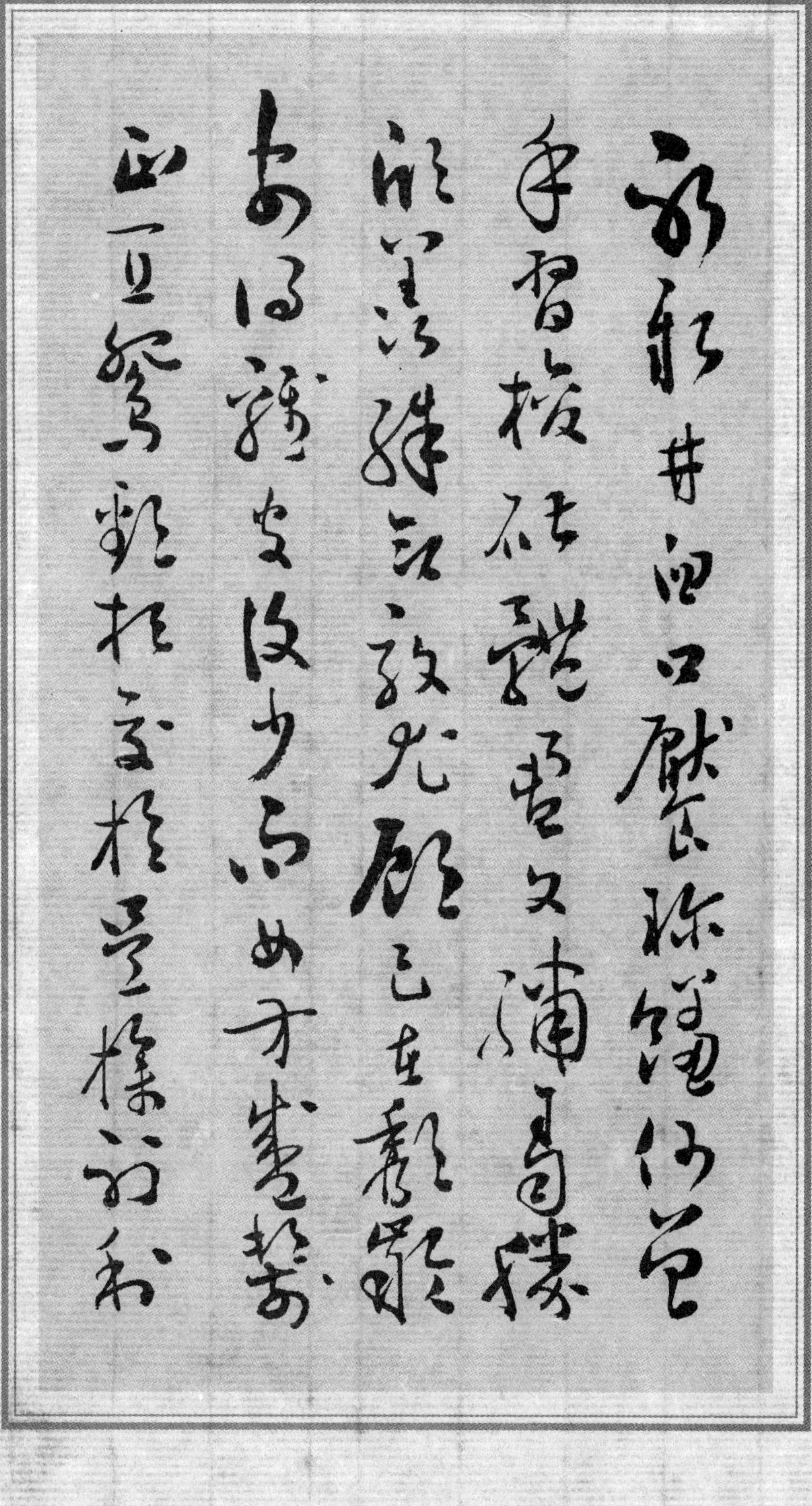

之方，垂爲壼訓；借誨淫之術，用作閨箴。逐浪隨波，迫歸慾海；捕風掠影，逼入情關。栽成新緑桐陰，莫思棲鳳；種得淡黃柳色，只欲藏鴉。見菜

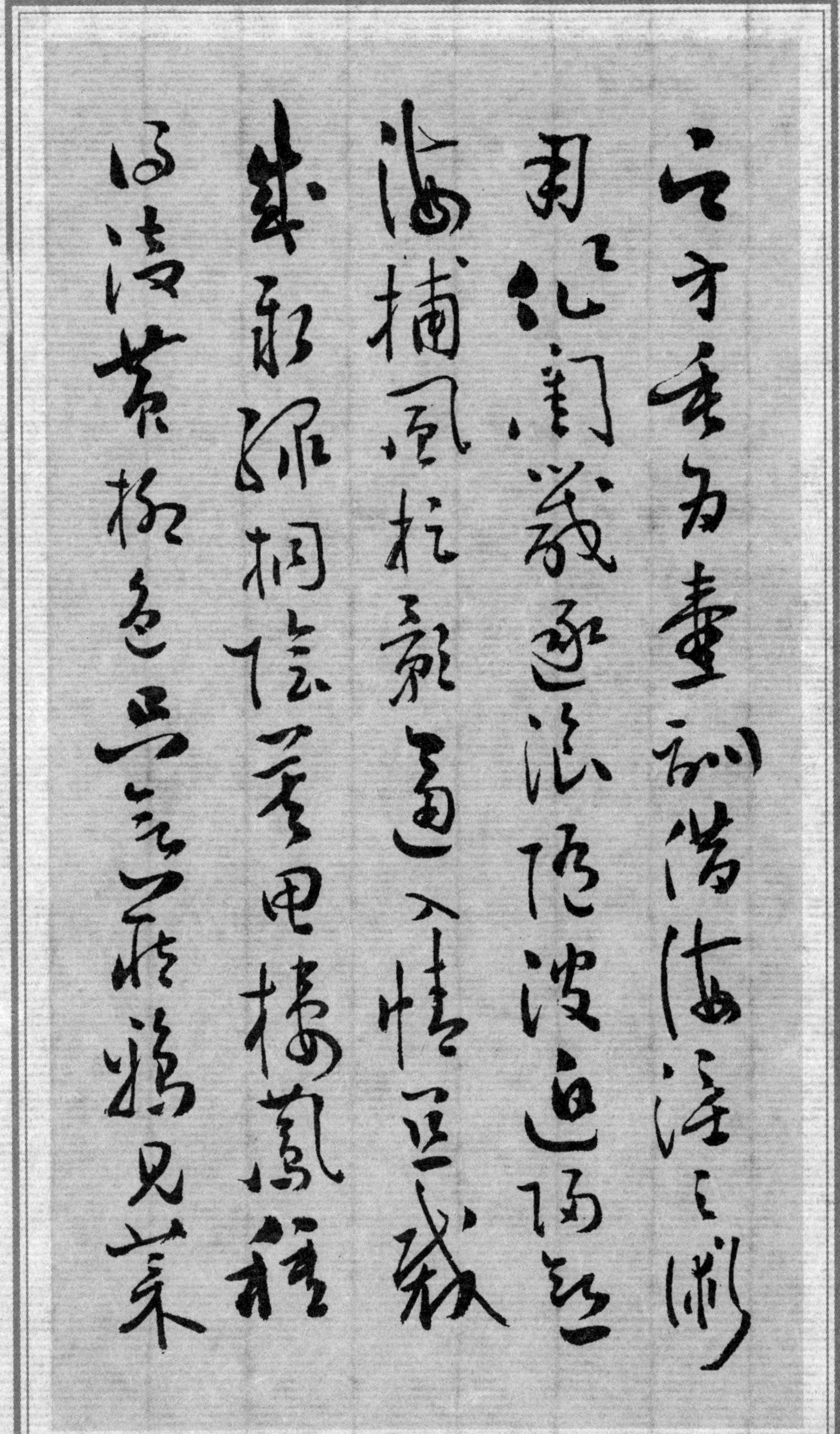

傭之衣履稍新，輒曰此佳子弟；逢寵養之儀容略整，即云是好兒郎。專期膝下玉人，倘能奪志；獨占眼前金穴，豈不快心。無如炭不合冰，莖非化艾。一

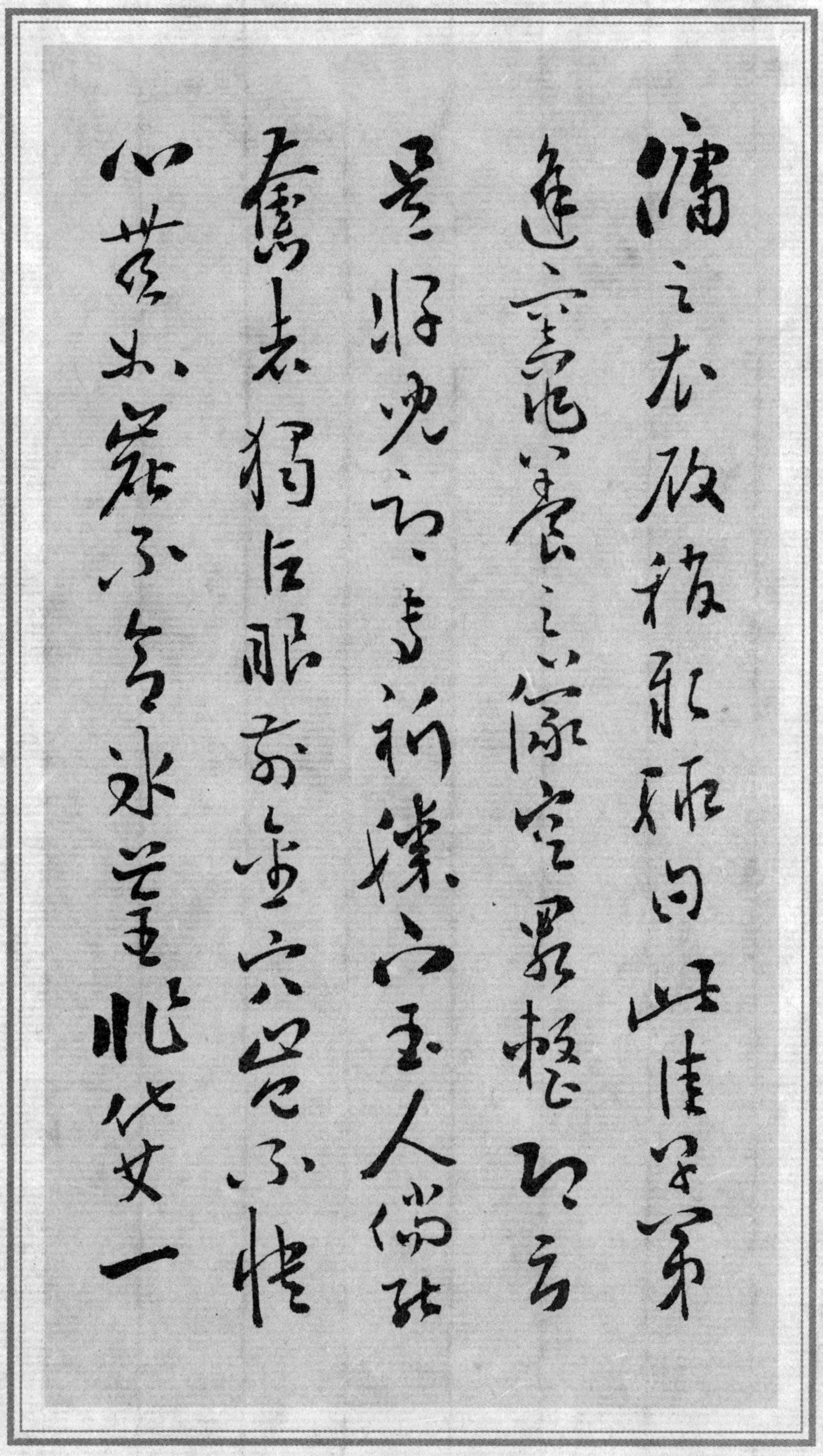

則懷利相接，甘爲鴇母而不辭；一則之死靡他，苦向鴇媒而致謝。誘人比紅座上，倏爾回頭；引來呼白場中，勃然轉足。祥麟威鳳，豈隨鳥獸同

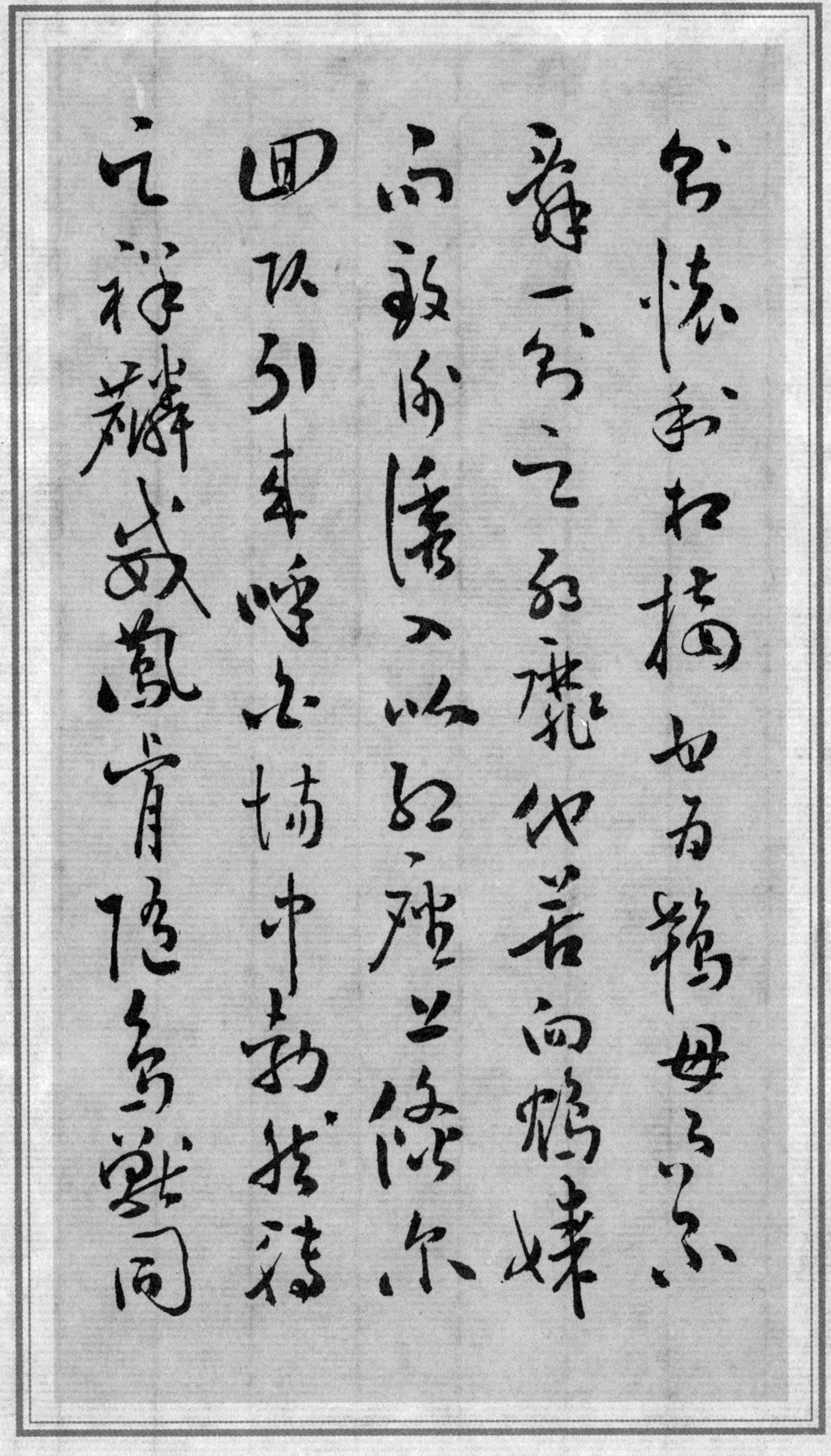